DECO
DIFI
CADA

RANA EL
KALIOUBY

CAROL
COLMAN

DECO
DIFI
CADA

A busca por humanizar
a tecnologia antes que
ela nos desumanize

Tradução
M. Paula Coutinho e
M. Lourdes Spinola

Diretor-presidente:
Jorge Yunes
Gerente editorial:
Luiza Del Monaco
Editor:
Ricardo Lelis
Assistência editorial:
Júlia Braga Tourinho
Juliana Bojczuk
Preparação de texto:
Laila Guilherme
Revisão:
Lorrane Fortunato
Coordenadora de arte:
Juliana Ida
Assistência de arte:
Daniel Mascellani
Vitor Castrillo
Projeto de capa:
Valquíria Palma
Imagem de capa:
Shutterstock

Título original: Girl Decoded.
© Rana El Kaliouby, 2020
© Companhia Editora Nacional, 2021

Esta tradução foi publicada mediante acordo com a Currency, um selo da Random House, uma divisão da Penguin Random House LLC.

Todos os direitos reservados. Nenhuma parte desta obra pode ser reproduzida ou transmitida por qualquer forma ou meio eletrônico, inclusive fotocópia, gravação ou sistema de armazenagem e recuperação de informação sem o prévio e expresso consentimento da editora.

1ª edição – São Paulo

DADOS INTERNACIONAIS DE CATALOGAÇÃO NA PUBLICAÇÃO (CIP) DE ACORDO COM ISBD

K14d	Kaliouby, Rana el

	Decodificada / Rana el Kaliouby, Carol Colman ; traduzido por M. Paula Coutinho, M. Lourdes Spinola. - São Paulo, SP : Editora Nacional, 2021.
	    292 p. ; 16cm x 23cm.
	
	    ISBN: 978-65-5881-016-2
	
	    1. Memórias. 2 Tecnologia. 3. Humanização. 4. Inteligência emocional. I. Colman, Carol. II. Coutinho, Paula. III. Spinola, Lourdes. IV. Título.

	CDD 920
2021-137	CDU 929

Elaborado por Vagner Rodolfo da Silva - CRB-8/9410

Índice para catálogo sistemático:
1. Memórias 920
2. Memórias 929

NACIONAL

Rua Gomes de Carvalho, 1306 - 11º andar - Vila Olímpia
São Paulo - SP - 04547-005 - Brasil - Tel.: (11) 2799-7799
editoranacional.com.br – atendimento@grupoibep.com.br

*Para minha mãe, por me ensinar a
abraçar e celebrar as emoções*

SUMÁRIO

Introdução	9
PARTE I	
Menina egípcia bem-educada	19
1 Crescendo egípcia	21
2 Óleo e água	28
3 Arrancada pela raiz	33
4 O que os vizinhos vão pensar?	40
5 A centelha	48
6 Uma mulher casada	58
PARTE II	
A cientista e o leitor de mentes	67
7 Uma estranha em uma terra estranha	69
8 Uma cientista maluca fala com a parede	79
9 O desafio	89
10 Aprendendo a ser humano	95
11 Cérebro de mãe	103
12 Ideias malucas	111
PARTE III	
Um pé em cada mundo	123
13 A outra Cambridge	125
14 Demonstre ou morra	130
15 Construindo uma empresa	144
16 Minha Primavera Árabe	150

17 De castigo no Cairo   160
18 Mulher no comando   173

PARTE IV
Uma pioneira em AI   183

19 Hackeando o *Hackathon*   185
20 Emudecendo   192
21 Segredos de um sorriso   199
22 Uma nova família americana   208
23 Igualdade de condições   217
24 Human-izar   227
25 Alexa, precisamos conversar   237
26 Robôs sobre rodas   244
27 Humano acima do artificial   255

Epílogo   263
Agradecimentos   266
Bibliografia   272
Índice   280

Introdução

Emocionalmente cego

Uma visão da natureza humana que ignore a força das emoções é lamentavelmente limitada.

Daniel Goleman, PhD, autor,
Inteligência Emocional: por que ela pode ser mais importante do que o QI

No verão de 2017, Jamel Dunn, uma pessoa com deficiência de trinta e um anos, natural da Flórida Central, percebeu que tinha avançado demais para o meio de um lago. Ele gritou pedindo ajuda para um grupo de jovens reunidos à margem do lago, mas eles ficaram indiferentes e se recusaram a ir em seu auxílio. Enquanto Jamel, pai de dois filhos, se debatia na água e implorava por ajuda, os adolescentes até zombaram e riram dele, chamando-o de "aleijado" e gritando "Você vai morrer!". Eles não mergulharam para tentar salvá-lo. Tampouco usaram seus celulares para chamar o número de emergência. Eles usaram seus celulares, no entanto, para gravar o episódio. Quando, após alguns minutos, Dunn submergiu, um deles observou "Ele morreu", e todos deram risada.

Como sabemos de tudo isso? Os jovens não só gravaram o incidente em seus telefones celulares, como também postaram o vídeo on-line, tratando o drama real que se desenrolara na frente deles como se fosse um vídeo chocante e tenso. Em outras circunstâncias, essa tragédia do verão de 2017 em Cocoa, Flórida, uma pequena cidade próxima a Orlando, teria passado despercebida. Certamente nunca teria sido destaque na mídia mundial. E eu nunca teria ouvido falar sobre isso em Boston, onde moro. A irmã de Dunn soube do vídeo e notificou a polícia, que levou os adolescentes à delegacia para serem interrogados. Uma policial declarou à CNN que os jovens não demonstravam nenhum remorso; na verdade, não demonstravam quase nenhuma emoção. "Trabalho nisso há muito tempo, vinte anos ou mais... Fiquei horrorizada. Fiquei boquiaberta," declarou ela.

No final das contas, os jovens não foram acusados de nenhum crime: pelas leis da Flórida, eles não eram obrigados a prestar assistência emergencial ou mesmo a reportar o afogamento. Não obstante, a indiferença deles, sua frieza e sua maldade foram aterradoras. Mas só isso não explica por que este incidente em particular viralizou. Acredito que a falta de um mínimo de humanidade desses jovens atingiu um nervo profundo da sociedade, expondo uma repugnante verdade sobre o mundo em que vivemos atualmente. Todos os dias, encontramos pessoas que demonstram uma falta de empatia igualmente chocante, sem falar da falta de um mínimo de civilidade.

O linguajar e os atos insensíveis e cheios de ódio são bastante comuns na mídia social e na política, no entretenimento e na cultura popular, mas até poucos anos atrás eram considerados chocantes, lamentáveis e desqualificados. Como cidadã americana recente, nascida no Egito, e como muçulmana que emigrou para os Estados Unidos com seus dois filhos no momento em que os líderes políticos queriam banir os muçulmanos e erguer muros nas fronteiras para conter a imigração, sou particularmente ciente das vozes insensíveis, e por vezes cruéis, do mundo cibernético. Mas, na verdade, todos têm seus motivos.

Não é passar dos limites importunar sobreviventes de violentos ataques com armas de fogo, como os alunos de Parkland[1], que clamam por leis mais restritivas para o porte de armas; expor as vítimas de abuso sexual; postar bravatas racistas, antissemitas, sexistas, homofóbicas e xenofóbicas; ou ridicularizar pessoas cujo único pecado é discordar de você? Isso está acontecendo em nossas comunidades, locais de trabalho e até nos campus universitários. Hoje, esses comportamentos são observados com indiferença. Eles inclusive podem te ajudar a conquistar dezenas de milhares de novos seguidores e a aparecer em um programa no horário nobre em uma rede de TV a cabo — ou até mandá-lo para a Casa Branca.

O que aconteceu na Flórida retrata um problema endêmico da nossa sociedade. Alguns cientistas sociais chamam isso de "crise de empatia". É a total incapacidade de conseguir se colocar no lugar do outro e sentir compaixão, simpatia e afinidade com outro ser humano. Essa espantosa falta de preocupação com nossos concidadãos permeia e empesteia o mundo cibernético, principalmente a mídia social, e está se alastrando para o mundo real.

---

[1] Em fevereiro de 2018, Nikolas Cruz, de 19 anos, ex-aluno da Stoneman Douglas High School (em Parkland, na Flórida), invadiu a escola armado com um rifle AR-15. Ao disparar contra alunos e professores, fez 17 mortos e feriu 14 pessoas. Foi preso logo após o tiroteio. (N. E.)

Nós, como sociedade, estamos em um território cada vez mais perigoso — corremos o risco de destruir os próprios traços daquilo que nos torna humanos.

Mais de duas décadas atrás, o jornalista Daniel Goleman escreveu sobre a importância da empatia em seu livro *best-seller Emotional Intelligence* (Inteligência emocional). Ao defender que a inteligência genuína é uma mescla de QI com o que passamos a chamar de QE, ou inteligência emocional, ele mudou nossa forma de pensar sobre o que faz alguém verdadeiramente inteligente. QE é a capacidade de entender e controlar nossas emoções e interpretar e reagir adequadamente aos estados emocionais dos outros. QE, mais do que QI, é o fator determinante de sucesso nos negócios, relacionamentos pessoais e afeta até nossa saúde.

Obviamente, você não consegue experimentar a inteligência emocional sem sentir, sem ter emoções. Mas, quando estamos no ciberespaço, "sentimentos" não são levados em consideração, porque os computadores não podem vê-los nem senti-los: quando entramos no mundo virtual, deixamos nosso QE para trás.

Inadvertidamente, mergulhamos de cabeça em um mundo que não reconhece emoções, nem nos permite expressá-las uns aos outros; um mundo que provoca um curto-circuito na dimensão essencial da inteligência humana. E, hoje, estamos sofrendo as consequências das interações emocionalmente cegas.

Computadores são "inteligentes" porque foram projetados com uma abundância de inteligência cognitiva, ou QI. Mas são totalmente desprovidos de QE. Os computadores tradicionais são emocionalmente cegos: eles não detectam nem reagem de forma alguma à emoção. Cerca de vinte anos atrás, um grupo de cientistas da computação — eu era um deles — reconheceu que, à medida que os computadores se tornavam cada vez mais integrados à nossa vida, precisaríamos que eles tivessem mais do que mera inteligência de máquina; precisaríamos que tivessem inteligência humana. Sem isso, corremos o risco de que a nossa dependência da chamada tecnologia "inteligente" desative a própria inteligência e as competências essenciais que distinguem os seres humanos das máquinas. Se continuarmos neste caminho de tecnologia desprovida de emoção, corremos o risco de perder nossas competências sociais no mundo real. Esqueceremos como ser solidários e empáticos uns com os outros.

Eu sou a cofundadora e CEO de uma empresa de inteligência artificial com sede em Boston, pioneira em *Emotion AI*, um ramo da ciência da computação dedicada a introduzir a inteligência emocional no mundo digital. Inteligência Artificial, ou AI, é a ciência de treinar computadores a pensar e raciocinar como seres humanos. O objetivo da *Emotion AI* é treinar os computadores a reconhecer, mensurar e reagir à emoção humana, algo que os computadores tradicionais não foram projetados para fazer. Meu objetivo não é construir computadores emotivos, mas permitir que retenhamos nossa humanidade quando estamos no mundo cibernético. Este livro — minha vida — é sobre a busca por humanizar a tecnologia antes que ela nos desumanize.

A fim de me tornar a grande especialista na área, eu precisei mergulhar na emoção humana para conseguir ensinar emoções para as máquinas, e acabei colocando em evidência minha própria vida emocional. Esse foi um desafio ainda mais assustador do que escrever programas para computadores; forçou-me a confrontar minha própria reticência em partilhar meus sentimentos mais íntimos; na verdade, minha relutância em reconhecer e agir sobre meus próprios sentimentos. No final das contas, decifrar a mim mesma — aprender a expressar minhas próprias emoções e atuar sobre elas — foi o maior desafio de todos. Tendo me tornado uma especialista no assunto, sinto que eu mesma sou um projeto em andamento.

Para mim, meu trabalho e minha história pessoal são inseparáveis; um se mistura com o outro. Portanto, este livro é uma crônica desta dupla viagem — a busca por equipar as máquinas com QE e, no processo, desbloquear meu próprio QE.

Sou uma raridade no mundo da tecnologia: uma mulher líder — e, ainda por cima, uma cientista da computação não-branca — em uma área ainda dominada por homens brancos. Cresci no Oriente Médio, em uma cultura predominantemente machista que ainda está tentando compreender o papel da mulher em um mundo que muda em velocidade vertiginosa. Nas duas culturas — da tecnologia e do Oriente Médio muçulmano —, as mulheres vêm sendo excluídas ou privadas de tomar posições de poder. Tive que aprender a contornar essas duas culturas para chegar aonde cheguei.

Sou quem sou porque fui educada por pais muito especiais, modernos e conservadores ao mesmo tempo; visionários, mas presos à tradição. Sou muçulmana e me sinto mais forte e centrada por isso; professo os valores da minha religião, apesar de não ser tão praticante como antes. Recentemente me tornei cidadã americana e já me imbuí da energia, da vitalidade e do espírito empreendedor deste grande país.

Eu ofereço uma perspectiva de como é crescer no meu mundo, um Oriente Médio sobre o qual pouco se ouve falar no Ocidente. Quero lhe apresentar minha família e compartilhar com você algumas das nossas experiências. Afinal, é derrubando as barreiras que separam as pessoas que nos tornamos mais empáticos, e é assim que construímos pessoas fortes e emocionalmente inteiras e um mundo forte e emocionalmente inteiro. Essa é a essência do que eu faço, seja no mundo real ou no mundo cibernético.

Também tenho verdadeira paixão por fazer com que as pessoas entendam o que é AI e de que forma ela vai impactar suas vidas. O mundo, *o seu mundo*, está prestes a mudar. E, como alguém que sempre esteve à frente deste movimento, quero levá-los aos bastidores e mostrar como se constrói AI, como essa tecnologia vai se desenvolver e, principalmente, como usá-la da melhor forma possível. A AI não é mais o carro voador de algum futuro distante: a AI está se tornando cotidiana. Está assumindo papéis que eram tradicionalmente realizados por pessoas, como dirigir carros, ajudar a gerenciar doenças crônicas e até a revisar o texto do seu currículo. Dado que a AI está se tornando onipresente e tem impacto potencial em nossa vida, é fundamental que nós como sociedade tenhamos um papel ativo sobre como a AI é projetada, desenvolvida e utilizada.

Com nossa atual dependência dos computadores, a *Emotion AI* é absolutamente essencial. Neste momento, estamos levando a tecnologia ao extremo, pedindo que desempenhe tarefas que nunca antes teve que executar. Computadores, afinal de contas, foram originalmente projetados para computar (por isso o nome), para mastigar os números mais rápido e com maior precisão do que seria humanamente possível.

Nesta era de tecnologia imersiva, os computadores estão tendo que fazer muito mais do que simplesmente mastigar números. A tecnologia móvel (nossos smartphones, tablets, smartwatches) nos levou a um mundo totalmente novo, um mundo de tuítes presidenciais, Facebook, Snapchat, *crowdsourcing*, banco digital, compras on-line e assistentes virtuais para executarem todo tipo de coisas, desde reservar hotéis, negociar ações e até namorar. Com dispositivos como Fitbit, Siri e Alexa, estamos agora todos conectados, todo o tempo, em todo lugar.

À medida que os computadores se tornaram menores, mais leves, mais potentes (e realmente mais portáteis), começamos a usá-los para absolutamente tudo em nossa vida, inclusive coisas para as quais a falta de QE faz uma grande diferença.

Para muitos de nós, os computadores viraram a principal fonte de comunicação entre as pessoas. Podemos estar todos conectados o tempo todo, em todo lugar, mas isso não significa que estejamos realmente nos comunicando ou nos conectando uns com os outros de forma significativa. Evoluímos ao longo dos milênios para nos comunicar pessoalmente. Palavras por si mesmas não conseguem expressar o verdadeiro significado de uma mensagem. A grande maioria da comunicação interpessoal é transmitida através de sinais não verbais, expressões faciais e variações no timbre de voz, nos gestos e na linguagem corporal. Tudo isso se perde quando nos comunicamos on-line.

De todas as reações não verbais, acredito que o rosto humano é nosso maior transmissor de emoção. Nosso rosto exibe uma gama completa de todas as nossas emoções, bem como de outros estados mentais, que variam de alegria, surpresa e medo a curiosidade, tédio, amor e raiva. Foi por essa razão que foquei meu trabalho em ensinar os computadores a ler o rosto humano, assim como as pessoas fazem, para que consigam reconhecer nossas expressões faciais e reagir a elas, sejam sorrisos ou carrancas.

Decifrar reações não verbais, entender a nuance das emoções simplesmente ao observar os outros em tempo real, é algo que os seres humanos fazem desde os primeiros momentos de vida. Continuamos a desenvolver essa aptidão à medida que amadurecemos e somos expostos a um número cada vez maior de pessoas e expressões. É assim que aumentamos o nosso discernimento; e é assim que aprendemos a ser empáticos. Este é um componente essencial do QE.

Como parte de minha pesquisa, trabalhei de perto com jovens adultos do espectro autista, uma condição neurológica bastante complexa caracterizada, entre outras coisas, pela dificuldade de reconhecer, processar e responder a sinais emocionais dos outros. De fato, muitos têm aversão a fazer contato visual ou a olhar para alguém diretamente nos olhos, portanto não veem a maioria das expressões faciais. Isso pode ter sérias consequências em sua capacidade de comunicação com os outros, de participar da vida em família, de frequentar a escola, de ficar no emprego ou de manter um relacionamento a longo prazo.

Logo no início do meu trabalho, percebi que, quando se trata de reconhecer e interpretar os sentimentos, os computadores são funcionalmente autistas: eles não conseguem ver nem processar "dados" emocionais, tampouco reagir a sinais de emoção. Portanto, acredito que, quando interagimos nesse mundo cibernético desprovido de emoção, todos nos tornamos funcionalmente autistas.

Quando você conversa com alguém cara a cara, recebe um feedback imediato ao observar as expressões faciais do seu interlocutor, bem como sua linguagem corporal, e ao perceber o tom de sua voz em resposta ao que foi dito. Se você é "neurotípico" (ou seja, não autista), você está configurado para processar esses sinais de emoção. É assim que consegue perceber o impacto de suas palavras na outra pessoa. Observamos uns aos outros e reagimos adequadamente.

No entanto, quando nos comunicamos no mundo cibernético, perdemos esse sistema de feedback natural que nos permite modular nosso comportamento com base nas reações dos outros. A parte não verbal de nossa comunicação, que é importantíssima, fica perdida no ciberespaço.

Nossas plataformas de mídia social, a forma como muitos de nós nos conectamos com os outros, podem ser desumanizadoras. Sem nenhum tipo de conexão emocional verdadeira, é fácil esquecer que estamos falando com outros seres humanos e sobre eles, e a falta de convívio social em tempo real deforma e distorce nosso comportamento. Quando se trata do mundo digital, nossos computadores nos treinaram a agir como se vivêssemos em um mundo dominado pelo autismo, onde nenhum de nós consegue ler os sinais emocionais dos outros.

Não quero dizer com isso que a crueldade e a intolerância não existiam antes da mídia social ou que o mundo fosse um lugar mais gentil e melhor. Ao longo de toda a história da humanidade, testemunhamos demonstrações abomináveis de falta de empatia; genocídios, extermínios em massa e escravidão são manchas em nosso passado (e ainda nos flagelam). A diferença hoje é que, com o mundo on-line conectado vinte e quatro horas por dia, sete dias por semana, a linguagem da intolerância está literalmente na nossa cara, em nossos dispositivos, o tempo todo.

Apostei toda a minha carreira na ideia de que a *Emotion AI* é parte da solução para isso. Pode ajudar a fortalecer a inteligência emocional no mundo digital (on-line, em nossos textos e e-mails, no Facebook ou no Snapchat) e começar a reparar o dano causado pelas mais de duas décadas em que estivemos conduzindo uma parcela significativa de nossa vida e dos nossos relacionamentos, de forma inédita na história da humanidade, em uma zona desprovida de emoções.

Quando iniciei esta jornada há mais de duas décadas, não existiam Skype, *FaceTime* ou videoconferência; hoje todas essas ferramentas estão ao alcance de todos. Uma interação virtual cara a cara já é um grande avanço se comparada a uma interação totalmente desprovida de emoção, mas a verdade é que grande parte da comunicação on-line ainda não é visual. O principal meio de comunicação ainda é o texto: segundo fontes da indústria, o número de mensagens de texto enviadas anualmente está na casa dos trilhões. Para a maioria das pessoas, o principal meio de comunicação tem zero QE.

Alguns podem dizer: "Por que se preocupar com *Emotion AI*? Simplesmente desligue seu telefone! Pare de mandar mensagens de texto! Pare de tuitar! Encontrem-se pessoalmente!". Mas, é óbvio, isso não vai acontecer. Agora que o gênio das mensagens de texto e das redes sociais saiu da garrafa, é impossível prendê-lo novamente.

Sou cria da era da computação. Nasci em 1978, quando a geração X estava dando lugar aos *millennials*. A tecnologia digital abriu o mundo para minha geração e expandiu nossos horizontes. Sou muito grata por poder falar com meus filhos por *FaceTime* ou *WhatsApp* quando viajo a trabalho, e por poder conversar com meus parentes do outro lado do mundo de modo fácil e barato. Como CEO trabalhando com uma equipe espalhada por todo lado, posso fazer videoconferências com clientes e funcionários em Londres, Nova York ou no Cairo no meu escritório ou em uma sala de reuniões em Boston.

Meu smartphone é a primeira coisa que pego ao acordar, para checar meu Twitter, minha agenda e minhas mensagens ou escrever um e-mail. E é a última coisa que olho antes de me deitar. Como meu telefone fica na mesa de cabeceira, se eu acordo no meio da noite, dou uma olhadinha rápida para ver se tem alguma mensagem. Ele está o tempo todo ao meu lado.

Mas não sou diferente da maioria das pessoas da minha geração. De acordo com um estudo recente do Pew Research Center, 26% da população mundial e 39% das pessoas com idade entre 18 e 29 anos estão "quase o tempo todo on-line". Até

2020, segundo diversos relatórios do setor, haverá de quatro a seis dispositivos conectados para cada pessoa no planeta. E não vejo uma mudança de hábito tão cedo. Na verdade, é bem o contrário: nossos computadores serão cada vez mais parte integrante da nossa vida. Essa é a nova realidade.

Não estou sugerindo que os relacionamentos pessoais não sejam importantes — muito pelo contrário. Sim, é inaceitável sentar-se à mesa de jantar e ficar digitando em vez de conversar com as pessoas ao seu redor, mas a realidade é que grande parte de nossas interações interpessoais atualmente é conduzida no mundo cibernético, e isso não vai mudar. (Sou pragmática.) Então, a solução não é fazer o tempo voltar atrás, desligar os nossos aparelhos e retornar à vida como era antes dos nossos computadores. Somos dependentes demais da tecnologia para abrir mão dela. E fazer isso seria um enorme erro. Precisamos de nossa tecnologia agora mais do que nunca. Mas precisamos torná-la mais inteligente, melhor e mais *humana*. E, felizmente, agora dispomos das ferramentas necessárias para isso.

Um mundo de *Emotion AI* é um mundo centrado no ser humano, no qual nossa tecnologia nos protege e nos ajuda a nos tornarmos indivíduos mais saudáveis, mais felizes e mais empáticos: tecnologias como o Google Glass, equipado com "leitores de emoções" que ajudam crianças autistas a interagir melhor socialmente com as outras pessoas; carros semiautônomos que assumem o controle do volante quando estamos irritados, distraídos ou cansados demais para dirigir com segurança, evitando milhões de acidentes a cada ano; dispositivos capazes de reconhecer as emoções (passando de smartwatches a smartphones a geladeiras inteligentes), capazes de detectar doenças físicas ou mentais muito tempo antes de se manifestarem pela primeira vez; assistentes virtuais sensíveis, aptos a rastrear seu humor e a lhe dar conselhos e apoio na hora certa; ferramentas de análise de sentimentos para a área de recursos humanos que permitem ao recrutador de RH contratar com maior precisão a pessoa certa para determinada posição ou equipe, bem como eliminar muitos dos preconceitos que ocorrem nos processos de seleção; e um sistema de aprendizagem inteligente capaz de detectar o nível de engajamento de um aluno e customizar o plano de aula de acordo com a necessidade.

O potencial para *Emotion AI* é gigantesco, mas não sou ingênua: quando você tem computadores habilitados a reconhecer e gravar os estados emocionais dos usuários, é claro que a privacidade passa a ser uma das principais preocupações. A *Emotion AI* deverá ser utilizada apenas com o total conhecimento e consentimento do usuário, que terá acesso à opção de sair a qualquer momento. A *Emotion AI* terá muita informação sobre nós: nossos estados emocionais, humores e interações. Em mãos erradas, essa informação pode ser muito perigosa. Por isso é tão importante que o público saiba o que é essa tecnologia, como e onde os dados são coletados, e que tenha voz ativa sobre como deve ser usada.

Também é imperativo que a tecnologia AI seja desenvolvida levando em conta todos os seres humanos, isto é, deve ser inclusiva. Nosso software precisa refletir o mundo real, não apenas o mundo de uma pequena elite. Grande parte da minha pesquisa, como você verá, foi dedicada a obter dados de uma população bastante diversificada, incluindo todas as idades, gêneros, etnias e áreas geográficas. Se nossa AI não conseguir fazer isso, estaremos criando um novo tipo de discriminação que será muito difícil de corrigir, e, quando essa tecnologia nos impulsionar adiante, corremos o risco de deixar para trás segmentos inteiros de nossa população, o que seria desastroso para todos.

Um dos motivos que me levaram a escrever este livro foi apresentar uma visão diferente e mais humanizada da AI e da tecnologia. Mas também espero que minha história inspire outros sonhadores e inventores a perseguir suas "ideias malucas" para mudar o mundo. Com muita frequência deixamos o medo nos desviar de nosso caminho, principalmente se fomos educados como eu fui, em uma cultura com aversão ao risco. Precisei de muito tempo para acreditar em mim mesma, e isso me atrapalhou muito.

Desde que me lembro, sempre houve uma luta permanente para conciliar meus sonhos e meus objetivos com a minha rígida educação. A voz dentro da minha cabeça era cheia de dúvidas sobre mim mesma. Sussurrava: "Você não consegue. Você não deve. Você não pode". Durante muito tempo dei ouvidos àquela voz. Sufoquei minhas emoções; foquei em fazer o que as pessoas ao meu redor achavam certo. Mas a jornada que me transformou de uma "menina egípcia bem-educada" em uma forte "mulher no comando" tem sido a da descoberta da minha própria voz. Não tenho mais receio de expressar minhas emoções ou de seguir meus sentimentos; isso me deu força e compreensão e me tornou melhor líder, CEO e ser humano. Aprendi que, quanto mais liberamos e entendemos nossas próprias emoções, mais confiantes nos tornamos em nos permitir ficar vulneráveis — em nos abrir aos outros e a nós mesmos; e é assim que nos tornamos verdadeiramente empáticos.

PARTE I

Menina egípcia bem-educada

1
Crescendo egípcia

Estamos criando nossas meninas para serem perfeitas, e estamos criando nossos meninos para serem corajosos.

Reshma Saujani, Fundador de Girls Who Code

Pelo lado de fora, minha casa no subúrbio de Boston é como sempre imaginei que deveria ser uma casa americana. Construída em 1868, é a mais perfeita tradução de uma casa da Nova Inglaterra Colonial, com cerca e entrada de tijolos, exterior de madeira cinza, venezianas pretas, jardim de inverno e um adorável quintal com canteiros de flores.

Mas basta cruzar a porta para ver que minha casa é bem mais complexa, assim como eu. É egípcio-americana. Intercaladas entre o tradicional sofá de braços arredondados, as poltronas Queen Anne e as mesas laterais há lembranças da minha cidade natal, típicas de uma casa egípcia. Bem no meio da sala de estar, em frente à lareira, duas telas de seda com inscrições em árabe prometem "Proteger nosso lar dos espíritos malignos" (um serviço que nem a Alexa tampouco o Google Home oferecem). Em um grande prato decorativo pendurado na parede perto da porta da cozinha, pode-se ler *Khatwa Aziza*, "Entre" ou "Bem-vindo". A porta dos fundos é guardada por um *hamsa*, um amuleto em forma de mão com um olho no meio da palma, o símbolo milenar do Oriente Médio para afastar o mau-olhado. Tal como na casa de minha mãe, sempre mantenho velas perfumadas acesas, que me remetem aos fortes aromas adocicados da minha juventude: sândalo, almíscar e âmbar misturados com uma variedade misteriosa de especiarias. Minha mãe costumava comprar velas de um comerciante que as fabricava artesanalmente; eu compro as minhas on-line.

Cheiros, particularmente, evocam memórias emocionais profundas. Um sopro passageiro do perfume ou da loção pós-barba de um estranho ou o aroma de uma vela despertam instantaneamente a lembrança de uma pessoa ou de um lugar, mesmo que eu não os tenha encontrado ou visitado por muitos anos. Nosso cérebro está programado para reconhecer cheiros de forma rápida; o centro olfativo no cérebro está conectado tanto com a amígdala (o centro da emoção) como com o hipocampo (onde as memórias são construídas e armazenadas). Estas são as duas estruturas mais antigas do cérebro, o sistema límbico (também conhecido como "cérebro reptiliano"), onde as emoções são processadas.

Eu moro a quase 8.700 quilômetros de distância do Cairo, mas na minha cultura, não importa quão longe você esteja, os laços emocionais com o Velho Mundo permanecem fortes.

O lar da minha infância era uma verdadeira mistura de valores modernos e tradicionais, frequentemente conflitantes. Fui educada em um ambiente conservador, com códigos sociais rígidos; minhas irmãs e eu éramos respeitosas, obedientes e trabalhadoras. Obedecíamos a nossos pais em tudo, de pequenas a grandes coisas. Mesmo depois de adultos, os pais continuam a ter grande influência sobre os filhos, o que é incompreensível para um jovem ocidental. Mas também fui educada por uma mãe desbravadora, que não seguiu o papel tradicional da mulher muçulmana e se tornou uma das primeiras mulheres programadoras de computador no Oriente Médio. Em uma época em que uma mãe egípcia trabalhar fora de casa era totalmente incomum, minha mãe tinha um cargo importante no Bank of Kuwait, enquanto criava três filhas. Foi um feito extraordinário. E as filhas tiveram que seguir um nível de exigência bem alto.

Meu pai também tinha grandes expectativas para as minhas duas irmãs caçulas e para mim, e até nos imaginava ocupando cargos de alto poder quando adultas. De muitas maneiras, meu pai nos treinou para este novo mundo. Ao mesmo tempo, ele cresceu em um Egito muito conservador, profundamente enraizado em expectativas culturais em relação ao papel do homem e da mulher na sociedade. Inevitavelmente, um verdadeiro conflito se desenvolveu entre a pessoa que meus pais me educaram para ser e as expectativas culturais de ser uma moça egípcia bem-educada.

Em retrospectiva, não fui uma filha muito fácil: fui revolucionária no campo profissional como cientista de AI e empreendedora na área de tecnologia em uma indústria dominada por homens, bem como revolucionária em meu país e minha cultura, violando as regras do que significa ser uma filha e uma esposa obediente. Eu sei que isso colocou meus pais em situação difícil — muito embora eles nunca tenham hesitado em demonstrar amor ou apoio, e por isso sou imensamente grata.

Eu amo meus pais, mesmo que algumas vezes não concordemos. Embarcamos nesta jornada juntos; evoluímos como família e aprendemos juntos. Sendo ou não religiosa agora, um versículo do Corão está guardado na minha mente: Seus pais vêm em primeiro lugar. E em segundo. E em terceiro. E os pais de filhas obedientes têm passagem garantida para o céu. Não importa se sou jovem ou velha, religiosa ou não, crente ou não, quero que meus pais recebam essa passagem.

Em algumas partes do mundo muçulmano fundamentalista, a educação das meninas não é prioridade; em outras, pode acarretar sua morte. Mas meus pais respeitavam a educação; nossa vida girava em torno disso. Tínhamos uma situação financeira confortável, sem dúvida, mas não éramos ricos. Meus pais poderiam ter gastado seu dinheiro em carros de luxo ou casas de veraneio; em vez disso, usaram tudo o que tinham para pagar educação particular cara para minhas duas irmãs e para mim, depois para nos mandar para a faculdade. Qualquer renda extra que obtivessem era investida em viagens, para que pudéssemos conhecer o mundo e vivenciar novas culturas. Esse amor pelo conhecimento foi enraizado em nós desde a mais tenra idade — isso e a inesgotável curiosidade sobre outras pessoas e outras culturas.

Nem todos em minha família concordavam com as prioridades de meus pais. Uma noite durante um jantar de família quando eu tinha oito anos de idade, escutei meu tio questionar meu pai sobre o investimento em nossa educação. "Ayman, se suas meninas vão simplesmente casar, por que, então, gastar todo esse dinheiro nessas escolas chiques?" Os filhos do meu tio, meus primos, constantemente provocavam minhas irmãs e a mim dizendo que a probabilidade de fazermos algo de útil com nossa vida era mínima.

Minha mãe jamais teria desafiado meu tio ou meu pai em público, mas desconfio que, mais tarde naquela noite, meu pai escutou uma preleção da minha mãe sobre a importância da educação. Foi ela quem escolheu aquelas "escolas chiques" para nós — meu pai deixava esse tipo de decisões domésticas a cargo dela. Sou eternamente grata a meu pai por não ter dado ouvidos a meu tio, e a ambos os meus pais por terem se esforçado para infundir em nós o desejo de fazermos tudo o que quiséssemos. Algumas vezes, meus pais devem ter ficado horrorizados com as minhas escolhas. Me divorciar, fundar e administrar uma *startup* instável, me mudar para os Estados Unidos com meus filhos — essa não era exatamente a vida que meus pais tinham sonhado para mim. Todavia, eles construíram os alicerces que me permitiram romper com as normas culturais egípcias e me estabelecer por conta própria e ser bem-sucedida.

Eu venho de uma família muçulmana muito unida, do tipo que você não ouve falar muito no Ocidente. Meus pais cresceram em Heliópolis, uma área de classe alta nos arredores do Cairo. Eles se conheceram em uma aula de programação de computadores ministrada por meu pai. Duvido que teriam se encontrado se não fosse assim. A família de minha mãe frequentava a elite do Cairo, no exclusivo Heliopolis Club, nos finais de semana. Tampouco o teria conhecido nas festas *disco* que ela frequentou na época de faculdade, usando microminissaias e *tops* de barriga de fora, acompanhada por seu irmão mais velho, Shafie.

Meu pai, Ayman el Kaliouby, perdeu o pai quando tinha cinco anos. Não teve muito tempo para diversão; precisou amadurecer rapidamente. A mãe dele era uma viúva com cinco filhos. Minha avó paterna nunca mais se casou, dedicando sua vida a criar os filhos; eles conseguiram se virar, mas a falta de recursos e de um pai colocou um peso sobre todos eles.

Minha mãe, Randa Sabry, cresceu em um ambiente mais luxuoso. Seu pai, Shafik — eu o chamo de Gedo, que significa "avô" em árabe —, era militar e foi diretor do Aeroporto Internacional Hurghada, no Mar Vermelho, a aproximadamente 480 quilômetros de distância, uma viagem de cinco horas de carro. Minha mãe praticamente só o via nas férias, mas esse emprego permitia que tivessem uma vida privilegiada de classe média alta. A mãe dela, Doreyya (Dodo, para abreviar), cuidava de uma casa complicada, com cozinheira fixa, uma governanta e um motorista. Minha mãe frequentou uma escola só de meninas e participou de algumas competições de natação durante todo o ensino médio.

Meus pais estudaram na Ain Shams University, uma das duas principais universidades públicas do Egito. Mas meu pai é sete anos mais velho e, enquanto minha mãe estava na faculdade, cursando administração e se divertindo, ele estava na Áustria.

Quando jovem, era um fanático apoiador de Gamal Abdel Nasser, o segundo presidente do Egito, que liderou o golpe militar em 1952, depondo a monarquia. Acredito que Nasser tivesse um apelo especial para o meu pai, que via nele uma figura paterna. Era um líder carismático, impetuoso, muito valente. Ele nacionalizou muitas indústrias (inclusive o Canal de Suez), expulsou empresas estrangeiras e convenceu os egípcios de que eram invencíveis, de que poderiam viver sem ajuda externa. Sendo um "nacionalista", fechou o país em si mesmo.

Meu pai acreditava piamente em cada palavra da retórica apaixonada de Nasser: "O Egito domina o mundo! Temos o maior e mais forte exército do mundo". De acordo com Nasser, o Egito tinha o melhor de tudo. Então veio a Guerra dos Seis Dias em 1967, entre Israel e Egito, Jordânia e Síria, e o mundo de meu pai desmoronou.

Aos dezesseis anos, meu pai era jovem demais para servir ao exército. Mas, como outros egípcios, ele acreditava que a Guerra de 1967 terminaria rapidamente, com vitória decisiva do Egito. Porém o exército egípcio foi dizimado. Para o horror de meu pai, seu irmão, que tinha apenas dezoito anos e mal sabia segurar uma arma, foi mandado para a batalha no Sinai. Naquele momento, meu pai conseguiu enxergar que os pronunciamentos extremamente otimistas de Nasser a respeito do lugar do Egito no mundo não eram baseados na realidade. O Egito estava em apuros, tanto política como economicamente.

Devastado, meu pai decidiu que o único caminho a seguir seria sair do Egito. Quando se formou na faculdade em administração e ciência da computação, viajou para a Áustria com um visto de três anos, esperando fazer uma pós-graduação e posteriormente conseguir um emprego para ficar por lá. Ele vendeu jornais nas ruas e fez todo tipo de bico que encontrou, juntando o suficiente para seu parco sustento enquanto estudava para as provas de admissão da pós-graduação. No final dos três anos, tentou renovar o visto, mas este foi recusado pelo consulado do Egito.

Quando meu pai retornou ao Egito, encontrou o país mais aberto sob o novo presidente Anwar Sadat (que depois foi assassinado, em 1981), e seu conhecimento na área da informática foi extremamente valorizado. A demanda por aulas de informática era imensa, e havia uma enorme escassez de pessoas treinadas para ensinar. Meu pai conseguiu uma posição de professor na International Computers Limited (ICL), uma empresa britânica de serviços de informática com escritório no Cairo.

Meu pai ensinava Introdução aos Computadores e Programação, principalmente COBOL (*Common Business Oriented Language* — Linguagem Comum Orientada para os Negócios), em diversas universidades. Era uma agenda apertada, e ele trabalhava muito. Na ICL, dava uma aula de quatro horas na parte da manhã e outra de quatro horas à noite. Oito horas lecionando um assunto complicado como programação de computadores era puxado. No final do dia, estava exausto. Mas ele aperfeiçoou sua técnica e rapidamente se tornou o melhor instrutor da empresa.

Um dia, foi chamado para supervisionar uma prova na universidade, e uma linda jovem chamou sua atenção. Em seu último ano na universidade, minha mãe tinha se matriculado com uma amiga na aula de Introdução à Tecnologia. Ela se surpreendeu ao descobrir que tinha talento natural para a coisa. Entrou na sala para fazer a prova final se sentindo confiante, mas sua amiga não estava tão bem preparada e pediu para minha mãe passar cola durante a prova. O inspetor era um homem alto, magro, bonito mas com olhar austero. Duvido que minha mãe tivesse olhado para ele duas vezes, porém ele não tirava os olhos dela. Não foi exatamente amor à primeira vista. Ele a pegou passando cola para a amiga e tirou a prova das duas. Minha mãe ficou com muito medo de não ter passado na prova. No final das contas, ela passou, mas a amiga foi reprovada.

Quando a moda de programação de computadores chegou ao Cairo, minha mãe se matriculou em uma aula noturna na ICL para formação em COBOL, sem se preocupar com o fato de que era uma das poucas mulheres ali.

Na primeira noite de aula, ela entrou na sala e imediatamente reconheceu o instrutor: era o mesmo professor severo, alto, magro que a tinha pegado passando cola para a amiga. Ela tentou mudar de classe, mas o diretor insistiu que meu pai era o melhor instrutor da escola. Então, minha mãe permaneceu na classe dele, outro sinal de sua ambição e determinação.

Minha mãe temia ir para a aula, porque meu pai sempre a escolhia para responder perguntas. Talvez tenha sido sua forma de flertar, porque, na metade do curso, ele a chamou para sair. Ela recusou o convite, explicando que sua família não permitia que namorasse. Quando meu pai a convidou novamente no dia seguinte, a resposta foi a mesma.

O que fazer quando a família de uma mulher do Oriente Médio não permite que ela saia com você, mas você quer de qualquer modo a conhecer melhor? Você se casa com ela! Como o bom garoto egípcio que era, meu pai seguiu o caminho tradicional e pediu a mão dela em casamento.

Alguns meses após o noivado, meu pai, ainda ansioso para sair do Egito, recebeu uma proposta para lecionar por meio período em uma universidade no Kuwait. Para conseguir pagar as contas, ele trabalhou em uma sucursal da NCR no Kuwait, uma empresa global de tecnologia e pioneira em *banking* automatizado on-line, e dava consultoria à parte. Durante todo o ano seguinte, meus pais namoraram a distância, por carta.

Eles se casaram em julho de 1977. A foto do casamento mostra meu pai, um homem muito bonito, em um terno muito branco, e minha mãe em um vestido branco de renda, seu cabelo negro emoldurando o rosto e cascateando até os ombros. Em pé, atrás deles, podemos ver uma das mais famosas dançarinas de dança do ventre do Egito, usando a tradicional *badlah*: um *top* justo, um cinto de joias e uma saia longa transparente. (Na época, a dança do ventre era muito comum nos casamentos egípcios.)

Minha mãe foi morar com meu pai no Kuwait e imediatamente foi contratada pelo National Bank of Kuwait, como analista de informática. Eu nasci em 1978. Minha mãe fez algo muito raro, até mesmo ousado, para uma mulher do Oriente Médio: continuou a trabalhar fora de casa depois do meu nascimento.

No Oriente Médio, não se espera que a mulher adote o nome do marido após o casamento, portanto minha mãe manteve seu nome de solteira, Sabry. Para os filhos, entretanto, o nome completo é seu nome próprio associado ao nome completo de seu pai. Então, meu nome oficial é Rana Ayman el Kaliouby.

Como uma boa moça egípcia *casada*, minha mãe tinha que seguir o que meu pai ditasse em termos de moda. Como ele vinha de uma família mais conservadora, seu vestido de noiva foi o último vestido modelado que ela usou em público. A partir daquele momento, ela trocou as minissaias por calças e saias mais compridas. Ela não usava maiôs nas praias públicas e mantinha os braços sempre cobertos. Entretanto, não usava o *hijab*, o véu tradicional para cobrir a cabeça em sinal de modéstia — isso veio depois, quando eu decidi usar um.

2

Óleo e água

Eu sempre me vi como egípcia, muito embora tenha passado os primeiros doze anos da minha vida no Kuwait.

O Kuwait não é como os Estados Unidos: se você não é kuwaitiano, você é "outro"; você é um eterno expatriado. Não há como conseguir a cidadania kuwaitiana. E, se sua mãe ou seu pai não são cidadãos do Kuwait, não importa se você nasceu lá: não tem direito a cidadania por nascimento.

Embora não fôssemos particularmente maltratados, não posso dizer que os kuwaitianos se esforçassem para nos dar as boas-vindas. Na maior parte do tempo, os expatriados e os kuwaitianos não se misturavam. Éramos como óleo e água. Muitos kuwaitianos eram muito mais ricos do que os expatriados. Moravam em vilas fabulosas no Golfo, dirigiam carros de luxo (a maioria tinha motorista) e tinham empregados, geralmente da Indonésia ou das Filipinas. Não frequentávamos os mesmos círculos sociais.

Mas eu amei nossos anos no Kuwait. Se você não se importar em ser um eterno estrangeiro e se for um dos trabalhadores mais competentes, e mais bem pagos, você consegue usufruir de uma boa vida com outros estrangeiros.

Meus pais foram atraídos ao Kuwait pelos salários mais altos e por um estilo de vida de classe média. O Kuwait está sentado sobre a sexta maior reserva de petróleo do mundo. Mas não havia um número suficiente de kuwaitianos qualificados para preencher os cargos nas áreas de finanças, saúde, trabalhos de escritório, educação, tecnologia ou todas as outras ocupações que impulsionam tanto a economia como a sociedade.

Então, nadando em dinheiro, o Kuwait começou a importar os recursos intelectuais necessários, atraindo pessoas capacitadas, qualificadas, de todo o mundo, principalmente de outras partes do Oriente Médio, da Índia, da Europa, das Filipinas e do norte da África. Enfrentando uma economia estagnada em casa, os egípcios com boa formação eram particularmente atraídos para o Kuwait. Centenas de milhares de egípcios emigraram para lá; meio milhão deles vivem lá até hoje.

Os egípcios expatriados no Kuwait basicamente se mantinham juntos. Como apenas os kuwaitianos tinham o direito legal de comprar propriedades, os expatriados moravam em apartamentos alugados localizados em complexos que atendiam os estrangeiros. Nosso último apartamento, em Salmiya, tinha quatro dormitórios e um corredor que levava à sala com grandes janelas com vista para o Golfo.

O único luxo que meu pai se permitia, sem nenhuma surpresa, era tecnologia; ele sempre foi um dos primeiros a usar todas as novidades. Compramos uma câmera de vídeo e um VHS muito antes de qualquer outra pessoa, e por isso ele se tornou o documentarista oficial dos eventos familiares. Minha memória mais antiga no Kuwait é de uma cadeira infantil de plástico azul que eu chamava de "minha cadeira azul-real, meu trono". Quando eu tinha uns cinco anos, subia na cadeira e começava a falar, dando palestras uma atrás da outra, sobre qualquer coisa que me viesse à cabeça. Meu pai gravava vídeos das minhas falas e me dava dicas sobre como falar em público: "Rana, olhe para a plateia; articule bem suas palavras!". Essa foi minha primeira exposição à tecnologia, mas, acima de tudo, foi minha primeira experiência em falar em público, mesmo que o público se resumisse a uma pessoa. Esse era um tempo especial com meu pai, e eu adorava ser o centro de toda a sua atenção.

Também fomos as primeiras entre nossos amigos a ter um Atari 2600, um videogame antigo que consistia em um console onde se inseriam os cartuchos do jogo. Como nunca perdia uma oportunidade de ensinar alguma coisa, meu pai nos fez descobrir como montá-lo. Talvez isso explique minha facilidade com computadores. Nunca tive receio de construir uma peça de tecnologia do zero. Se perseverar, você acabará descobrindo como fazer.

Ainda assim, eu não era o estereótipo da *nerd* hipnotizada em frente a uma tela digital. Enquanto jogávamos em família exterminando invasores alienígenas, batíamos papo e colocávamos a conversa em dia. Para mim, a tecnologia era uma ferramenta social, uma plataforma para reunir as pessoas.

Do jardim de infância até a terceira série, frequentei a Sunshine School, que seguia o currículo britânico. As aulas eram ministradas em inglês (com exceção das aulas de árabe), com ênfase em artes liberais, música e esportes. Em contraste, a maioria das escolas do Oriente Médio focava na educação por repetição.

A Sunshine School foi fundada por Vera Al-Mutawa, uma senhora inglesa muito educada e calorosa casada com um *sheik* kuwaitiano. Ela tinha ideias bastante progressistas sobre educação. Eu não sei se teria passado do jardim da infância sem a intervenção da sra. Al-Mutawa. Sabe, sou canhota, e de acordo com a tradição islâmica você deve comer e trabalhar apenas com sua mão *direita*. Isso faz com que qualquer canhoto, como eu, se torne de certa forma um pária. Por causa disso, passei grande parte dos meus primeiros anos tentando, sem sucesso, sublimar meu impulso natural de usar minha mão esquerda. A sra. Al-Mutawa notou que eu tinha dificuldade para segurar o lápis. Familiarizada com a cultura árabe, ela rapidamente percebeu que eu era uma canhota que estava sendo "treinada" para ser destra. Entrou em contato com meus pais, que ficaram surpresos ao descobrir que ser destro ou canhoto é algo que está programado em nossos genes; as pessoas não têm nenhum poder de escolha quanto a isso. Meus pais podem ser tradicionais por fora, mas também têm grande respeito pela ciência: a partir daquele momento, pararam de tentar que eu me tornasse destra, e comecei a ir muito bem na escola. No verão antes da primeira série, eu já estava tão adiante em comparação com a minha turma que a sra. Al-Mutawa recomendou que eu pulasse a primeira série e fosse diretamente para a segunda. E assim, durante todo o resto da minha vida escolar, eu sempre fui a mais jovem da sala.

Posso ter frequentado escolas mais ocidentalizadas e progressistas do que qualquer outra aluna típica do Oriente Médio, mas, em casa, reinavam os valores tradicionais, especialmente no que tangia ao papel do homem e da mulher. Por um lado, meu pai era extraordinariamente progressista para os padrões do Oriente Médio: acreditava que as mulheres deveriam estudar e ele mesmo se casou com uma mulher bem-sucedida com alto nível de escolaridade. Ele nos apoiava e encorajava a fazer o nosso melhor e dar algum sentido à nossa vida. Por outro lado, como a maioria dos homens egípcios — e a maioria dos homens no Oriente Médio —, esperava que minha mãe estivesse à sua disposição o tempo todo. Por exemplo, eu nunca vi meu pai entrar na cozinha para pegar um copo d'água. Ele pedia à minha mãe, e ela atendia. Acho que ele nem percebia o que estava fazendo; era parte do modo como foi criado.

À medida que minhas irmãs e eu começamos a crescer, meu pai começou a pedir que pegássemos coisas para ele. Eu nunca questionei seus pedidos, até ter cerca de nove anos. Meu pai e eu estávamos sentados no pátio e ele me disse: "Ranoon [este é meu apelido], busque meu *kit* de engraxar sapatos pretos no meu closet!".

Eu fiquei irritada; meu primeiro impulso foi dizer: "Busque você mesmo!". Obviamente jamais responderia ao meu pai — já era bastante chocante que eu tivesse esse tipo de pensamento. Mas fiquei indignada por ele esperar que eu pegasse coisas para ele. Então desenvolvi uma estratégia de resistência passiva — fazia-me de boba. Obedientemente ia até o quarto, abria o closet e deliberadamente pegava o *kit* marrom, sabendo que ele queria o preto. Eu levava para ele com um sorriso: "Aqui, *pappy*". Ele olhava para mim, meneava a cabeça. "Esse é marrom. Vá buscar o preto." Eu voltava e ficava mexendo no closet, enrolando até levar o *kit* correto para ele.

Pratiquei essa rebelião silenciosa muitas vezes, fingindo não entender o que ele queria ou simplesmente trazendo a coisa errada. Com o passar do tempo, ele parou de me pedir para buscar coisas e começou a pedir à minha irmã Rasha.

Não quero que vocês pensem que eu andava pela casa cheia de ressentimento — não era isso. Mas ao observar minha mãe servir meu pai, e minhas tias servirem meus tios, e minha avó servir o meu avô — a lista é infinita —, eu me lembro de pensar: "Não quero me casar com um típico homem egípcio!".

O *hijab*

No Oriente Médio, o que uma mulher veste não é apenas um sinal de seu senso de moda ou de sua religião, mas também um reflexo das tendências culturais e sociais da época. Em determinados momentos, algumas mulheres da minha família usaram véu. Elas cobriam o cabelo e o pescoço com echarpes ou usavam um turbante quando saíam de casa, e eu fazia o mesmo. Minha irmã Rula e eu não usamos mais o véu, mas minha mãe usa o *hijab*, assim como Rasha, minha irmã do meio. O *hijab* emoldura o rosto, sem distrair a atenção para os cabelos ou as joias, realça os olhos, que são seguramente nosso atributo mais expressivo. As pessoas pensam que um sorriso se resume à boca, mas, sem as rugas de expressão do sorriso ao redor dos olhos, um sorriso é meio ambíguo, podendo até ser falso. A irmã mais velha de minha mãe atualmente usa o *niqab* — ela fica coberta da cabeça aos pés, com apenas uma abertura para os olhos —, e embora esteja totalmente coberta eu consigo dizer se ela teve um dia bom ou mau apenas olhando para seus olhos.

Todo verão meus pais tiravam um mês de férias, e passávamos duas semanas visitando a família no Cairo; uma semana em Alexandria, a segunda maior cidade do Egito, com lindas praias no Mediterrâneo; e uma semana na Europa — alternávamos entre Chipre, Espanha, Bélgica, Suíça e Nice/ Monte Carlo.

Talvez a parte de que eu mais gostava dessas viagens à Europa fosse o planejamento. Meu pai tinha comprado uma *Enciclopédia Britânica*, que era bastante cara na época, e incluía um grande atlas. Todo verão, enquanto meu pai decidia que país iríamos visitar, ele e eu abríamos o atlas na mesa de jantar e ele me ajudava a identificar com meus dedinhos onde se localizavam as diferentes cidades. Ele infundiu em mim uma sensação de deslumbramento em relação ao mundo. Uma sensação de aventura. Não havia medo do "outro", apenas curiosidade e mente aberta. Foi assim que adquiri meu amor por viajar, mas também foi assim que me tornei uma cidadã do mundo de mente aberta.

E meus pais, apesar de seus valores conservadores, não censuravam o que víamos. No sul da França, todas as mulheres na praia usavam um diminuto biquíni, e muitas sem a parte de cima. Em contraste, lá estava minha mãe, sentada tranquilamente em uma esteira na praia, protegida por um guarda-sol, coberta da cabeça aos pés com um duas-peças largo. Éramos capazes de entender que nossas tradições talvez fossem diferentes, mas não estávamos isoladas do resto do mundo.

O Kuwait pode ser opressivamente quente no verão, mas minha família era bastante privilegiada, e podíamos escapar do calor em nosso clube de praia para expatriados egípcios no Golfo. Meu horário favorito do dia era o pôr do sol; o ar era mais fresco, e uma leve brisa soprava da água. Quando estava quente demais para cozinhar em casa, fazíamos churrasco na praia com meu tio e sua família. Quando terminávamos de jantar, minhas irmãs, meus primos e eu corríamos para o carrinho de sorvete de um vendedor da praia para comprar o melhor picolé do mundo. Era recheado de creme, com uma casca de framboesa — cremoso, sem ser excessivamente doce ou azedo, simplesmente perfeito. Aquelas noites na praia nos faziam acreditar que a vida era perfeita.

Eu não tinha ideia de que o Oriente Médio estava à beira de mais uma guerra. Tinha as preocupações normais de uma menina de onze anos. Lembro-me de sentar à mesa de piquenique no pátio da escola no final da sétima série com minhas melhores amigas, Nisreen, Hanan, Rania e Yasmine, preocupada com uma tarefa especialmente difícil de matemática. Estava ansiosa para voltar às aulas depois das férias e poder retomar o convívio com as amigas do ponto onde tínhamos parado.

Não tinha a menor ideia de que nossa vida no Kuwait estava prestes a mudar para sempre.

3

Arrancada pela raiz

Emoção é algo universal. Nascemos em países diferentes, praticamos, ou não, religiões diferentes e vivemos vidas diferentes, mas as nossas emoções nos unem. Não importa a origem ou o endereço das pessoas, a gama de emoções é a mesma: alegria, medo, raiva, repugnância, amor, ódio. Não obstante, há profundas diferenças culturais, étnicas e até mesmo de gênero no modo como *revelamos* nossos estados emocionais para os outros.

Em algumas culturas, você é criticado por ser emotivo demais, ou por demonstrar a emoção errada diante da pessoa errada. Por exemplo, segundo pesquisas feitas pela minha empresa, na China e na Índia, onde as metas do coletivo superam as do indivíduo, as pessoas têm maior propensão a atenuar ou disfarçar suas emoções na presença de estranhos, principalmente as emoções negativas, como raiva ou desprezo. Essas emoções são consideradas egocêntricas. As mulheres em todo o mundo sorriem com maior frequência que os homens — fomos educadas para agradar —, mas as mais jovens sorriem muito mais do que as mais velhas. A exceção à regra ocorre no Reino Unido, onde homens e mulheres sorriem igualmente.

Os egípcios são um dos povos mais expressivos, *emotivos*, do mundo. De certa maneira, minha formação na ciência das emoções começou em minhas visitas anuais ao Cairo nas férias de verão, sentada ao redor da mesa de jantar da casa da minha avó, cercada por meus pais e minhas irmãs e mais duas dúzias de tias, tios e primos. Eu observava com fascinação enquanto membros da minha grande e acolhedora família falavam (todos ao mesmo tempo), gesticulavam com as mãos, riam alto sem restrições, interrompiam uns aos outros e engajavam em conversas e debates animados, diante de uma montanha de pratos de comida.

Em retrospectiva, vejo que foi na casa da minha avó que comecei a perceber as diferenças culturais no modo de expressar as emoções, algo de que me dei conta somente mais tarde, quando estava desenvolvendo um software que conseguiria ler e interpretar com precisão nossos sinais de emoções, observando quem quer que fosse — do Oriente ou do Ocidente, homem ou mulher, jovem ou idoso, emotivo ou reservado.

Meus avós moravam em um condomínio construído 1950, com diversos prédios de concreto baixos e compridos pintados de bege. Cada andar tinha um terraço com grades horizontais de metal. A casa deles foi originalmente construída com dois andares, como a maioria das outras na vizinhança, mas um dia meus avós "tiraram o teto" e adicionaram mais três andares, criando um apartamento para cada um dos filhos adultos. O quintal era um jardim exuberante — o orgulho e a alegria de minha avó —, um oásis fresco em meio à areia e à poeira do país que é 90% deserto, reduzindo o desconforto causado pelas temperaturas abrasadoras do verão, que muitas vezes chegavam a 38 °C graus.

Minha avó Dodo cultivava palmeiras por sua preciosa sombra, videiras por suas deliciosas folhas de uva, goiabeiras pelo valor medicinal de suas folhas (um remédio antigo para problemas digestivos) e as amadas mangueiras por suas frutas exuberantes. Existem pelo menos dez variedades de mangas no Egito, cada uma com propriedades únicas, todas suculentas e repletas de sabor (diferentemente das mangas amarelas, duras e sem perfume vendidas nos Estados Unidos). A minha favorita é a manga *Ewesi*, doce e fragrante, avermelhada por fora, suave e dourada no interior. Nossas férias de verão coincidiam com o auge da estação das mangas, quando as *Ewesis* estavam literalmente caindo das árvores no jardim da minha avó.

No minuto em que aterrissávamos no Cairo, íamos diretamente para a vila de Dodo, onde fazíamos fila na escada da porta dos fundos que levava à cozinha. Dodo estava sempre sentada à mesa no meio da cozinha com seu turbante — minha avó cobria a cabeça mesmo dentro de casa, por recato —, fatiando, picando, recheando e dando instruções detalhadas às duas empregadas que ajudavam na cozinha para nossa reunião familiar anual. Seu rosto doce se acendia com um grande sorriso quando a abraçávamos.

No verão no Egito, a principal refeição do dia é servida por volta de quatro da tarde. Após o jantar, corríamos para o hall principal, onde uma grande mesa estava sempre forrada com jornais velhos e cerca de cem mangas colhidas no jardim da minha avó. O cheiro era incrível: um misto de cítricos e pêssego, muito intenso e doce. Reações emocionais fortes em nossa vida ajudam a gravar as lembranças. Foi assim que, décadas depois, consegui lembrar não apenas de cada prato que minha avó servia, mas também do cheiro da comida. Em sua casa, eu me sentia amada e segura.

A invasão

No final de julho de 1990, estávamos visitando Dodo e Gedo. Meu pai passou alguns dias conosco antes de voltar para o trabalho no Kuwait; minha mãe, minhas irmãs e eu ficamos por mais uma semana.

No dia 2 de agosto, às duas da madrugada, enquanto dormíamos profundamente, Saddam Hussein, na época presidente do Iraque, invadiu o Kuwait. Em dois dias, o governo do Kuwait caiu, e o país passou a ficar sob o domínio do Iraque.

Nós nos amontoamos na cama enorme de minha avó, assistindo pela televisão a imagens de tanques rodando pelos bairros do lugar que chamávamos de lar. Ficamos apavoradas com os relatos das tropas iraquianas indo de casa em casa, confiscando ou destruindo propriedades. Minha mãe tentou ligar para meu pai, mas o Iraque havia cortado todas as linhas de comunicação. Durante duas semanas, não sabíamos se ele estava vivo ou morto. Minha mãe continuava nos assegurando que ele sabia cuidar de si mesmo. Acreditávamos nela porque queríamos, mas entendíamos mais do que deixávamos transparecer.

Ser arrancada pela raiz desencadeou em mim uma enxurrada de emoções que nunca tinha experimentado. Não me dei conta na época de quão furiosa eu estava diante daquela situação, ou de como me senti assustada e insegura com relação ao futuro.

Nunca pude falar sobre meus medos e preocupações, nem com os meus pais, nem mesmo com as minhas irmãs. Não era parte dos princípios da família. Eles seguiam rigidamente um código: "Trabalhe com afinco, mantenha o foco, sempre dê o seu melhor em tudo que fizer. Ao encontrar um obstáculo, siga lutando para superá-lo". Expressar sentimentos negativos seria encarado como um lamento ou uma reclamação — o que seria inaceitável. Em vez disso, minha família adotava a abordagem "Vamos encarar este problema e resolvê-lo". Não olhávamos para trás; seguíamos adiante. Como a filha mais velha, eu sentia certa responsabilidade de me manter forte e controlar minhas emoções. Não queria desapontar meus pais ou minhas irmãs. Eu cobrava muito de mim mesma e, olhando para trás, percebo que me fechei emocionalmente. Em vez de encarar o medo e a ansiedade que sentia em relação à situação no Kuwait, eu fingia que nada estava acontecendo.

Durante um tempo, agarrei-me à ideia extremamente otimista de que em algum momento voltaríamos para o Kuwait e retomaríamos nossa vida — não existia outra opção. Minha mãe era mais realista. Todos os dias, grudada nas notícias, ela assistia à vida que ela e meu pai tinham lutado tanto para construir virar fumaça.

Num piscar de olhos, meus pais perderam o emprego, suas economias e sua casa. Ainda assim, estávamos em uma situação melhor do que a maioria dos expatriados: tínhamos uma família amorosa que nos acolheu e nos deu um teto para morar. Mudamos para um dos apartamentos vazios na vila de meus avós, junto com a nossa babá filipina, Linda, que nos acompanhou na viagem.

Meu avô garantiu à minha mãe que o Iraque seria eventualmente derrotado. Porém ele também sabia que aquela provação não se resolveria tão rapidamente e que não havia qualquer possibilidade de voltarmos para casa tão cedo. Meu avô aconselhou minha mãe a começar a procurar uma escola para nós. Foi aí que caiu a ficha de que nossa vida nunca mais seria a mesma.

Anos depois, minha mãe me confessou que durante esse tempo ela estava profundamente estressada com a ausência de meu pai e com suas perspectivas para o futuro. Mas soube esconder bem de nós. Havia muito a ser feito; o início do novo ano escolar estava se aproximando rapidamente. Minha mãe fez um turbilhão de visitas às principais escolas particulares do Cairo. Seu objetivo era replicar a educação progressista, mas academicamente rigorosa, focada em artes liberais que tínhamos em nosso antigo colégio. Finalmente, ela encontrou uma escola que atendia a seus altos padrões: a Thebes International School, uma respeitada escola particular que estava abrindo uma nova unidade em Heliópolis, perto de onde morávamos. Acho que o que a convenceu a nos matricular na escola foi a piscina olímpica, que permitiria que eu minhas irmãs continuássemos a competir na natação.

Então, assim que começaram as aulas, finalmente recebemos algumas boas notícias. Meu pai telefonou. Ele havia ficado escondido no apartamento desde a invasão. Ficou sabendo que os estrangeiros poderiam sair do Kuwait em breve. Um grande peso saiu dos ombros da nossa família. No início de novembro, ele e alguns amigos receberam a permissão para sair do país, dirigindo através de uma rota longa e traiçoeira pelo deserto do Kuwait via Jordânia até o Cairo.

Quando meu pai voltou, começou a trabalhar no Cairo como consultor de TI. Logo, minha mãe voltou a trabalhar também. O National Bank of Kuwait abriu uma agência no Cairo. Pagavam à minha mãe um percentual do salário mensal que ela recebia no Kuwait para ajudar a manter o banco operacional, e o dinheiro a mais nos ajudou muito.

A Thebes School, embora fosse academicamente forte, era muito mais tradicional do que a minha escola no Kuwait, dando maior ênfase ao aprendizado por repetição e memorização. Eu tinha a reputação de ser uma aluna estudiosa e bem-comportada, então o diretor me escolheu para ser a representante de classe, que era uma espécie de ajudante de honra. Em algumas aulas, até mesmo a menor das infrações suscitava uma punição corporal rápida e severa. Um dia, entrei na sala de aula usando uma faixa de cabeça num tom um pouco mais claro do que a cor aprovada oficialmente pela escola. A professora, irada, caminhou até minha mesa, seu rosto vermelho e indignado, e abruptamente bateu a régua em minhas mãos. Fiquei revoltada com seu ataque, mas não abri a boca. Essa era a cultura da escola.

A partir daquele dia, minha mãe e eu conferíamos cuidadosamente minha faixa de cabelo toda manhã antes de eu sair para a escola.

Quem não está muito familiarizado com o Oriente Médio costuma imaginá-lo como uma entidade monolítica em que as pessoas se vestem da mesma forma, comem a mesma comida e seguem os mesmos costumes e regras. Mas isso é totalmente equivocado. Cada país tem sua própria personalidade e regras culturais distintas. Minha escola egípcia talvez não fosse tão academicamente progressista quanto minha escola no Kuwait, mas socialmente o Cairo estava anos-luz à frente dos países mais conservadores do Golfo. Muitos adolescentes na minha escola podiam namorar. Comparada à minha escola tranquila e recatada no Kuwait, a Thebes era barulhenta e caótica. As crianças retrucavam os professores. Meninos e meninas andavam de mãos dadas no pátio. Alguns até fumavam. Eu ficava chocada — isso ia muito além da minha zona de conforto.

Tudo era bastante revelador e desconcertante.

Eu era a novata, educada em outro país, com outros costumes, e, como tinha pulado duas séries (a primeira e a oitava), tinha apenas doze anos, dois a menos que todos os demais alunos da minha classe. Dada a política de zero namoro de meus pais, eu também estava fadada a ser uma forasteira no ambiente social da escola. Com isso, me sentia ainda mais isolada de meus colegas, mas ao mesmo tempo ficava fascinada com esse novo ambiente. Comecei a me interessar muito sobre as particularidade dos relacionamentos entre meninos e meninas. Então, comecei a estudar meus colegas de classe.

Comecei a prestar atenção em seus rostos, a observar os meninos e as meninas da classe trocando olhares furtivos, e a monitorar o que faziam depois da aula. Comecei a perceber quem gostava de quem e quem estava à beira de terminar o namoro — geralmente bem antes de o próprio casal perceber.

Por exemplo, percebi que Rashida, uma menina bonita de olhos escuros e cabelo ondulado que namorava Mukhtar, um excelente aluno de ciências, constantemente lançava olhares para Mohammed, um menino bonitão de porte atlético. Mohammed, por sua vez, devolvia o olhar e rapidamente desviava os olhos. Alguns dias depois de ter notado isso pela primeira vez, Rashida estava de mãos dadas com Mohammed, enquanto Mukhtar olhava desapontado para sua agora ex-namorada. Então eu tinha um extraordinário dom de adivinhar o que iria acontecer, e finalmente me senti confiante o suficiente para fazer às minhas amigas previsões sobre futuros romances: "Nossa, ele tem uma quedinha por você", "Cuidado, ele paquera todo mundo". Em pouco tempo me tornei uma especialista em conselhos românticos.

Fiz alguns amigos, mas ainda me sentia muito sozinha. Era de certa forma a "desajustada", não apenas porque não podia namorar, mas porque, diferentemente da maioria dos adolescentes, amava a escola e amava estudar. Isso realmente me distinguia dos meus colegas de classe. Eu nunca reclamava das lições de casa; na verdade eu adorava! Muito depois de todos terem ido dormir em casa, eu ficava acordada até altas horas resolvendo problemas de matemática, pensando, lendo, com os livros espalhados pela mesa da sala de jantar. Numa dessas noites, olhei pela janela e vi que toda a vizinhança estava escura, exceto por uma única luz a dois prédios de distância. Daquela distância consegui ver um jovem sentado a uma escrivaninha, com o abajur aceso, absorto em um livro, estudando também. Ele levantou o olhar. Eu acenei, e ele acenou de volta. Ficávamos sempre acordados até tarde e passamos a sincronizar a hora de desligar a luz. Depois da meia-noite, um de nós tomava a iniciativa e encerrava o dia, e o outro seguia. Podemos dizer que esse era o meu modo de paquerar. Sentia como se estivesse tendo um relacionamento, e ele era meu namorado secreto da madrugada. Em meu cérebro jovem e ingênuo, era a coisa mais parecida com um relacionamento romântico — meu primeiro namorado, embora à distância.

No dia 28 de fevereiro de 1991, o Kuwait foi libertado pela Operação Tempestade no Deserto, e a Guerra do Golfo oficialmente chegou ao fim — mas o caos estava longe de terminar. Em um ato especialmente cruel, os soldados de Saddam que estavam de partida atearam fogo aos campos petrolíferos do Kuwait, provocando um desastre ambiental na região. O fogo durou por mais de um ano, o petróleo quente, pútrido sendo derramado no Golfo Pérsico. Logo depois, o National Bank of Kuwait contratou minha mãe em período integral, e o ministério do Kuwait reempregou meu pai. Meus pais embarcaram no primeiro voo de volta para aquele país. Eles nos deixaram com nossos avós. Quando minha mãe se despediu, foi a primeira vez que a vi chorar desde que tínhamos sido arrancadas pela raiz.

Fiquei com medo. Estava preocupada com o que seria de nós. Como sobreviveríamos a esse suplício sem minha mãe para nos ajudar? Ela era nossa rocha, a pessoa em quem confiávamos; ela nos mantinha unidas. É claro que fomos deixadas em mãos competentes e bondosas — meus avós eram maravilhosos conosco, assim como nossa babá, Linda, que trabalhava para nós havia muitos anos. A visão de minha mãe embarcando naquele avião em meio a toda aquela mudança foi uma imagem devastadora. Mas eu não chorei; guardei meus sentimentos para mim mesma.

Na maioria das vezes, eu era mestre em esconder meus sentimentos. Eu agia como se nada tivesse acontecido. Mas algumas vezes minhas emoções apareciam de formas inesperadas. Eu me tornava agressiva verbalmente e, em um caso específico, fisicamente. Em uma ocasião, dei um soco em um garoto que estava bancando o valentão comigo no pátio da escola! Todos no colégio ficaram impressionados, porque eu era tão certinha! Em outra ocasião, fiquei furiosa quando percebi que Linda tinha pegado meus rolos de cabelo sem me pedir. Não era nada importante, mas eu tive um chilique, gritando com tal ferocidade que ela começou a chorar. Eu me senti péssima. Sabia que minha mãe teria ficado uma fera comigo caso tivesse presenciado meu destempero. Isso era inaceitável na nossa casa. Na época, eu não entendi por que eu tinha explodido daquela maneira. Hoje, é claro, sei que estava extravasando meus sentimentos.

Ter sido arrancada pela raiz mudou minha vida de formas que eu não conseguia entender bem. Tornou-me mais forte e mais determinada a me destacar, desencadeando a minha ambição e a minha competitividade. Eu fiquei determinada a não desaparecer no mar de rostos desconhecidos na minha nova escola. Queria me sobressair, deixar minha marca. Não podia mudar o fato de que a guerra havia afetado nossa vida ou de que estava em uma escola que me fazia sentir uma *geek* forasteira. Então foquei no que eu podia controlar: canalizei toda a minha energia no trabalho escolar. Isso se tornou um padrão por toda a minha vida, uma forma de lidar com os momentos em que eu me sentia sufocada. Enterrei-me nos livros. Eu me esforcei muito para ter sucesso e, no final do ano, já era a melhor da minha turma.

Quando acabaram as aulas no final da primavera, fomos visitar meus pais no Kuwait. Foi a primeira vez que minhas irmãs e eu viajamos de avião sem a companhia deles. Colocamos Rula, que tinha três anos, na poltrona do meio, entre mim e Rasha. Eu estava apavorada, mas me recusei a demonstrar meus sentimentos. Tentei tornar o voo para o Kuwait divertido para minhas duas irmãs. Senti uma onda de alívio quando desembarcamos do avião e vimos meus pais sorrindo e acenando, e minha mãe correndo para nos abraçar. Finalmente consegui respirar.

Eles estavam morando em um novo apartamento; o nosso antigo tinha sido totalmente saqueado pelo exército iraquiano. Nosso plano era voltar a reunir a família no Kuwait, mas os campos de petróleo ainda ardiam em chamas, e o ar estava tão escuro e sujo de fuligem que mal se conseguia distinguir o dia da noite. Uma vez, quando minhas irmãs e eu nos aventuramos até um parquinho próximo, voltamos para casa cobertas de fuligem. Ainda lembro do mau cheiro do óleo queimando, do sabor amargo de fuligem na minha boca. Tive que esfregar muito para limpar a fuligem de debaixo das unhas e do cabelo.

Para meus pais, essa foi a gota d'água. Pouco depois, deixamos o Kuwait definitivamente e nos mudamos de volta para o Egito. Minhas irmãs e eu voltamos para a casa de nossos avós, para mais um ano escolar, enquanto meus pais procuravam emprego.

Meu pai foi contratado pelo governo dos Emirados Árabes Unidos para ocupar uma posição semelhante, em termos de salário e *status*, a seu emprego no Kuwait; minha mãe foi contratada como professora de ciência da computação por uma escola local. Com isso, nos mudamos para Abu Dhabi.

4

O que os vizinhos vão pensar?

No Egito, você começa a tentar uma vaga na universidade logo no início do ensino médio. Como eu tinha pulado dois anos, eu tinha apenas treze anos quando iniciei o processo.

Meninas egípcias de boa família não moram sozinhas, nem mesmo no dormitório exclusivamente feminino da faculdade, e por essa razão eu estava restrita a pleitear vagas apenas nas faculdades do Cairo, onde poderia continuar morando com meus avós. Meus pais nos davam três opções: ciência da computação, medicina e engenharia.

Eu sempre me senti atraída por pessoas, era boa em ciências e queria fazer algo importante. Talvez por isso tenha flertado com a ideia de me inscrever em um curso de medicina e me tornar médica — o que seria mais importante do que salvar vidas? No entanto, também me intrigava a possibilidade de estudar ciência da computação, que poderia parecer uma escolha estranha para uma pessoa que gosta de lidar com gente. Mas, para mim, a tecnologia sempre teve mais a ver com pessoas do que com máquinas, talvez porque jogar videogames era a forma como eu e minhas irmãs nos conectávamos. Eu também acreditava que a ciência da computação seria a carreira do futuro e, por isso, me encontrava cada vez mais inclinada nessa direção.

Fui uma aluna nota 10 e prestei para as duas melhores faculdades do Cairo, a American University of Cairo (AUC — Universidade Americana do Cairo) e a mais barata, porém altamente conceituada universidade pública. Esta era uma típica escola do Oriente Médio. A maioria dos professores era árabe, as aulas eram ministradas em árabe, e com a minha graduação em medicina eu só assistiria aos cursos de ciências. A AUC era mais parecida com as escolas britânicas com as quais eu estava acostumada. Metade dos professores era de americanos, as aulas eram ministradas em inglês, e o currículo era um programa tradicional de artes liberais, mesmo para quem estava fazendo graduação na área de ciências.

Quando eu era mais nova, minha vida girava ao redor da minha fé muçulmana. Minha família ia rotineiramente à mesquita nas tardes de sexta-feira, no sabá muçulmano. Durante um tempo, como jovem adulta, eu me ausentava do trabalho, buscava um lugar tranquilo para estender o meu tapete de orações e rezava cinco vezes ao dia: antes do amanhecer, no meio da tarde, no final da tarde, ao pôr do sol e à noite. Sempre que eu tinha que tomar uma decisão difícil, recorria à oração, como faço até hoje. Existe uma prece especial no Islã chamada *Salat-l-istikhara*, em que você pede a Alá para guiá-lo na direção correta quando não consegue se decidir. Uma tradução livre dessa prece seria "Querido Alá, sabeis o que é o melhor para mim, então, por favor, mostre-me o caminho".

Acho que eu nunca recebi um sinal claro sobre o que eu deveria fazer, mas, depois de recitar essa prece, eu sentia um alívio como se as coisas fossem acontecer como deveriam e tudo acabaria bem, porque era assim que deveria ser.

Fui aceita em ambas as faculdades, mas logo percebi que não tinha vocação para medicina. Também me dei conta de que a AUC era melhor para mim. Então foquei na AUC, onde eu pretendia estudar ciência da computação.

Com as finanças ainda capengas por causa da crise financeira provocada pela Guerra do Golfo, meus pais agora teriam que pagar a mensalidade da minha faculdade, além de se virar para pagar a mensalidade da escola particular das minhas irmãs. Pela primeira vez, meu pai relutou diante do gasto. Ele achava que eu devia optar pela universidade pública, mais barata, onde ele e minha mãe tinham estudado.

Entramos com um pedido de bolsa de estudos na AUC, mas os recursos disponíveis para bolsa eram muito limitados. Então minha mãe interveio, de forma contundente. "Educação é o melhor investimento", ela declarou. Mesmo consumindo todo o seu salário mensal pelos próximos quatro anos, eu iria para a melhor faculdade onde fosse aprovada. Ela nunca titubeou em seu apoio. Acho que sua determinação surpreendeu meu pai, que, por fim, concordou. Então, para alívio de meus pais, e meu, recebi uma generosa bolsa de estudos por mérito na AUC. Minhas preces foram ouvidas.

Como caloura na AUC aos quinze anos, eu morava com Dodo e Gedo. Eles eram calorosos, bondosos e solidários, mas impunham as mesmas regras que meus pais. Não permitiam que eu fosse a festas, mesmo as do campus; eu tinha horário controlado para voltar para casa; era proibida de dar meu telefone residencial para qualquer colega de classe do sexo masculino; e não podia namorar. Eu nunca os questionei ou desafiei. Sabia que meus pais e meus avós confiavam em mim, e era uma questão de honra jamais perder essa confiança.

Havia muita riqueza no Cairo, sobretudo nos subúrbios vizinhos e nos luxuosos condomínios fechados. Mas havia também bolsões de extrema pobreza no centro da cidade, especialmente na área ao redor da praça Tahrir, onde estava localizado o campus principal da AUC na época. Para muitos dos residentes, em especial os mais jovens, sua condição parecia desesperadora. É muito difícil entrar na classe média no Egito, assim como em todo o resto do Oriente Médio.

A AUC ficava a meia hora de carro, ou uma rápida viagem de metrô, de Heliópolis. A qualquer hora do dia, os vagões do metrôestavam absolutamente apinhados de passageiros. A hora do *rush* era particularmente ruim.

Quando eu saía do metrô, sofria o desagradável escrutínio de homens de todas as idades que perambulavam pela praça e se sentiam no direito de abordar uma garota de quinze anos desacompanhada com comentários sexualmente sugestivos. Eu caminhava a passos rápidos, olhando fixo para a frente, evitando fazer contato visual e mantendo uma expressão neutra no rosto. Sentia-me vulnerável, meu coração acelerado. Quando finalmente alcançava os portões da AUC, respirava aliviada.

Para os moradores da praça Tahrir, a AUC nada mais era do que uma extensão da corrupção ocidental. Para piorar as coisas, vários alunos e professores ricos iam e vinham para o campus dirigindo Mercedes-Benz, BMWs e Porsches, o que servia apenas para colocar mais lenha na fogueira.

Dentro dos portões, o terreno da faculdade era todo verde e exuberante, com palmeiras e jardins. Os edifícios seculares representavam o melhor da arquitetura arabesca, com janelas em arco e tetos cuidadosamente entalhados.

Embora eu estivesse estudando ciência da computação, era requisito que eu cursasse matérias fora da minha área. *Mas o que a literatura inglesa tem a ver com redes Bayesianas, CPUs, bytes e baud rates[2]?*, pensava eu. No entanto, aquelas aulas abriram minha mente para novas formas de pensar e de ver o mundo. E Economia, Comportamento Organizacional e Marketing me deram *insights* sobre como as pessoas pensam e tomam decisões.

Na AUC, havia números iguais de homens e mulheres nos cursos de ciência da computação, e isso acontece em todo o Oriente Médio. Fiquei realmente chocada ao saber que nos Estados Unidos os cursos de ciência da computação, bem como os demais cursos em todas as outras disciplinas STEM (sigla em inglês para Ciência, Tecnologia, Engenharia e Matemática), são majoritariamente masculinos. No Oriente Médio, as mulheres na verdade são mais numerosas do que os homens em cursos de STEM, talvez porque tenhamos que trabalhar com maior afinco para nos autoafirmar.

---

2 O termo *baud rate* é utilizado como medida de velocidade de transmissão de informação entre computadores por meio de linhas telefônicas. (N. T.)

O fato de eu ser proibida de namorar ou mesmo de participar dos eventos organizados pela faculdade, como concertos mistos, me excluía do ambiente social e solidificava meu *status* de *geek* forasteira. Ainda assim, fiz algumas grandes amizades com mulheres e me tornei a "confidente" não oficial da classe. Minhas amigas abriam seu coração para mim sobre seus namorados, brigas e até revelavam segredos sobre suas famílias. Eu era boa ouvinte e guardava segredos; mas a realidade é que era uma via de mão única — eu pouco confidenciava a elas. Não me sentia confortável em partilhar meus pensamentos mais íntimos (até hoje me sinto desconfortável ao fazer isso). Eu não tinha nada para contar sobre minha vida amorosa. Era inexistente! Tive algumas quedinhas por alguns garotos na faculdade, mas nunca troquei uma palavra sobre isso com ninguém. Sabia que era inútil ter esses sentimentos, já que nunca poderia fazer nada. Aceitei a ladainha de meus pais de que namorar seria uma distração do meu real propósito de estar na faculdade, ou seja, me formar. Nunca os questionei sobre isso, pois simplesmente era como a nossa família funcionava.

Fiel a mim mesma, não desviei a atenção do meu trabalho acadêmico. A ciência da computação acabou sendo a escolha correta para mim; eu amava as aulas e era excelente em escrever códigos, ou programar. Para os "não *techies*[3]", programação pode soar como monótonos cálculos numéricos, mas pode ser muito criativo também. Código fonte (ou simplesmente "código") é um desenho, um conjunto de instruções que provê o computador de informações para completar uma tarefa. Tudo que você faz em um computador, desde enviar um e-mail a rodar cálculos, escutar música ou controlar o termostato em casa, requer um conjunto de instruções escritas em uma linguagem que o computador entenda. Assim como há numerosas línguas faladas, há muitas linguagens de programação, como, por exemplo, Java, Python, C++, JavaScript, Ruby on Rails, e Perl.

Todas as línguas faladas obedecem a uma estrutura gramatical básica; por exemplo, toda frase completa tem um substantivo e um verbo, e, não importa se estamos escrevendo ou falando, construímos a língua com base nesse modelo. Quando domina a estrutura de uma língua, você tem a base para aprender outras línguas. O mesmo vale para linguagens de computação. Uma vez que entenda sua estrutura básica, com tempo e prática você pode facilmente aprender novas linguagens. Programação é ao mesmo tempo arte e ciência; bons programas são elegantes e eficientes. Uma programação bem escrita conta uma história fácil de acompanhar. Assim como um mapa bem elaborado, as instruções são claras, precisas e o levam

---

3 "Não *techies*" são as pessoas não tão aficionadas em tecnologias. (N. T.)

do ponto A ao ponto B de forma tão rápida e eficiente quanto possível. Na linguagem de programação, o bom programa é "bem documentado", o que significa que, se outro programador olhá-lo, deve ficar evidente para ele para que serve o programa. Programas mal escritos, por outro lado, são extremamente complicados e muito fracos. Os programadores costumam chamá-los de "programação macarrônica", porque a informação é enrolada como fios de um espaguete. Já aconteceu de você baixar um aplicativo no seu smartphone para logo em seguida descobrir que ele consome tanto sua bateria que você precisa deletá-lo? Este é um bom exemplo de programação malfeita; qualquer programador minimamente competente sabe que você não pode criar um aplicativo (um programa) que impossibilite rodar outras funções vitais na mesma plataforma. Do mesmo modo, aplicativos que são "buggy" (isto é, que tenham um erro fatal ou uma falha) costumam travar com frequência.

Varando noites

Quando eu estava na faculdade, os computadores tipo laptop eram caros e escassos. Além disso, não tinham potência suficiente para o tipo de trabalho de programação que precisávamos fazer. Então, os alunos de ciência da computação ficavam enfurnados no laboratório e seus servidores; naquela época, a nuvem ainda não existia. Muitas vezes os trabalhos precisavam ser feitos em grupo, e nos reuníamos no final do dia depois das aulas, tanto no laboratório como na casa uns dos outros, para fazer o trabalho. Se fôssemos designados para um trabalho com uma equipe mista, o que geralmente acontecia, meus avós faziam questão de conhecer a equipe. Se possível, queriam que o grupo se reunisse em nossa casa, onde podíamos ser supervisionados.

Eu passava um tempo enorme do meu dia programando. Programei um sistema de semáforos e um gráfico UI (interface de usuário), ambos extremamente úteis para aprender como programar um código bem documentado. O ponto alto da minha experiência acadêmica foi o Curso 492, um projeto de dois semestres em que os alunos pesquisavam, desenhavam e lançavam um programa que deveria recriar uma situação real de trabalho. Minha equipe, composta por minha melhor amiga, Alia, e outros dois alunos, ambos chamados Mohammed, foi escolhida para escrever um programa para controlar um elevador. Olhando de fora, pode parecer muito simples, mas elevadores são um equipamento muito complexo que desempenha tarefas complicadas.

Em um mundo ideal, quando aperta o botão para chamar o elevador, você espera que o elevador chegue em poucos segundos e o leve a seu destino o mais rápido possível, sem paradas desnecessárias ou contratempos (como ficar parado entre andares). Você quer uma viagem suave, rápida e segura. Mas, se vive e trabalha em um mundo de prédios com diversos andares, você sabe que há determinados horários durante o dia em que os elevadores estão lotados: de manhã cedo, quando as pessoas chegam ao trabalho, ou no final do dia, quando voltam para casa.

Minha equipe precisou criar simulações para cada cenário possível. Por exemplo, o que aconteceria se um passageiro entrasse no elevador no quinto andar e quisesse ir para o vigésimo andar, e outro passageiro entrasse no vigésimo e quisesse ir para o térreo; ou um passageiro quisesse ir do quinto para o oitavo; e assim por diante? Também precisávamos tentar ser o mais justos possível — o programa deveria levar em conta os tempos de espera. E, se houvesse mais de um elevador, cada um deles precisava ser sincronizado.

Passamos semanas entrevistando síndicos, executivos da empresa de energia, e inquilinos de prédios comerciais e residenciais para avaliar suas reais necessidades e recolher sugestões. Somente depois de termos conseguido reunir dados suficientes de como as pessoas usavam os elevadores e sobre suas expectativas em relação ao que esperavam dos proprietários dos edifícios, conseguimos começar a criar simulações e programar o código.

Algumas vezes, para cumprir um prazo, a equipe precisava varar a noite. Em diversas ocasiões, depois das aulas do dia, nos reuníamos no laboratório de computação, trabalhando das seis da tarde até as quatro da manhã. Apesar das longas horas, partilhávamos uma incrível energia e camaradagem. Dormíamos poucas horas em casa, voltávamos para a aula de manhã e nos reuníamos no laboratório para recomeçar tudo outra vez.

No final do outono, atingimos um determinado estágio do nosso trabalho que estava exigindo muito de nós, e precisávamos passar diversas noites seguidas em claro; a formatura era em fevereiro, o que significava que tínhamos apenas três meses, ou menos, para finalizar tudo. Eu ainda não tinha carteira de motorista, portanto ficávamos à mercê de um dos Mohammeds, que nos levava para casa depois dessas noites em claro no laboratório. Como eu morava mais longe da faculdade do que Alia, ela era sempre deixada em casa primeiro.

Durante uma das nossas semanas frenéticas, meu pai estava na cidade a trabalho, hospedado em um hotel no centro do Cairo, perto das suas reuniões. Não conseguimos passar muito tempo juntos, dada nossa agenda atribulada, mas nos esforçamos para conseguir pelo menos almoçar juntos no seu hotel. Na véspera do nosso almoço, eu cheguei na casa dos meus avós às cinco da manhã. Eu estava tão cansada que adormeci de roupa e tudo. Levantei quando o alarme tocou algumas horas depois, tomei banho, troquei de roupa e fui para a faculdade.

Embora estivesse cansada por causa da maratona de sessões de programação, estava animada para ver meu pai e dividir com ele o progresso de minha equipe.

Mal podia esperar pelo final das aulas. O plano era meu pai visitar minha avó em Heliópolis antes de me buscar no estacionamento do campus para almoçarmos. À uma da tarde, caminhei para o estacionamento do campus e vi meu pai me esperando em seu Mazda vermelho. Sentei no banco do passageiro esperando uma acolhida calorosa, um abraço e um sorriso. Em vez disso, recebi um olhar glacial.

"Rana", ele gritou, furioso. "*Mashya 3ala 7al sha3rik!*" (Os números representam sons em árabe que não existem no alfabeto inglês.)

Era o pior insulto que você poderia fazer a uma moça egípcia bem-educada. A tradução livre seria "você nos enche de vergonha".

"Os vizinhos viram você sair do carro de um rapaz às cinco da manhã! O que acha que as pessoas vão pensar?"

Aparentemente, um vizinho "bem-intencionado" aproveitou a oportunidade para relatar minhas idas e vindas. Foi tudo que meu pai precisou escutar, que sua filha era o foco de fofoca indecente. Não importava que ele soubesse que eu não estava na balada. O que importava era o que os vizinhos pensavam. Caí em prantos. Eu me defendi, falando para ele que essas noites em claro faziam parte dos requisitos do curso. Se minha equipe não fizesse isso, ficaríamos para trás.

"Bem, se esta é a única forma de fazer este projeto, você precisa mudar de curso e começar tudo de novo", ele disse.

"O quê? O que eu estudaria?", perguntei em choque, as lágrimas escorrendo em meu rosto.

"Rana, você pode estudar contabilidade. Tenho certeza de que os alunos não precisam varar a noite estudando."

Entrei em pânico: era a melhor aluna da minha turma, faltava um semestre para me formar, e meu pai estava me dizendo para jogar tudo fora e começar do zero a estudar algo pelo qual eu não tinha o menor interesse. Minha vida estava a ponto de virar de ponta-cabeça por causa de um vizinho xereta?

Acabamos não almoçamos; meu pai me levou para casa. Sentia-me esgotada. Nos dias subsequentes, eu estava "pisando em ovos" durante as intensas negociações entre meu pai, que estava determinado a salvar minha reputação manchada, e minha mãe e minha avó, que entendiam todo o meu esforço e a injustiça da situação.

Não acho que meu pai realmente esperasse que eu fosse cursar contabilidade. Mas sei que se sentia humilhado pelo fato de os vizinhos estarem fofocando, o que poderia ser visto como ele ter sido um mau pai. E ele queria me proteger das fofocas maldosas.

Por fim, ele cedeu: eu podia permanecer no curso de ciência da computação desde que obedecesse ao toque de recolher às onze da noite. Meus colegas de grupo entenderam a situação da minha família, e então comecei a chegar em casa pontualmente às onze, reajustando nossas agendas para que não precisássemos varar a noite trabalhando. Não sei como, mas as coisas deram certo.

Dois meses depois, todas as equipes concorrentes apresentaram seus projetos de conclusão do curso diante de todo o departamento de ciência da computação e convidados. Nossa apresentação e nosso software estavam impecáveis.

Meu pai estava sentado no fundo da sala, radiante de orgulho. Após a apresentação, ele correu na minha direção e me deu um grande abraço. Senti-me vingada. Nunca mais falamos sobre o incidente.

Na quinta-feira, dia 12 de fevereiro de 1998, diante de um auditório lotado, trezentos formandos em capelos e becas pretos adentraram pelo corredor. Depois de nos acomodarmos, o vice-reitor anunciou: "Sr. Presidente, a Copa do Presidente é concedida no início de cada cerimônia de formatura ao melhor aluno da turma de formandos. Este ano, a vencedora é... a senhorita Rana Ayman el Kaliouby".

Todo o meu esforço tinha valido a pena. Subi ao palco, e o reitor me entregou uma enorme taça de prata com meu nome gravado em uma pequena placa presa na base, ao lado do nome dos vencedores anteriores. Ergui a taça acima de minha cabeça para mostrá-la à multidão. Fiquei constrangida com o tempo e o volume dos aplausos de meus colegas de classe.

5

A centelha

Após a formatura, candidatei-me a um emprego em uma nova *startup* de tecnologia no Cairo.

Quando meu pai soube que eu estava sendo entrevistada, não disfarçou seu desdém: "Uma *startup*? Rana, você se formou como a melhor aluna de sua turma. Você é melhor do que isso! Você realmente quer trabalhar em uma empresa de computação desconhecida?".

Então ele pronunciou as palavras que me fizeram congelar: "Eu vou com você".

Preciso reconhecer que o Cairo não é socialmente progressista como o Ocidente, mas até mesmo no Cairo ter seu pai como acompanhante em uma entrevista de emprego era bizarro. No fim, ele cedeu: ficou me esperando no carro.

Para os meus pais, só havia duas opções profissionais que valiam a pena: fazer carreira em uma grande multinacional, de preferência uma bem famosa e com uma sede imponente; ou se tornar professor catedrático em uma faculdade ou universidade de prestígio. As *startups* eram instáveis. Não podiam garantir emprego em sua próxima rodada de financiamento, e muito menos pela vida toda. Em uma cultura essencialmente avessa ao risco, as *startups* eram vistas com desconfiança.

Mas, para meus colegas, a *startup* de software ITWorx era o lugar onde todos queriam trabalhar. Oferecia a oportunidade, rara para jovens ambiciosos formados em tecnologia, de permanecer no Egito e se sentir parte do efervescente mundo da tecnologia. Havia uma grande fuga de cérebros, tanto no Egito como em grande parte do Oriente Médio, sobretudo por causa da falta de mobilidade econômica. Muitos de meus colegas de turma hoje trabalham fora do Egito, para empresas como Microsoft, Google, IBM, Cisco e Intel, empresas que estavam na vanguarda da revolução da informática.

Em meados dos anos 1990, o Oriente Médio estava atrasado no *front* da tecnologia. A Microsoft era uma empresa de bilhares de dólares caminhando para dominar mundialmente os sistemas operacionais. A revolução "pontocom" estava a pleno vapor, e um vale ao norte da Califórnia conhecido por fabricar *chips* de silício tinha se tornado um ímã para empreendedores e inovação. Isso praticamente não acontecia no Cairo.

A ITWorx foi fundada em 1994 por três empreendedores: Wael Amin, Youssri Helmy e Ahmed Badr. Hoje, emprega mais de oitocentas pessoas em todo o Oriente Médio e tem uma sede com fachada de vidro imponente. Mas, quando eu estava me candidatando a uma vaga, a sede ocupava um pequeno espaço em um edifício modesto em Heliópolis. Fiel à cultura de *startups*, a ITWorx tinha um ambiente relaxado: nada de terno e gravata, só jeans e camiseta. E, em termos de móveis de escritório, não desperdiçava dinheiro que poderia ser reinvestido na empresa: havia poucas mesas, algumas cadeiras e muita gente sentada no chão, conversando e trabalhando.

Eu me arrumei para a entrevista com uma recatada blusa azul-clara de gola Peter Pan, saia azul floral na altura dos joelhos e sapatos de salto baixo; até levei um livro. Parecia uma jovem aluna de MBA. Era o oposto de descolada.

Após as apresentações iniciais, minha entrevistadora apontou para o chão. Eu me sentei meio desajeitada, enrolando minha saia cuidadosamente ao redor das pernas, e, pela próxima hora, senti-me (e certamente *parecia*) totalmente deslocada, sentada recatadamente com as pernas cruzadas, lutando para cobrir os joelhos com a saia enquanto conversávamos. Não lembro muito da entrevista, exceto que não recebi nenhuma proposta. Em vez disso, aceitei um programa de bolsa de estudos da AUC para cursar um mestrado, uma decisão que agradou muito a meus pais.

Entretanto, naquele dia eu chamei a atençãode um dos fundadores da empresa, Wael, que caminhava pelo corredor sem sapatos, só de meias, quando me viu e passou por perto. Aparentemente, ele fez o esforço de me rastrear e depois pediu a uma amiga íntima, Hoda, que trabalhava na ITWorx, para me convidar para um churrasco em sua casa.

Eu estava tendo algum progresso na liberdade social. Agora podia participar de alguns eventos mistos se estivesse bem acompanhada, e foi assim que fui apresentada formalmente a Wael. Na época ele tinha apenas vinte e dois anos e estava usando calça jeans larga e camiseta. Para alguém que abalava o cenário empresarial no Cairo, Wael era discreto, de fala mansa, e um pouco introvertido. Mas era muito acessível. Ele se lembrava de ter me visto na entrevista de emprego, e passamos uma boa parte da festa conversando.

Voltamos a nos encontrar em uma feira de empregos da AUC, onde a ITWorx tinha um estande. Fui a seu encontro e disse: "Seu estande está lindo, mas tenho alguns comentários construtivos". Ele riu e respondeu: "Por favor, me mande um e-mail com suas ideias. As pessoas nunca nos dão feedback".

Então eu fiz um memorando longo, ponderado, descrevendo cinco pontos que poderiam ser aprimorados no estande da ITWorx. E esse foi o começo de nosso romance *geeky*. No início, Wael enviava e-mails assim: "Você sabe, estou lendo um livro interessante sobre a psicologia de como lidar com pessoas difíceis, você já leu?". E em seguida me enviava o livro. E eu comecei a recomendar livros para ele. Não tenho certeza sobre qual recomendação de livro conquistou seu coração, mas quando estava de férias com a família em Alexandria, mais tarde naquele verão, Wael telefonou para meu primeiro telefone celular.

Eu estava encantada com Wael, um rapaz um pouco mais velho, tão inteligente e bem-sucedido, que dirigia sua própria empresa e dirigia um BMW fantástico, e para uma moça ingênua de dezenove anos ele parecia bem maduro. Wael cresceu na Argentina, onde seu pai trabalhava em um projeto patrocinado conjuntamente pelos governos do Egito e da Argentina. Sua família retornou para o Cairo quando ele era adolescente. Wael se formou na AUC ainda mais jovem do que eu; sempre me considerei inteligente, mas estava convencida de que Wael era ainda mais inteligente e, definitivamente, mais vivido. Eu o admirava. Nós não apenas nos conectamos intelectualmente, mas havia uma atração real entre nós.

Depois disso, Wael e eu começamos a namorar, da maneira muçulmana modesta: durante o dia e em segredo.

Em nosso primeiro encontro — o *meu* primeiro encontro na vida —, Wael me levou para tomar sorvete, mas a verdadeira mágica só aconteceu no nosso segundo encontro. Wael me levou para almoçar no elegante Hotel Marriott, no centro do Cairo, com uma vista deslumbrante do rio Nilo. Eu nem notei a vista. Sentei-me na frente de Wael, nossos olhos fixos um no outro, e todo o resto parecia desaparecer ao fundo. Eu estava arrebatada por essa nova e estranha sensação — ainda não estava apaixonada, isso veio com o tempo, mas certamente estava encantada.

Tudo isso era novo para mim; era revigorante finalmente me permitir sentir — e expressar — as emoções que tinha mantido sufocadas durante os anos de minha adolescência. Afinal de contas, eu já tinha ultrapassado marcos importantes em minha vida; tinha me formado e estava fazendo o meu mestrado, e ainda não tinha nem completado vinte anos! Eu sentia que merecia uma folga para começar a ter uma vida social.

Primeiro, como a boa moça egípcia que eu era, queria apresentá-lo a minha mãe e minhas irmãs, mas as fiz jurar segredo (eu sabia que, no minuto em que meu pai soubesse que eu tinha um namorado, ele marcaria a data do casamento e contrataria um bufê. Wael e eu não estávamos prontos para isso!). Encontramo-nos no Chili's Grill and Bar, um restaurante de cadeia americano conhecido por sua cozinha Tex-Mex, *o lugar* badalado para ir no Cairo na época. Diante de fartas porções de batata frita com queijo estilo texano, milho na espiga e tacos crocantes de frango, minhas irmãs e minha mãe bombardearam Wael com perguntas sobre ele e sua família.

Ele foi aprovado logo no primeiro teste: minha mãe e minhas irmãs gostaram dele. Wael e eu tentávamos encontrar tempo para ficar juntos sempre que podíamos. Algumas vezes ele me buscava na AUC e almoçávamos ou jantávamos juntos, depois ele me levava para casa. Ou tomávamos um café em uma lanchonete perto da faculdade.

Depois de cerca de um ano de namoro, Wael, como o bom rapaz egípcio que era, me pediu em casamento... ao meu pai. Embora ele tivesse apenas vinte e três anos, Wael era membro bem estabelecido e importante da comunidade empresarial, mas meu pai não sabia o que pensar dele: "Ele é o dono da sua própria empresa — uma *startup*. Qual a estabilidade disso? E se ele perder todo o dinheiro amanhã? Vocês não vão ter onde viver".

Meu pai também desconfiou de que Wael era muito introvertido, como eu, e tinha pouca experiência com namoros ou relacionamentos românticos. Estava preocupado que talvez ele não estivesse pronto para o casamento e precisasse de mais experiência de vida antes disso. (Obviamente, não há essa preocupação com uma menina!)

Meu pai se recusou a dar sua bênção antes de saber mais sobre a família de Wael. Primeiro, investigou os Amins entre seus amigos; ninguém tinha nada de ruim a dizer sobre eles. Depois contratou um investigador particular para inspecionar a família de Wael de ponta a ponta. Os pais de Wael, Ahmed e Laila, vieram nos visitar no nosso apartamento na vila em Heliópolis para conhecer meus pais. O clima foi formal, talvez até um pouco frio. Eu podia ver meus pais medindo os Amins, da cabeça aos pés, verificando se estavam bem-vestidos, se falavam bem e que círculos sociais frequentavam.

Durante a visita, o telefone fixo tocou. Meu pai atendeu e, quando desligou, tinha um sorriso no rosto. O investigador que tinha contratado dera seu selo de aprovação. A tensão da sala desapareceu imediatamente, e marcamos a data do casamento.

Minha vida como observadora da emoção humana à distância estava oficialmente encerrada: eu tinha me apaixonado totalmente pelo primeiro homem que namorei e beijei. Wael mudou minha vida de muitas outras maneiras.

O livro que mudou tudo

Mesmo enquanto eu estava planejando o meu casamento, meus pais me encorajaram a seguir com meus estudos. Já estava matriculada no programa de mestrado da AUC, mas não conseguia descobrir em que eu queria focar. Eu não queria seguir uma carreira convencional em ciência da computação; sabia que não seria feliz se fosse passar toda a minha vida atualizando sistemas operacionais, construindo processadores mais rápidos ou criando videogames. De qualquer forma, acreditava que havia todo um universo desconhecido a ser explorado em termos de interações humano-máquina, e intuitivamente entendia que os computadores poderiam fazer muito mais por nós do que conseguíamos imaginar na época. Estava convencida de que mal tínhamos vislumbrado seu potencial máximo e queria criar algo que transformasse a vida das pessoas.

Wael compreendia meu dilema. Ele sugeriu que eu lesse um novo livro que estava recebendo muita atenção em nossos círculos, *Affective Computing*, de Rosalind Picard, uma professora adjunta do MIT Media Lab. Eu nunca tinha ouvido falar do Media Lab e mal conhecia o MIT (Massachusetts Institute of Technology), mas encontrei uma resenha do livro on-line e fiquei fascinada. Os computadores poderiam ler e se adaptar às emoções humanas? Como era possível que *chips* de silício, vidro e fios entendessem o que as pessoas estavam pensando ou sentindo? E por que precisaríamos disso?

Picard era uma engenheira respeitada que antes de se juntar ao MIT Media Lab tinha passado anos trabalhando com inteligência artificial no Bell Labs. Eu queria conhecer mais sobre suas ideias e, portanto, encomendei o livro.

À primeira vista, *Affective Computing* parecia bastante com a criação de uma engenheira, e uma engenheira bastante convencional. Mas, apesar da capa modesta, o livro era nada mais nada menos do que extremamente radical, até mesmo revolucionário, uma releitura do papel da tecnologia e de seu relacionamento com os seres humanos.

"As emoções desempenham papel importante na inteligência humana, na tomada de decisões racionais, nas interações sociais, na percepção, na memória, na aprendizagem, na criatividade e mais", escreve Picard. "Elas são necessárias para o funcionamento cotidiano."

Praticamente todos os pensamentos, ações e interações humanas envolvem emoção. E, seguindo a linha de raciocínio de Picard, se o foco da AI é projetar computadores mais inteligentes que possam simular o pensamento e a tomada de decisões humanos, nossas máquinas precisariam de muito mais que apenas lógica. Assim como as pessoas, precisariam de um modo de interpretar e processar as emoções.

Não foi surpresa para mim descobrir que as pessoas que tinham um talento especial para "ler pessoas" tinham QE mais alto e eram mais bem-sucedidas em todos os aspectos da vida. Afinal de contas, entender o raciocínio e a intenção de outra pessoa é fundamental para uma interação apropriada. O que achei surpreendente, até mesmo extraordinário, foi a amplitude e o escopo do papel da emoção na vida humana, que ia muito além da mera interação social, impactando todo esforço humano.

Também fiquei impressionada com a importância do papel da emoção na capacidade das pessoas de tomar boas decisões. Na época, eu acreditava que as melhores decisões eram tomadas com base na lógica fria e calculada, sem qualquer interferência dos sentimentos. De fato, como depois aprendi, décadas de estudos em neurociência comprovaram que era exatamente o contrário. Seus "sentimentos" não interferem; eles melhoram o processo de raciocínio.

Sem dúvida alguma, o excesso de emoção (como cólera ou medo paralisante) pode ser prejudicial, mas a falta de emoção também. Talvez a pesquisa mais convincente a esse respeito tenha sido a conduzida pelo renomado neurocirurgião Antonio Damasio, neurocientista da University of Southern California, que estudou pacientes com lesões cerebrais que tinham afetado a comunicação entre os hemisférios direito e esquerdo do cérebro. (O lado esquerdo está associado ao raciocínio mais linear, matemático, lógico — QI. O lado direito está associado ao reconhecimento facial, à identificação espacial e a atividades artísticas — QE.)

A maioria desses pacientes manteve sua inteligência cognitiva. Eles podiam ler, fazer contas, coletar fatos e analisar problemas, mas não tinham QE. A lesão que bloqueara as conexões entre o cérebro "racional" e o cérebro "emocional" os tornara incapazes de processar adequadamente as emoções. Como não conseguiam distinguir suas emoções, ficaram bastante limitados em sua capacidade de tomar qualquer decisão, não importando se grande ou pequena. Eles enfrentavam dificuldades ao longo da vida. Não conseguiam permanecer empregados. Seus casamentos foram destruídos. Perderam dinheiro, porque faziam péssimos investimentos. Frequentemente acabavam sozinhos, falidos e infelizes.

Como cientista da computação, eu achava inconcebível que nós, com todo o conhecimento que tínhamos sobre o papel fundamental da emoção para o funcionamento do cérebro, ainda modelássemos nossos cérebros mecânicos com uma abordagem antiquada da inteligência. Eu me dei conta de que essa deficiência fundamental muito séria no design de computadores atrapalharia tanto o potencial de nossas máquinas como o das pessoas que dependiam cada vez mais delas.

O trabalho de Picard me inspirou. Precisávamos construir computadores que pudessem ler e reagir às emoções. Eu ainda não tinha a menor ideia de como iria abordar o problema, mas entendi que esse era um trabalho importante. Além disso, agora eu tinha um foco para minha tese.

Está tudo no rosto

A garçonete deu um sorriso amarelo (seu músculo zigomático se moveu para cima, mas seus olhos não franziram) quando o cliente pediu uma descrição detalhada de cada prato do cardápio. Os dois homens na mesa ao lado checavam seus relógios impacientemente. Um deles deu uma olhada feia para ela (lábio superior elevado, sobrancelhas franzidas).

Eu me senti mal por ela. De uma mesa vizinha, eu observava o desenrolar desse minidrama enquanto tomava meu chá e esperava Wael chegar. Foi assim que passei grande parte do meu tempo como estudante de pós-graduação: estudando rostos.

Agora que eu tinha definido minha área, comecei a ver as pessoas de forma diferente. Quando olhava para um rosto, via muito além de lábios, olhos, nariz e boca. Eu enxergava um mapa anatômico dos quarenta e três músculos faciais que estão sob a camada superior da pele, a epiderme, escondidos na camada subcutânea. Se eu me concentrasse no rosto, conseguia ver esses músculos realmente se moverem, formando linhas, rugas e caretas que criam as expressões faciais. E parecia que eu os conseguia ver em câmera lenta.

Eu estava fazendo um curso on-line para me tornar uma programadora credenciada pelo sistema *Facial Action Coding System* (FACS — Sistema de Programação da Ação Facial). Desenvolvido pelos psicólogos Paul Ekman e Wallace V. Friesen nos anos 1970, o FACS é um sistema de mapeamento dos músculos faciais que existem debaixo da pele para descritores desses músculos. Esse sistema estuda o movimento dos músculos — como eles sobem, descem, se contraem e enrugam. Mas o FACS não associa os movimentos a determinadas emoções; ele se resume à *mecânica* dos movimentos faciais.

No FACS, cada movimento do músculo facial é chamado de "unidade de ação". Existem quarenta e seis movimentos faciais básicos, mudanças espontâneas e subconscientes nas expressões faciais, como erguer uma sobrancelha, levantar o lábio ou uma ruga ao redor dos olhos. Por exemplo, a unidade de ação 4 é a do supercílio (ou tracionar o músculo corrugador), o franzir das sobrancelhas. E a unidade de ação 12 é a tração do canto do lábio (ou tração do músculo zigomático), que é o principal componente do sorriso. Se você sorrir e tocar os cantos dos lábios, sentirá o músculo sendo tracionado para cima.

São necessárias cerca de cem horas de treinamento para receber o certificado FACS. Para ser aprovada no curso, tive que aprender todas as unidades de ação e colocar esse conhecimento em prática. Havia lição de casa também: tive que assistir a oitenta vídeos de entrevistas de televisão com políticos e atores, em câmera lenta, e programar cada movimento facial. Como parte do treinamento, você também tem que praticar, fazendo expressões faciais em frente ao espelho, o que eu fazia durante horas a fio.

Embora o FACS não relacione as expressões ao humor, Ekman usou-o para descrever emoções. Em sua pesquisa, identificou seis emoções universais básicas: raiva, nojo, medo, alegria, tristeza e surpresa (depois ele acrescentou desprezo).

Então correlacionou as unidades de ação a estes humores básicos: AU12 + AU6 = alegre. AU1 + AU4 + AU15 = triste, e assim por diante.

 A programação dos músculos FACS não é um assunto controverso; na verdade, é uma ciência relativamente aceita. Mas o conceito de que todas as expressões faciais podem ser resumidas em seis ou sete emoções básicas é *bastante* controverso. Quando li sobre o assunto pela primeira vez, também fiquei incomodada. Eu não achei que conseguiria capturar o espectro completo de nossos estados emocionais ou mentais. A garçonete encurralada que descrevi anteriormente tinha estampado no rosto um sorriso educado mas contido, porém não estava feliz, nem receosa, nem desrespeitosa. Ela estava entre ansiosa, irritada e distraída. Meu ponto é que há uma gama maior de emoções além das seis emoções básicas de Ekman — por exemplo, distração, curiosidade, paciência, confusão.

 E também há *níveis* de emoção. Por exemplo, se você me diz que alguém está bravo, o que isso significa? Ele está furioso, levemente irritado, ultrajado? É preciso explicar. Dizer que alguém está bravo é equivalente a dizer "estou pintando a parede de azul". Isso leva a pensar: que tom de azul? Azul-claro? Azul real? Azul-marinho? Azul cobalto?

 As expressões faciais também se revelam ao longo do tempo. Pense nelas como fonemas ou sílabas que se combinam para criar frases. Para realmente entender o estado emocional e cognitivo de uma pessoa, você precisa traduzir essas expressões em palavras ou frases de emoção.

 Guardei minhas ressalvas no fundo da mente. A realidade era que o FACS era uma conquista importante, pois capturava o efêmero, oferecia uma linguagem para comunicar aqueles movimentos faciais sutis. Para meus propósitos, se eu fosse ensinar um computador a reconhecer as expressões faciais humanas (uma janela para nosso estado emocional), eu precisaria destrinchar cada possível expressão em seus componentes básicos. Precisaria de uma ferramenta para converter risos, sorrisos irônicos e caretas em algo que o computador pudesse processar: dados quantitativos. As unidades de ação ofereciam esse sistema.

 O treinamento FACS é difícil: essas quarenta e seis unidades de ação facial podem ser rápidas e sutis e podem se combinar em milhares de formas diferentes para retratar centenas de estados emocionais repletos de nuances. Até mesmo os seres humanos, que têm a capacidade inata de interpretar esses sinais, muitas vezes perdem partes significativas da mensagem.

 Na época em que comecei meu projeto de tese de mestrado, os computadores não eram apenas cegos emocionalmente; eram cegos de modo geral. Hoje você pode tirar uma foto do seu almoço e, no próprio aplicativo, identificar o que está no seu prato, diferenciar entre uma salada e um sanduíche e calcular o teor nutricional com certa precisão. Esse é o tipo de AI altamente sofisticada com que apenas sonhávamos quando eu era estudante da pós-graduação.

Naquela época, a visão por computador era muito primitiva. As câmeras digitais eram desajeitadas e lentas; as imagens ficavam cinzentas e desfocadas. Lembram-se das webcams grandes, toscas, penduradas na parte de cima do seu computador? Era com isso que eu tinha que trabalhar. A AI ainda estava engatinhando. Um computador *top* de linha não conseguiria distinguir entre um rosto, uma salsicha ou um pedaço de fruta.

Sim, eu tinha a grandiosa ideia de inventar um algoritmo de computador capaz de reagir às emoções e necessidades humanas, mas a realidade era que eu ficava sentada no meu laboratório encarando uma peça de hardware emocionalmente ignorante. Se fosse para entender as emoções humanas, um bebê recém-nascido que sabia como encontrar um "rosto" tinha mais capacidade do que aquele cérebro mecânico. Eu teria que começar dando passos bem pequenos. Se queria que aquela "coisa" identificasse, quantificasse e reagisse à emoção humana, antes de mais nada ela precisava entender um "rosto". Então, para meu projeto de tese de mestrado, decidi construir um detector facial, ou seja, uma ferramenta que permitiria que o computador distinguisse um rosto de outros objetos. Passei um ano construindo isso.

A maneira de ensinar um computador a reconhecer um rosto — ou identificar qualquer objeto, animado ou inanimado — é primeiro "mostrar" a ele muitos rostos, o que significa inserir muitas imagens de rostos, todos os tipos de rosto. E não apenas o rosto inteiro — eu tinha que dividir o rosto em seus componentes: os olhos, as sobrancelhas, a testa, os lábios, e assim por diante. Hoje, com a proliferação de imagens on-line, isso é muito fácil. Mas naquela época havia muito poucas imagens on-line, e praticamente nenhum rosto. Não existiam Google Images, YouTube, Instagram, Facebook. Então eu aproveitei um dos poucos bancos de dados de rostos: o Cohn-Kanade Database, um esforço conjunto entre Jeff Cohn, da Universidade de Pittsburgh, e Takeo Kanade, da Universidade Carnegie Mellon. Enviei um e-mail para o dr. Cohn requisitando a permissão para usar suas imagens, e ele amavelmente concordou.

Usando centenas de alunos como modelos, o banco de dados oferecia fotos de pessoas expressando as seis emoções básicas citadas por Ekman. Eu baixei tudo no meu computador e escrevi um algoritmo para identificar um rosto e também para conseguir identificá-lo em um vídeo. Minha tese de mestrado estava centralizada em construir um detector facial e um detector de expressões faciais: pense nele como uma máscara facial capaz de identificar a localização de diferentes pontos característicos como seus olhos, sua boca, seus lábios e seu nariz. Meu algoritmo fazia previsões: ele antecipava a nova localização de pontos-chave, por exemplo, o contorno externo dos lábios, com base na sua magnitude de aceleração atual e sua direção. Meu algoritmo era particularmente bom para movimentos sutis do rosto, bem como movimentos de cabeça repentinos, os quais acontecem com frequência nas expressões espontâneas.

No final do ano, eu tinha completado minha tese de mestrado. Quando mostrei um rosto para o computador — *voilà!* —, ele foi capaz de fazer uma marca ao seu redor. Naquele momento, isso era realmente um grande feito.

Em algum momento, eu precisaria treinar o computador não apenas para localizar o rosto, mas para focar nas diversas características (os olhos, a boca, as sobrancelhas) e rastrear movimentos, quantificá-los e relacioná-los a expressões faciais e, posteriormente, ao estado de espírito. Depois precisaria conseguir distinguir movimentos sutis (um leve erguer de sobrancelhas, um rápido repuxar dos lábios). A seguir, teria que analisar, em tempo real, o que aquilo implicava, depois reconhecer a diferença entre um sorriso amarelo, um sorriso forçado e um sorriso de desdém.

Mas é assim que a ciência funciona: gradual e lentamente aprendendo com os inevitáveis erros do dia a dia. Você não precisa ser um gênio para ser cientista, mas precisa ser persistente.

6

Uma mulher casada

Wael e eu nos casamos no dia 30 de agosto de 2000, com uma grande festa com mais de seiscentos convidados no hotel Conrad, no centro do Cairo, às margens do rio Nilo. A recepção foi celebrada em um salão gigantesco com teto abobadado e lustres de cristal, com um DJ, um cantor e, claro, a indispensável dançarina de dança do ventre. Não se serviu álcool, como é o costume no Islã, mas foi uma celebração bem animada.

O casamento foi oficialmente marcado para as oito da noite, porém, seguindo o verdadeiro estilo egípcio, eu adentrei a nave com meu pai apenas às onze. Não estava nem um pouco nervosa por estar me casando. Tinha certeza de ter encontrado meu *taw'un alruwh*, minha alma gêmea. Aliás, eu era a típica noiva neurótica, obcecada por saber se os arranjos de flores tinham ficado bons no grande salão, se a comida estava sendo servida com fartura, se a banda era suficientemente boa. Acho que uma parte de mim é muito filha de meu pai. Na hora da verdade, eu estava preocupada com "O que os convidados vão pensar?".

Wael e eu dançamos a música de Shania Twain "From This Moment" e passamos o resto da noite na pista de dança antes de viajar para um resort em Bali para a lua de mel. Um mês depois, retornamos ao nosso apartamento no Cairo como recém-casados. O casamento era tudo o que eu sonhara. Éramos amantes, mas também parceiros de pensamento, ligados por crenças e objetivos comuns. Wael era meu conselheiro e mentor profissional, e, assim como durante o nosso namoro, discutíamos livros e a última tecnologia e fazíamos planos para o nosso futuro. Eu confiava no julgamento de Wael e basicamente fazia tudo o que ele me dizia.

Como um casal muçulmano moderno e progressista, cada qual com sua carreira, tínhamos alguns exemplos para seguir. Eu sabia que não queria replicar o casamento de meus pais. Eu não iria servir Wael como minha mãe servia meu pai e, para ser sincera, como a mãe de Wael servia seu pai. Tivemos que inventar nossa própria versão de casamento, conquistar algo novo e diferente. Nós dois éramos inexperientes no campo amoroso. Eu nunca tinha namorado antes de me casar, e, embora Wael tivesse tido alguns poucos namoricos, ele nunca mantivera um relacionamento sério. Éramos pioneiros, descobrindo os novos papéis do homem e da mulher no novo Oriente Médio.

Wael e eu ficamos impressionados com o livro de Stephen Covey de 1989, *Os sete hábitos de pessoas altamente eficazes*, no qual Covey recomendava que os indivíduos deveriam escrever sua declaração de missão pessoal nos mesmos moldes de uma declaração de missão da empresa. Então tivemos a ideia de criar uma declaração de missão para o nosso casamento. Talvez isso pareça um pouco *nerd*, mas, sendo sincera, para nós fazia completo sentido. Éramos os dois altamente analíticos, e fazer listas era algo natural para nós. Sentamos e listamos nossos objetivos e aspirações para o nosso casamento.

"Queremos ser a porta de entrada da nossa comunidade: nossa família, nossos amigos e colegas de trabalho, e ser uma força de impacto positivo", escrevemos. Decidimos esperar para ter filhos porque adorávamos viajar e queríamos nos divertir durante alguns anos. Isso também permitiria que eu continuasse minha formação se quisesse fazer um doutorado.

Esforçamo-nos para ser uma influência positiva para todas as pessoas ao nosso redor. Víamos nossa casa como um lugar onde as pessoas podiam se reunir para jantares informais e trocar ideias; queríamos manter a mente aberta e preservar o melhor da cultura muçulmana, mas também abraçar a maneira moderna de fazer as coisas.

Apesar dos requisitos e da linguagem de negócios, éramos bastante afetuosos. Até nos beijávamos em público, o que era uma raridade para um casal muçulmano. Certa vez, em um jantar na casa de amigos, uma de minhas amigas perguntou por que eu nunca usava batom (eu nunca uso maquiagem). Outra amiga comentou: "Por que ela se daria ao trabalho? O marido tiraria tudo com beijos!". Todas deram risada. Eu me sentia amada e cuidada, e por muito tempo Wael e eu fomos considerados o casal perfeito.

Éramos vizinhos dos meus sogros, e nas sextas-feiras, o sabá muçulmano, depois de Wael e seu pai fazerem as orações, almoçávamos na casa deles. Fiquei muito próxima dos meus sogros. Eu os chamava de tia Laila e tio Ahmed, e desenvolvi uma afeição verdadeira por eles, e eles por mim. Eles me tratavam como filha; eu queria agradá-los, o que em parte explica por que dei o passo seguinte em minha vida.

O papel da fé no Egito

O milênio introduziu no Egito, particularmente entre os jovens, um novo espírito, tradicionalista e conservador. Um renascimento religioso tomou conta do país, liderado por Amr Khaled, um ativista muçulmano carismático que comandava um programa religioso na televisão, cuja mensagem teve grande eco entre os jovens em todo o Oriente Médio. Por quase uma década, seu programa foi um dos mais populares da TV no Oriente Médio.

Khaled era totalmente diferente dos demais imãs evangélicos, tipicamente figuras sombrias com barba grisalha e trajes religiosos que pregavam a condenação eterna. Ele era bonito e de fala mansa, com um bigode bem aparado, ternos ocidentais elegantes e um modo otimista e confiante de se expressar. Falava carinhosamente sobre a esposa e sobre a necessidade de os homens serem gentis e compreensivos com as mulheres.

Por mais moderno que fosse por fora, Khaled tinha pontos de vista mais conservadores em relação ao recato das mulheres. Ele incentivava todas as mulheres a usar o *hijab*, mas dava a entender que era mais como um prêmio do que um fardo. "A coisa mais preciosa que uma mulher possui é seu recato. E a coisa mais preciosa do recato é o *hijab*. Se eu lhe fizesse uma pergunta, se eu lhe perguntasse qual é a coisa mais preciosa que você possui, o que você responderia? Se você tem algo precioso, você não o protegeria e cuidaria dele?"

Muitas mulheres começaram a ver o *hijab* com outros olhos, como uma afirmação de seu amor-próprio e não como algo que as fizesse conscientes de qual era o seu lugar. Isso causou uma forte impressão em muitas jovens, inclusive eu. Até mesmo algumas de minhas amigas de faculdade de mentalidade moderna passaram a ter orgulho de usar o *hijab*.

O que eu mais gostava sobre os ensinamentos de Amr Khaled era a ênfase que ele dava aos valores fundamentais do Islã: grande empenho no trabalho, respeito, amor e honestidade.

Eu perguntei a Wael o que acharia se eu começasse a "usar o véu". Afinal de contas, quando se casou comigo, eu não era uma mulher de *hijab*. Mas ele disse que a decisão era totalmente minha.

No dia 1º de dezembro de 2000, pela primeira vez na minha vida, usei um *hijab* em público e aceitei a conduta do recato. Usei uma echarpe linda floral em tons de laranja e verde-oliva, e calça verde-oliva, o símbolo máximo da elegância muçulmana. Tipicamente, a primeira vez que uma mulher aparece em público usando um *hijab*, os amigos e a família a felicitam, quase como se ela tivesse alcançado um marco importante em sua vida. A maioria das pessoas aprovou meus novos hábitos, exceto minha sócia no projeto na AUC onde eu estava lecionando, uma mulher de mentalidade moderna. Quando entrei em sua sala usando o *hijab*, ela ficou chocada, talvez até mesmo horrorizada. E contestou minha decisão. Mas, seis meses mais tarde, também passou a usar o *hijab*.

Nos doze anos seguintes, eu nunca apareci em público com a cabeça descoberta. Cobria também os braços e não usava maiô em ambientes mistos. Muitos anos depois, minha mãe e minhas irmãs também começaram a usar o véu.

O fato de um número tão grande de mulheres jovens preocupadas com a moda estar agora usando o *hijab* promoveu uma recriação da echarpe para a cabeça: as mulheres escolhiam padronagens e tecidos bonitos, que combinassem com seus trajes na última moda. Esse não era o caso do *hijab* que minha avó usava, ou do *niqab* sem graça que a minha tia usava.

O fervor religioso continuou por cerca de uma década. Como acontece com frequência, o pêndulo apontou para a direção oposta. A estrela de Khaled esmaeceu. A maioria das mulheres que eu conhecia que durante muito tempo tinham seguido seus ensinamentos abandonou o *hijab*, e eu fui uma delas. Dançar em casamentos, uma prática antes reprovada, tinha voltado à moda. Foi necessária uma boa dose de verdadeiro conservadorismo religioso durante o breve reinado da irmandade muçulmana para azedar a relação das mulheres com ele. A religião rapidamente perdeu seu apelo quando o modo de a praticar se tornou uma obrigação, e não uma opção.

Eu sei que supostamente ciência e religião são diametralmente opostas, mas não é assim que eu vejo as coisas. Tanto na ciência como na religião, os "crentes" precisam imaginar o mundo não como ele é, mas como será. Está certo que em algum momento na ciência você precisa validar o seu conceito, ou arrisca perder o financiamento, sua posição acadêmica e sua reputação. Mas, no início de seu trabalho, são sua crença e sua fé que o impelem a avançar.

Quando iniciei a minha tese de mestrado, acreditava piamente nela, ou nunca teria me dedicado ao projeto da maneira como fiz. Eu tinha uma visão de uma tecnologia mais inteligente que poderia ser mais útil para a humanidade, que entendesse as pessoas e nossos estados emocionais, permitindo que interagíssemos de forma natural e sem esforço. Grande parte da tecnologia de que eu precisaria para realmente concretizar a minha visão ainda não tinha sido inventada. Eu estava assumindo um risco enorme, e isso exigia fé.

Saindo de casa

Eu já tinha superado um grande obstáculo na minha tentativa de construir um computador capaz de reconhecer as emoções — meu algoritmo já era capaz de identificar e focar um rosto humano —, mas ainda estava a anos-luz de distância de conseguir atingir o objetivo de criar um computador *emocionalmente inteligente*. Ele precisaria reconhecer as expressões faciais, quantificá-las, relacioná-las ao estado emocional correto, para só então reagir adequadamente.

Para mim, o próximo passo lógico seria fazer um doutorado em ciência da computação para poder dar prosseguimento ao meu trabalho. Meu objetivo era me unir ao corpo docente da AUC.

Até então, a AUC nunca tinha contratado uma catedrática em ciência da computação mulher. De fato, conseguir uma cátedra em qualquer departamento por si só já era um grande desafio. Se eu pretendia quebrar esse teto de vidro, precisaria seguir o caminho dos homens que haviam conquistado a titularidade. A maioria havia feito seu doutorado em grandes universidades dos Estados Unidos e da Europa. Eu era a melhor da classe e havia conquistado a reputação de cientista talentosa. Mas, ainda assim, era uma mulher casada. Atingir meu objetivo significava sair do Egito, e isso era complicado. Wael não poderia ir comigo: ele tinha uma empresa para dirigir no Cairo.

Se eu fosse homem, não haveria discussão, e minha esposa me seguiria para onde quer que eu fosse. Mas, em minha cultura, esse é um terreno perigoso. Mulheres casadas não se mudam para o outro lado do mundo para perseguir seus sonhos. Uma coisa dessas é inaceitável e impensável. Fiquei positivamente chocada quando uma CEO que conheci nos Estados Unidos me disse casualmente, enquanto conversávamos tomando um café, que seu marido ficava em casa com as crianças. No Egito isso seria inconcebível.

Felizmente, Wael tinha a mente bem aberta e não tentou me segurar. Na verdade, ele me encorajou a me candidatar a vagas em escolas no exterior para avaliar as possibilidades. As universidades americanas estavam fora de questão, porque eram longe demais para visitas frequentes. Então eu me candidatei, no finalzinho do prazo de inscrição, para as mais prestigiosas escolas do Reino Unido com os melhores departamentos de ciência da computação. O processo não se resumia ao preenchimento de formulários on-line. Eu tinha que escrever uma proposta completa descrevendo o que queria projetar e construir, e um projeto detalhado de como pretendia atingir os meus objetivos.

Minha primeira opção era o laboratório de informática da Universidade de Cambridge, a escola onde, havia mais de dois séculos, o matemático Charles Babbage concebeu o computador moderno. Entrei com um pedido de bolsa para Peter Robinson, chefe do Rainbow Group do laboratório de informática. O Rainbow Group estava trabalhando para reinventar a interação entre seres humanos e computadores, missão que se casava perfeitamente com meu conceito de construir um sistema computacional emocionalmente inteligente. As pessoas que trabalham com interfaces humano-máquina (da sigla em inglês HCI — *Human-Computer Interfaces*) projetam os teclados, telas táteis e, atualmente, os computadores ativados por voz que permitem ao indivíduo leigo sem qualquer formação em tecnologia usar facilmente um computador.

Como tinha enviado meu formulário muito tarde, eu honestamente não esperava obter uma resposta. Achava que me pediriam para me inscrever novamente no ano seguinte. Então, no início de agosto, recebi um e-mail do professor

Robinson, felicitando-me por ter sido aceita no programa de doutorado do laboratório de Cambridge. Não só tinha sido aceita no maior centro de pesquisa de informática do mundo, como estavam me oferecendo uma bolsa integral.

Eu deveria ter ficado eufórica. Mas, em vez disso, entrei em pânico. Com o início do novo semestre acadêmico a menos de um mês, eu não tinha muito tempo para me decidir sobre o convite. Teria apenas alguns dias para aceitar ou recusar a bolsa.

Parte de mim queria desesperadamente ficar em casa no Cairo com meu marido e continuar nossa existência feliz em ritmo de lua de mel. Mas outra parte de mim entendia a magnitude dessa oportunidade e aonde potencialmente poderia me levar. Incapaz de tomar uma decisão, telefonei para o dr. Robinson e expliquei que, embora estivesse eufórica por ter sido aceita no programa, havia uma complicação: eu era casada. Seria possível trabalhar remotamente do Cairo? Garanti a ele que visitaria o laboratório regularmente, mas preferia não me mudar para Cambridge.

Peter entendeu minha situação, mas sua resposta foi um enfático *não*. Ele esperava que eu trabalhasse no laboratório, como todos os outros doutorandos. Em retrospecto, vejo que estava absolutamente correto. Eu não conseguiria fazer o que fiz trabalhando remotamente por conta própria. E teria perdido alguns contatos cruciais que formataram minha pesquisa e meu trabalho.

Wael acreditava que aquela era uma oportunidade única, e eu estava inclinada a aceitar a oferta, mas precisava de uma confirmação de que estava fazendo a escolha certa. Resolvi conversar com meus pais sobre minha decisão. Como eles sempre priorizaram nossa educação, acreditei que eles me encorajariam a fazer meu doutorado em Cambridge. Mas, naquela tarde, vi a verdade nua e crua.

É verdade que minha mãe sempre trabalhou enquanto criava a família e que sempre foi respeitada em sua profissão por ser uma desbravadora. Para mim, ela parecia ter tudo e ainda por cima estava em pé de igualdade com meu pai. Mas as aparências enganam.

Meu pai me mostrou a realidade da vida de minha mãe, realidade essa que eu estivera cega demais para ver. Embora ela tivesse tido uma carreira muito bem-sucedida, seu trabalho sempre veio em segundo lugar em relação a seu papel de mãe e esposa. Quando cruzava a porta de nossa casa, deixava sua persona executiva para trás. Ela nunca falava do seu emprego, tampouco atendia telefonemas de trabalho em casa. Apesar de muito inteligente e capaz, não poderia esticar seu dia de trabalho porque meu pai esperava que às três da tarde, quando acabava a escola, ela estaria em casa para cuidar das filhas.

Eu soube que minha mãe nunca teve "permissão" para fazer uma viagem de trabalho sozinha. Se seu chefe pedisse que ela visitasse um cliente no exterior ou participasse de um seminário de treinamento na Inglaterra, ela teria que recusar tal oportunidade a não ser que a viagem coincidisse com as férias escolares, quando nossa família poderia acompanhá-la e transformar a ocasião em viagem de férias a trabalho. Como eu me esqueci disso? Lembro agora que de vez em quando, quando estávamos em uma dessas "férias", minha mãe nos deixava por algumas horas para participar de um programa de treinamento enquanto meu pai nos levava para fazer algum passeio turístico. Nunca tinha parado para pensar por que estávamos todos viajando. Tampouco tinha questionado por que minha mãe nunca falava de seu trabalho em casa.

Conversando com meu pai, lembrei-me de um incidente que ocorreu quando eu tinha uns seis anos. Minha mãe tinha chegado em casa com um *pager* dado por seu chefe, que queria conseguir falar com ela caso tivesse algum problema no banco. Aquele era um sinal de que seu trabalho era muito valorizado por seu chefe e que ela estava prestes a ser promovida. Meu pai, entretanto, ficou furioso. Disse a ela que não poderia ficar com o *pager*. Então, no dia seguinte, minha mãe levou o *pager* de volta para o banco e seu chefe o deu a outra pessoa. Naquela época, eu não consegui entender por que meu pai estava fazendo tamanho estardalhaço por causa de um aparelho que eu achei tão interessante; afinal de contas, ele adorava essas bugigangas! Agora tudo fazia sentido. Não tinha o menor problema minha mãe ter sucesso profissional, contanto que não interferisse com a vida familiar nem causasse qualquer tipo de incômodo para meu pai. O *pager* significava que alguém mais poderia reivindicar o tempo de minha mãe, e isso era simplesmente inaceitável. Imagino como ela deve ter se sentido por ter tido que abrir mão do *pager* e de muitas outras oportunidades. Mas ela jamais reclamou. Enterrou sua ambição e aceitou seu papel secundário como maneira de viver.

Seria esse também o meu destino?

"Rana, agora você é uma mulher casada. Esta é uma decisão a ser tomada entre você e Wael. Mas você sabe nossa opinião. Achamos que você não deve ir."

Tradução: "Agora você está sob a jurisdição de Wael, e não minha".

Para uma moça egípcia bem-comportada que nunca discordou de seus pais sobre nada importante, a ideia de fazer algo que poderia deixá-los decepcionados comigo me angustiava. Mas meu pai tinha reconhecido que isso era um problema a ser resolvido entre mim e Wael.

Decidi que, se Wael não tivesse nenhuma objeção, seguiria meu coração. *Rana, se você não fizer isso, vai se arrepender pelo resto da sua vida.*

Rezei e chorei por causa disso, mas por fim aceitei a bolsa. Sentia-me agradecida por ser casada com um homem como Wael, cuja mente era suficientemente aberta para me deixar perseguir meu sonho.

Meu voo para Londres estava marcado para uma quinta-feira, dia 18 de setembro de 2001.

No final da tarde do dia 11 de setembro, Wael e eu estávamos na sala quando vimos as notícias extraordinárias na TV. As Torres Gêmeas do complexo empresarial World Trade Center, em Nova York, tinham desabado após serem atingidas por aviões, e o Pentágono em Washington fora atacado e estava em chamas. Enquanto a tragédia se desenrolava, ficamos colados na TV. Os eventos pareciam tão próximos que poderiam estar ocorrendo no nosso quintal. Eu sabia intuitivamente que algo dessa magnitude teria impacto no mundo inteiro.

E então meu telefone começou a tocar.

"Você não pode ir para Cambridge agora", minha mãe declarou. "Estamos à beira da Terceira Guerra Mundial. Você será uma mulher muçulmana presa no Ocidente. Você será um alvo."

Todos em minha família me aconselharam a cancelar meus planos. As pessoas no Cairo acreditavam que os atentados poderiam acabar em uma guerra mundial, Ocidente *versus* Oriente. Uma vez mais, porém, Wael, que já tinha viajado pelos Estados Unidos e entendia a cultura melhor do que minha família, foi taxativo de que não haveria uma guerra mundial. E que, se eu não agarrasse aquela oportunidade para fazer meu PhD em Cambridge, nunca o faria. E, sem um doutorado, eu nunca realizaria meus sonhos.

Eu estava morta de medo de viajar para Cambridge, por conta do clima político. Não tinha ideia do tipo de recepção que teria.

Minha família organizou uma "festa" de despedida para mim em nosso apartamento, no fim de semana anterior à minha viagem. Foi uma festa triste, com mais lágrimas do que sorrisos. Ninguém escondia a preocupação com minha segurança e com a minha decisão. Minha sogra, com uma expressão aflita, chamou-me de lado e cuidadosamente colocou um colar em volta do meu pescoço. Estava decorado com inscrições do Alcorão, para me proteger do mal. Foi um pouco desconcertante ver como ela estava receosa por mim.

Uma amiga íntima havia me alertado de que ir para Cambridge acabaria destruindo o meu casamento. Outros receavam que eu ficaria muito solitária. Mas eu não levei a sério suas preocupações. Tinha total confiança no meu relacionamento — e acho que Wael também. Não acreditávamos que o tempo ou a distância poderiam nos separar.

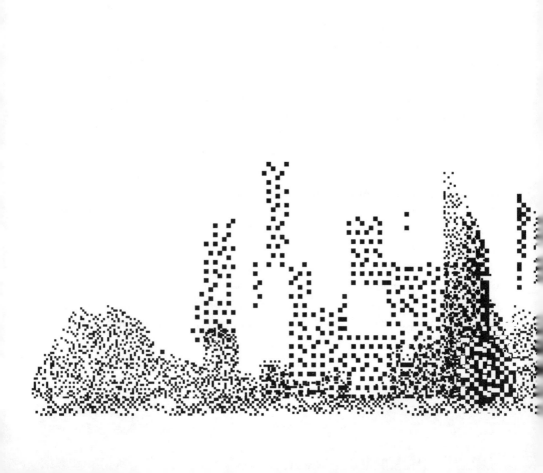

PARTE II

A cientista e o leitor de mentes

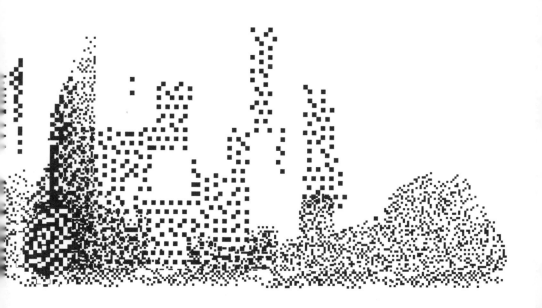

7

Uma estranha em uma terra estranha

Naquela manhã, no táxi a caminho do aeroporto com Wael para pegar meu voo para Londres, eu sentia um turbilhão de emoções. Estava eufórica com a perspectiva de embarcar em uma nova aventura, de viabilizar a visão de um computador emocionalmente inteligente. Mas também estava assustada com o que o futuro me reservava. Como seria morar sozinha em Cambridge? Será que eu seria discriminada por ser muçulmana? Mas, acima de tudo, estava em um estado de descrença: *Será que realmente vou dar conta de fazer isso?* Teria eu, uma moça egípcia bem-educada, passado dos limites?

Eu estava determinada a seguir adiante, mas não sem algumas apreensões. Nos três anos seguintes, Wael e eu mal encontrávamos tempo para nos ver. Ele ficou em Cambridge apenas por alguns dias, até eu conseguir me instalar. Eu já sentia saudades só de pensar que ele iria embora.

Talvez fosse o amuleto protetor que eu usava no pescoço, mas depois de toda a ansiedade, todos os alertas da minha família e dos amigos sobre os potenciais perigos que uma mulher muçulmana poderia enfrentar no Reino Unido, minha viagem foi anticlimática. Depois de cinco horas e meia de voo e da viagem de carro para Cambridge por estradas sem graça, uma paisagem cinzenta e industrial, desembarcamos no centro de Cambridge. Wael e eu caminhamos por uma pitoresca rua de paralelepípedos arredondados, carregando minhas duas malas até o hotel perto do rio Cam. Estávamos famintos e cansados. Tropeçamos em um pequenino restaurante japonês, que rapidamente se tornou nosso local de encontro sempre que Wael estava na cidade.

Cambridge é uma das duas universidades no mundo — Oxford é a outra — que operam sob o sistema colegiado, o que significa que seus dezoito mil alunos são divididos em trinta e uma escolas. Embora a universidade seja muito grande, cada colégio é diferente, tem suas próprias peculiaridades e atende só a sua comunidade. A escola é seu ponto de apoio, onde você mora, come e encontra os colegas.

Os calouros precisam se afiliar a uma das trinta e uma escolas. Eu desconhecia totalmente aquele sistema. Um aluno mais experiente poderia ter agarrado com unhas e dentes a oportunidade de se afiliar a uma das escolas mais antigas e de maior prestígio, como a King's College, a Trinity (cujos ex-alunos incluem Sir Isaac Newton) ou a St. John's. Escolhi minha escola com base no único critério que importava para mim naquele momento: era toda feminina.

Quase todas as escolas eram mistas, o que significava que os alunos e as alunas moravam todos no mesmo local. Dada a forma como eu tinha sido educada, eu não aprovava que homens e mulheres fossem vizinhos em um ambiente tão íntimo como um dormitório. No Oriente Médio, homens e mulheres muçulmanos solteiros e sem laços de família seguiam um restrito código de conduta em termos de como interagir entre si. Morar lado a lado em instalações tão próximas era inadmissível, assim como se tocar casualmente.

Naquela época, eu jamais abraçaria ou beijaria um homem no rosto se ele não fosse parente. No Ocidente, descobri que todos se abraçam e beijam o tempo todo. Eu me lembro da primeira vez que um colega me cumprimentou amigavelmente com um abraço. Foi apenas um meio abraço casual, como ele fazia com todos. Embora não tenha deixado transparecer no momento, fiquei tão chocada com sua atitude que, quando cheguei de volta no meu apartamento, estava tremendo. Quando fechei a porta, desatei a chorar. Ainda estava tentando ser a menina egípcia bem-comportada e *religiosa*, ao mesmo tempo em que tentava me encaixar no ambiente e ser independente.

Então, foi assim que acabei no Newnham College, uma das duas escolas só para mulheres em Cambridge. Como vim a saber depois, a Newnham College tinha uma história prestigiosa. Fizera parte da vanguarda do movimento em favor de que a mulheres tivessem acesso à educação superior, e acabou sendo a melhor escolha para mim.

Quando Cambridge foi fundada em 1209 por dois ex-alunos de Oxford, era, como todas as outras instituições da época, totalmente masculina. Levou seis séculos e meio para a escola abrir, em 1869, a Girton, sua primeira faculdade para mulheres. Dois anos depois, Newnham College foi fundada como uma residência segura para mulheres "intelectualmente curiosas" que queriam participar de palestras em Cambridge — "Palestras para Damas", como eram chamadas. Mas Cambridge só começou a aceitar mulheres em seus cursos depois de 1948. Fico constrangida em dizer que eu era tão protegida que nunca tinha ouvido falar de nenhuma das ilustres ex-alunas de Newnham, dentre as quais Rosalind Franklin, a química e especialista em cristalografia que desenvolveu trabalhos essenciais para a decodificação do DNA, embora o Prêmio Nobel por tal conquista tenha sido concedido em 1962 a três homens: James Watson, Francis Crick e Maurice Wilkins. Típico! Um hall de residência para alunos da pós-graduação agora leva o nome dela. Outras notáveis ex-alunas são Jane Goodall e Sylvia Plath.

Newnham é mais afastada do centro da cidade de Cambridge do que a maioria das outras escolas. O campus é um sopro de ar puro, com amplos gramados verdes (quase 70 mil metros quadrados) onde os alunos podem caminhar e lindos jardins ingleses bem-cuidados que florescem em abril.

Era exatamente como eu imaginara uma faculdade inglesa de renome: construída no estilo Queen Anne (prédios de tijolos vermelhos com frontões, janelas brancas, telhados pontiagudos e algumas janelas salientes). Mas o que realmente diferencia o campus, como descrito no site de Newnham, é sua "série de halls elegantes conectados por corredores e situados ao redor dos jardins da escola... o segundo corredor contínuo mais longo da Europa", que permite que os alunos circulem pelos edifícios principais sem precisar caminhar por áreas descobertas. Se levarmos em conta como os invernos em Cambridge podem ser inóspitos, só isso já é um grande apelo de vendas para a escola (boa para seu cérebro e para seu cabelo!).

Quando Wael e eu chegamos no campus pela primeira vez, fiquei impressionada com sua beleza tranquila. Deram-me um quarto particular no dormitório feminino para alunas da pós-graduação, como eu havia pedido. Quando estava prestes a assinar o contrato do alojamento com minha escola, mencionei à administradora responsável pela hospedagem que eu era casada. Meu marido viria me visitar de vez em quando e passaria a noite, eu disse.

A todo-poderosa da hospedagem me lançou um olhar severo e meneou a cabeça. "Isso é simplesmente impossível. Aqui temos um toque de recolher bastante rígido para homens, marido ou não. Seu marido teria que estar fora da residência às onze da noite."

Toque de recolher para maridos! Esse até meu pai acharia excessivo. Claramente, eu não poderia morar no dormitório a não ser que me mudasse para um hotel cada vez que Wael viesse me visitar. Como Wael não iria morar comigo em tempo integral, eu não era elegível para as acomodações para alunos casados. Tudo isso significava que eu teria que encontrar outro lugar para morar rapidamente. Isso foi antes dos smartphones e tablets, portanto não podíamos pedir à Siri ou à Cortana que nos apresentasse uma lista dos apartamentos tipo estúdio disponíveis na área.

Naquele tempo, para acessar a internet você precisava estar conectado a um computador bem antigo, com um modem. Não existiam ainda os *hotspots* onde você pudesse se conectar com seu laptop. Em vez disso, havia *cyber* cafés, espaços abertos, mobiliados com fileiras de mesas, com computadores. Você pagava de acordo com o seu tempo de uso. (Ainda existem *cyber* cafés em algumas partes do mundo.)

Perto do campus, encontramos um *cyber* café repleto de estudantes, e pegamos um lugar no fundo em frente a um computador aberto. Mal existia o Google na época; usávamos o Yahoo para pesquisar. Quando digitei "estúdios em Cambridge para alugar", as principais pesquisas mostravam repetidamente estúdios em Cambridge, *Massachusetts*. Eu estava ficando cada vez mais irritada.

"O Yahoo não sabe que a Cambridge original é aqui, no Reino Unido?", perguntei indignada a Wael.

"Na verdade, não", ele disse. "Não tem a menor ideia de onde você está."

E, é claro, como o computador que eu usava era emocionalmente cego, não fazia a mínima ideia de como eu estava frustrada, ou teria suspeitado de que estava me fornecendo a informação errada.

Finalmente achamos um estúdio no segundo andar de um prédio a vinte e cinco minutos de distância pedalando do Cambridge Computer Lab. Contatamos o locatário e corremos lá para conhecer. Era um conjugado sem móveis, com um espaço amplo com cozinha, sala de estar/quarto e banheiro — bom para minhas necessidades. Então assinamos o aluguel e mobiliamos o apartamento em uma tarde, comprando tudo em uma loja barata em Cambridge.

Experimentei um profundo sentimento de perda quando Wael partiu de volta para o Cairo. Finalmente caiu a ficha de que nosso ano de lua de mel tinha terminado e que, pelos próximos três anos aproximadamente, nos encontraríamos no máximo uma ou duas semanas seguidas de cada vez. Ao me deparar sozinha no meu apartamento de Cambridge naquela noite, ocorreu-me um pensamento que fez meu coração congelar. No Islã, acreditamos que Alá irá testar cada um de nós — crentes ou não crentes igualmente. O primeiro nível de testes está relacionado ao seu grau de crença e de obediência às regras islâmicas. Mas o segundo nível é ainda mais difícil: "Certamente vos poremos à prova mediante o temor, a fome, a perda dos bens, da vida e dos frutos" (2:155).

Este é um teste de fé pessoal; apesar de nossas perdas, nossa fé permanecerá inabalada?

A maior prova que Alá poderia me infligir seria tirar Wael de mim. Eu rezava por sua segurança. E eu rezava para que sobrevivêssemos à distância e que essa situação não afetasse o nosso relacionamento. Eu recitava a prece do Alcorão, que podemos traduzir como "Alá, por favor, não me prove naquilo que não posso suportar; peço vosso perdão e compaixão".

Na manhã seguinte, eu não me permiti ficar sentada e deprimida. Liguei o modo trabalho. Recusei-me a sentir pena de mim mesma ou mergulhar na minha solidão. Não foi assim que fui criada. Eu tinha um trabalho a fazer e estava determinada a dar tudo de mim. Todavia, levou certo tempo até me adaptar à minha nova vida.

De um dia para o outro, meu mundo passou de paredes cor de manga, céu azul e sol brilhante para carpete macio, paredes e sofá bege. Eu não tinha TV, rádio ou CD *player*. Quando saía pela porta, na maioria das manhãs, encarava um dia úmido, acinzentado.

O novo e elegante laboratório de informática fora projetado para ter a máxima eficiência, com espaços limpos, abertos, paredes nuas, boa iluminação e muito metal e vidro. Meu escritório também era sem adornos: uma mesa e uma cadeira, as superfícies sem nenhuma decoração. Eu não tinha nem mesmo uma foto de Wael ou de minha família sobre a mesa. A mensagem que tinha criado no meu espaço de trabalho era clara: estava no modo trabalho, sem distrações ou toques pessoais.

Morando sozinha, todos os dias eu me dava conta de como tinha sido privilegiada até então. Quando morava com meus avós, sempre havia alguém por perto para fazer a limpeza e lavar a minha roupa. Quando me casei, Wael e eu tínhamos uma empregada que vinha todos os dias limpar nosso apartamento. A mão de obra era barata no Egito, e cidadãos de classe média alta, mesmo recém-casados, sempre tinham ajuda. Quando assinei o contrato de aluguel do apartamento em Cambridge, minha primeira pergunta para o locatário foi: "Quem limpa o apartamento?". Quando ele respondeu "Você!", fiquei perplexa.

Então arregacei as mangas e aprendi a limpar a minha própria cozinha. Duas vezes por semana, depois do trabalho, eu levava meu saco de roupa suja para a lavanderia mais próxima, a alguns quarteirões de distância. Sentava-me na lavanderia lendo — geralmente um livro sobre a ciência das expressões faciais e emoções — enquanto o ciclo de lavagem se completava. Demorei para me acostumar a essa rotina, que ficou pouco a pouco mais difícil à medida que o clima ficava mais frio e ventoso. Era muito diferente da minha vida no Cairo, onde muitas dessas tarefas mundanas eram feitas como num passe de mágica.

A vida era mais dura e mais difícil do que no Egito; eu não tinha minha rede de apoio: minha mãe, minhas irmãs, meus sogros, meus amigos. Ainda assim, abracei minha nova realidade como um desafio. Eu estava fazendo um curso intensivo de como me tornar independente e descobrir as coisas por mim mesma.

Não queria atrair atenção sobre mim por usar o meu *hijab* em Cambridge ou no laboratório, mas queria manter meu recato e cobrir a cabeça quando estava em ambientes fechados ou perto de homens que não eram meus parentes. Então, para resolver o problema, decidi substituir o *hijab* por um chapéu. Comprei alguns chapéus estilo fedora bege e marrom, mas o que eu mais usava era um fedora listrado de violeta e rosa com uma pequena aba que cobria minha testa. Uma escolha estranha, acho, para alguém que não queria chamar atenção para si. Devo ter parecido meio maluca usando chapéu em ambientes fechados, mas os britânicos extremamente educados nunca fizeram nenhum comentário. Três meses depois do início do programa, eu me senti suficientemente segura para voltar a usar o *hijab*, e ninguém sequer disse uma única palavra sobre isso.

Eu morava na frente do rio Cam, que cruzava toda a Cambridge. Era uma cidade muito mais rural do que eu imaginara. Para uma moça da cidade acostumada com metrô e concreto, parecia mais que eu morava no campo. Nos dias bonitos, caminhava à beira do rio, observando os remadores deslizarem e usufruindo o sossego e o ar fresco.

Certa noite, meses depois, enquanto eu caminhava à margem do rio, começou a nevar. Eu só tinha visto neve em filmes e tinha lido sobre ela, mas não tinha ideia de como seria experienciar aquilo. Fiquei fascinada. Eu realmente odiava o frio, mas me demorei do lado de fora até ficar totalmente coberta de branco.

Embora tivéssemos trocado inúmeros e-mails e até mesmo falado por telefone, eu ainda não tinha encontrado meu orientador da tese, Peter Robinson, professor catedrático e vice-diretor do Cambridge Computer Lab. Existem inúmeras histórias de horror sobre orientadores abusivos que praticamente escravizavam seus alunos de doutorado, roubavam os créditos de seu trabalho e faziam tudo para impedi-los de progredir. Então eu estava uma pilha de nervos diante da possibilidade de encontrá-lo pessoalmente.

Ao sair do apartamento para meu primeiro dia no Computer Science Lab, estava com o típico friozinho na barriga de todo primeiro dia. Vesti meu uniforme do laboratório: calça bege, blusa azul e o "chapéu". O dia estava radiante, ensolarado, e fui pedalando até o laboratório, a cerca de um quilômetro e meio do meu apartamento.

Quando cheguei ao campus, ao me dirigir ao estacionamento de bicicletas, um homem de calça cáqui e suéter azul parou sua bicicleta ao lado da minha. A bicicleta dele era muito mais velha e antiquada, com uma cesta de palha pitoresca na frente, cheia de livros. Ele estendeu a mão e disse: "Olá, Rana. Sou o Peter".

Fiquei sem palavras. Um dos cientistas da computação mais proeminentes do mundo era humilde e cordial. E o mais chocante para uma moça do Oriente Médio: ele queria que eu o chamasse de "Peter". No Egito, um homem de sua posição estaria dirigindo um Mercedes, insistiria em ter a melhor vaga de estacionamento do campus e eu deveria tratá-lo com reverência. Esse senso de privilégio não existia em Cambridge, pelo menos não entre meus colegas. Peter, descobri depois, tratava todos como iguais. Essa era uma diferença cultural que eu apreciava.

Minha impressão inicial de Peter provou ser correta. Ao longo dos anos, descobri que ele era solidário, modesto e generoso em relação a dar crédito a seus alunos; era também, sem dúvida, o maior incentivador de seus doutorandos.

Embora eu ainda me visse como a moça egípcia bem-educada que precisava da aprovação de todos, pela primeira vez me deparava com um verdadeiro ceticismo em relação a meu projeto. O que mais me assustava era o fato de que alguns cientistas da computação muito inteligentes, experientes, estavam me dizendo que a tecnologia atual não era suficientemente sofisticada para que eu alcançasse os meus objetivos. Se isso fosse verdade, minha carreira teria vida curta.

Havia certa dose de verdade no que eles diziam. Quase nada tinha mudado desde a minha tese de mestrado: as câmeras digitais da época eram grandes, quadradonas e lentas. A computação gráfica estava apenas começando. E as ferramentas de AI cruciais para o meu trabalho — *machine learning* (aprendizado de máquina) e *deep learning* (aprendizado profundo) — ainda eram bastante toscas. Diversos colegas me alertaram que eu estava perdendo meu tempo, que deveria escolher outra tese, uma que tivesse melhores chances de ser concluída em três anos. Tradução: você talvez não consiga seu doutorado.

A possibilidade de fracassar me preocupava, mas não me paralisou. O projeto não era apenas um meio para alcançar um fim e concluir meu doutorado. Era algo em que acreditava tanto que fui capaz de virar a minha vida de cabeça para baixo para conquistá-lo. Os cientistas que abrem novos caminhos muitas vezes encontram ventos contrários; você não pode permitir que eles o detenham, tampouco pode ignorá-los.

Dada a complexidade de meu projeto, percebi que deveria adotar uma abordagem altamente estratégica para o meu trabalho. Construir um leitor de rosto — ou, como eu o chamava, um Leitor de Mentes — exigiria *inputs* de muitos especialistas de diferentes áreas no laboratório de informática. E eu precisava alinhar aquele apoio. Mas a crítica me forçou a criar uma pele mais grossa e a aprimorar a forma como eu falava sobre o projeto, duas habilidades vitais que provaram ser essenciais ao longo do caminho.

Uma das pessoas em Cambridge que eu precisava ter do meu lado era Sir David MacKay, chefe do Cavendish Lab e inventor do Dasher, um sistema de rastreamento para computadores sem teclado que permitia que as pessoas com deficiências como paralisia cerebral se comunicassem com o computador usando apenas os movimentos dos olhos, da cabeça ou até da respiração. Sua pesquisa era especialmente pertinente ao meu projeto, porque os gestos da cabeça e os movimentos dos olhos são componentes fundamentais para se expressar emoção. Outro reconhecido cientista, Andrew Blake, um guru de visão computacional e *machine learning* e diretor do laboratório da Microsoft Research em Cambridge, posteriormente se tornou coorientador do meu projeto. O dr. Blake era chefe da equipe da Microsoft que construiu o Xbox. *Computer vision* ou visão por computador (a capacidade de o computador não apenas "ver" a face, mas reconhecer as características individuais e as mudanças sutis das expressões faciais) é fundamental para meu trabalho.

Devo reconhecer que Peter ficou curioso com o meu projeto — ninguém mais no laboratório estava trabalhando com algo parecido —, mas não estava totalmente entusiasmado com ele. Todavia, tinha a mente aberta, e por isso eu pude prosseguir com o meu trabalho.

Eu me dei conta de que ainda não estava conseguindo vender a história da inteligência emocional em computadores de uma forma que empolgasse as pessoas. Se muitos de meus colegas estavam questionando minha escolha de projeto, dependia só de mim tentar explicar melhor por que eu tinha escolhido aquele tema e por que estava disposta a investir três anos da minha vida para torná-lo realidade. Eu precisava redobrar meus esforços para persuadir as pessoas a ultrapassar essas barreiras.

TI, eu, e Wael

Wael e eu estávamos acostumados a nos comunicar através de uma tela. Quando éramos noivos, trocávamos e-mails todas as noites ou usávamos um tipo bem antigo de mensagens de texto. Provavelmente tivemos o primeiro romance cibernético do mundo. Enquanto outros casais celebravam o aniversário de seu primeiro encontro ou de seu primeiro beijo, Wael e eu celebrávamos nosso milésimo e-mail, um marco que alcançamos ainda durante o nosso namoro. (Ele me surpreendeu com um cruzeiro romântico pelo Nilo ao pôr do sol.) É claro que nos encontrávamos pessoalmente com frequência. Mas eu achava que de alguma forma, mesmo quando estivesse na Inglaterra, conseguiríamos partilhar nossos sentimentos e experiências pela internet.

Aliás, toda a minha vida se resumia a uma série de telas de computador, do laptop em casa a meu desktop no escritório do laboratório. Na hora do almoço, eu fazia um prato e me sentava com outros doutorandos, mas, à noite, geralmente eu era a última pessoa a sair do laboratório. Como uma das poucas mulheres ali, trabalhando em um projeto que muitos consideravam inútil, eu sentia uma enorme pressão para me autoafirmar.

Diversas semanas depois da partida de Wael, começou a cair a ficha de que eu estaria sozinha pelos próximos três anos. Estava jantando em frente ao meu laptop, fazendo pesquisa e trabalhando em minhas anotações, sentindo-me desolada.

Chamadas de longa distância eram caras, então Wael e eu trocávamos mensagens instantâneas todas as noites via ICQ Chat, uma janela que aparecia na lateral da tela. Wael se conectava no final do expediente:

Wael: Como você está?
Eu: (digitando) Estou bem.

Na verdade, eu estava péssima.

Wael: Como está indo o trabalho?
Eu: Ah, ótimo, estou revisando agora e me preparando para apresentar diante de meu grupo na próxima semana. Mal posso esperar! Como foi seu dia?

Na verdade, eu não achava que ninguém no laboratório apreciasse meu projeto. Não tinha ideia do que dizer em minha apresentação.

Wael: Tive algumas reuniões importantes que correram bastante bem. Acho que você deve estar ocupada, vou deixar você trabalhar. Falamos amanhã.
Eu: Ok, está ótimo.

Ao digitar minha última mensagem, comecei a chorar. Eu podia ver meu reflexo na tela, as lágrimas escorrendo pelo meu rosto. Por que ele não conseguia perceber isso? Mandar mensagens falando sobre meus sentimentos parecia falso, de alguma forma forçado. Eu estava buscando o apoio de Wael, mas como ele poderia me dar o tipo de apoio que eu precisava se não tinha ideia de como eu me sentia?

O computador era meu principal meio de comunicação com ele, mas minhas verdadeiras emoções e as mudanças de humor a cada segundo desapareciam no ciberespaço. Ele não podia ver o que se passava na minha cabeça. Não poderia imaginar as conversas silenciosas que eu tinha comigo mesma. Tampouco eu tinha como saber o que *ele* estava pensando.

Os cientistas falam sobre um momento "eureca!", um "choque da descoberta" quando as peças de um quebra-cabeça complicado de alguma forma se encaixam. Para mim, aquele foi um deles. Eu me dei conta de que os computadores estavam mudando rapidamente o modo de nos comunicarmos. Ainda usávamos os computadores como ferramentas úteis para resolver problemas (encontrar um apartamento, verificar o clima ou digitar uma mensagem rápida para um colega), mas eles também estavam se tornando rapidamente nosso principal veículo de comunicação. O desafio não era mais a interface humano-computador, eram os relacionamentos humano-humano. O computador rapidamente se tornava o mediador de nossas interações. E, como minha própria experiência estava me mostrando, o computador emocionalmente cego falhava terrivelmente nesta tarefa.

Embora meu computador e eu fôssemos inseparáveis em certas coisas, havia um abismo entre nós. Ele não tinha ideia de quem eu era; eu poderia ser qualquer usuário que se conectasse. Ele também não sabia nada sobre como eu me sentia ou o que me estimulava. Não sabia se meu dia estava sendo bom ou ruim, se eu estava sorrindo ou de cara fechada, feliz ou brava, interessada no que estava fazendo ou completamente entediada. Várias vezes, cuspia dados da mesma forma truncada, impessoal e genérica, independentemente de meu humor ou do humor da pessoa com quem eu estivesse me comunicando.

Todos aqueles e-mails trocados entre mim e Wael eram apenas palavras vazias numa tela. Meu marido não tinha ideia de quanto eu sentia sua falta, de como a nossa separação estava sendo difícil para mim. Do mesmo modo, eu também não poderia dizer como ele se sentia por ter ficado sozinho no Cairo — se estava feliz por eu perseguir meu sonho, se no fundo ressentia minha ausência. O computador que podia cuspir mensagens vinte e quatro horas por dia, sete dias por semana, tinha criado a *ilusão* de conexão. Mas, como eu viria a entender, não há verdadeira conexão sem partilha de emoção.

8

Uma cientista maluca fala com a parede

Eu estava em um estágio desconfortável do meu ciclo de inovação, o período de incubação, também conhecido como "a Fase do Cientista Maluco". Na minha imaginação, eu estava praticamente segurando nas mãos o *Mind Reader 3.0* (Leitor de Mentes 3.0), uma máquina tão afinada com os estados emocionais humanos que, naquela manhã de outubro, o dia em que eu faria a minha primeira apresentação formal diante de todo o laboratório, me daria total apoio.

Olá, Rana. Vejo que você está se sentindo um pouco ansiosa. Vamos repassar sua apresentação mais uma vez.

Uma máquina tão intuitiva que, quando eu entrasse no meu escritório, reduziria imediatamente a luz, ligaria uma "música de spa" suave e me guiaria em exercícios de *mindfulness* para me ajudar a focar. Então meu robô social empático me entregaria uma xícara de *shai* preto (chá egípcio).

Ok, Rana, de volta à realidade.

Na verdade, a versão do *Mind Reader 1.0* ainda estava na prancheta. Em relação à inteligência emocional, os computadores eram tão sagazes socialmente quanto maçanetas de portas, e o sonho ainda era apenas isto: uma visão que só eu enxergava do que poderia ser.

Eu sabia aonde queria chegar em três anos, mas havia muitos obstáculos a ser superados. Se tudo corresse bem, primeiro o sonho se tornaria um protótipo, elevado de um conceito amorfo a algo concreto. Mas, naquele ponto, o verdadeiro trabalho estaria apenas começando. Agora a inventora precisava arregaçar as mangas e começar a aperfeiçoar, aprimorar e revisar o software. Tão logo terminasse minha primeira iteração, eu poderia ver o que tinha feito de errado e começar tudo de novo (e de novo), aprimorando o software. Dependendo da complexidade do projeto, levaria muitos anos até estar pronto para ser lançado.

Era óbvio para mim que, dada a expansão do papel dos computadores em nossa vida, equipá-los com QE era uma necessidade primordial, mas muitos de meus colegas acreditavam exatamente no oposto: que era a falta de emoção, o "olhar claro" e calculado, a objetividade de um computador que colocava essas máquinas em vantagem em relação aos seres humanos. Então entendi que, na minha primeira apresentação oficial para o grupo, eu precisaria expor argumentos convincentes em prol da humanidade.

Steve Jobs é frequentemente citado por afirmar que "as pessoas não sabem o que querem até você mostrar para elas". Tenho certeza de que isso funcionou bem, uma vez que Jobs tinha um iPhone elegante, fininho para exibir. (Quem não ia querer um iPhone em vez de um inconveniente telefone do tipo *flip* ou dos smartphones pesadões dos concorrentes da época?) Mas, considerando que eu estava "incubando" meu *Mind Reader*, grande parte do conhecimento prático ainda estava na minha cabeça. Sem um protótipo atraente para mostrar, eu precisava inventar outra forma de capturar a imaginação da minha plateia e demonstrar por que meu projeto era digno de um PhD *do* Cambridge Computer Lab; precisava comprovar que meu projeto era não apenas inovador, mas também absolutamente essencial.

Algumas noites antes, enquanto me "comunicava" com Wael em tempo real, trocando mensagens em rápida sucessão, eu nunca tinha me sentido tão distante dele ou dos meus próprios sentimentos. Nunca me sentira tão sozinha. Pela primeira vez, eu realmente me dei conta de como estava à deriva emocionalmente ao tentar me comunicar no ciberespaço. Estava tão emocionalmente cega, tão emocionalmente desconectada quanto meu computador. Portanto, meu objetivo durante a minha apresentação seria fazer com que cada pessoa naquele auditório se sentisse tão desconectada quanto eu ao tentar manter uma conversa interessante sem o benefício da interação cara a cara.

Sabe-se que a maioria dos *techies* é introvertida, mas esse não é o meu caso. Adoro falar em público; nasci para a ribalta. Então, estava ao mesmo tempo muito empolgada e nervosa diante da perspectiva de encontrar as pessoas com quem eu passaria grande parte do meu tempo nos próximos três anos. E, como a moça egípcia bem-comportada que eu era, queria não apenas que eles gostassem de mim, mas que também respeitassem meu trabalho.

Algumas pessoas conseguem fazer suas palestras de improviso, sem quaisquer anotações ou preparação, e falam muito bem. Toda vez que tenho que fazer uma apresentação em público, eu me organizo como faço para o trabalho: coreografo tudo cuidadosa e metodicamente. Eu me preparo, ensaio, refino, reviso inúmeras vezes, no banho, no café da manhã, no ônibus a caminho do trabalho. Na verdade, eu continuo me preparando (repetindo, aperfeiçoando) até o momento de iniciar a apresentação. Esse dia não era uma exceção. Eu falaria para alguns dos maiores cientistas da computação do mundo, e minha apresentação precisava ser absolutamente perfeita.

O encontro seria em um pequeno auditório no laboratório, e eu cheguei cedo para ter tempo de rever minha apresentação uma última vez. Entrei pela frente do auditório e esperei meus colegas entrarem e se sentarem. O grupo de aproximadamente cinquenta pessoas era majoritariamente masculino. Havia talvez duas mulheres na plateia. Peter, meu orientador, estava na cadeira central, na primeira fila.

Depois que todos se acomodaram, eu me levantei, olhei para o público por alguns segundos e então, como eu tinha planejado alguns dias antes, lentamente virei-me e dei as costas para a plateia. A sala ficou muito silenciosa. Esperei mais alguns segundos, respirei fundo e me apresentei, ainda de costas para a plateia.

"Meu nome é Rana el Kaliouby, do Cairo, Egito, e acabo de chegar ao Computer Lab. Minha tese é ensinar os computadores a ler as emoções humanas, especialmente nosso rosto."

Ainda de costas para a plateia, iniciei minha apresentação. "As pessoas expressam seus estados mentais o tempo todo, mesmo quando interagem com máquinas. Esses estados mentais configuram as decisões que tomamos, governam como nos comunicamos com os outros e afetam nosso desempenho mental." Embora a audiência pudesse me ouvir, eles não podiam ver meu rosto. Nem eu o deles.

Eu tinha ensaiado essa fala muitas vezes, mas ainda assim me senti perdida. Estava literalmente falando com uma parede, encarando um espaço vazio. Pense como é difícil conversar com o passageiro sentado no banco de trás do carro quando você está dirigindo. Você se pega tentando ver o seu rosto no espelho retrovisor e luta constantemente para não virar para trás e olhar para a pessoa com quem está falando. Simplesmente não é natural ficar conversando sem ver a outra pessoa. Bem, era assim que eu estava me sentindo enquanto falava para aquele grupo naquela manhã, sem nenhum feedback. Era impossível descobrir como ritmar minha fala, modular minha voz ou fazer as coisas que normalmente fazemos inconscientemente quando estamos falando diante de um grupo e respondendo a suas reações.

Devo ter ficado ali falando por cerca de um ou dois minutos, que pareceram uma eternidade. Quando não consegui mais aguentar, eu disse: "Bem, agora vocês conseguem perceber a importância do rosto na comunicação, e podem imaginar como seria difícil nos entendermos sem ele".

Então me virei de frente, com um grande sorriso estampado no rosto. Ao examinar o grupo, vi que todos os olhos estavam focados em mim. Ninguém estava entediado, ninguém estava cochilando e ninguém tinha se levantado para ir embora. Com base na "conversa silenciosa" na sala (diversão, interesse, curiosidade), eu sabia que tinha causado uma forte impressão. No mínimo, eles queriam ouvir mais.

Ok, essa foi uma maneira divertida de atrair a atenção do grupo, mas funcionou. Mais importante, confirmou que, quando estamos em nossos computadores, estamos *sempre* cegos em relação ao rosto. Não existe a possibilidade de "virar para trás" e ver a reação dos nossos interlocutores ou avaliar sua reação para ajustarmos nosso comportamento. A interação é sempre esquisita e artificial.

Continuei minha apresentação sem grandes esforços. Depois, respondi perguntas e comentários da plateia. A maioria sobre a tecnologia — afinal, esse era um grupo de cientistas da computação —, mas um comentário pareceu surgir do nada.

Um colega de doutorado sentado no fundo disse: "Rana, você realmente deveria pesquisar o autismo. Meu irmão é autista e luta para entender a comunicação não verbal, especialmente as expressões faciais. Eu acho que o que você está fazendo poderia ser muito útil para pessoas como ele".

Eu nunca sequer tinha ouvido falar de autismo. Meu colega descreveu como seu irmão não só tinha dificuldade de entender as expressões faciais, mas, para complicar ainda mais as coisas, tinha aversão a olhar as pessoas diretamente no rosto. Fiquei intrigada. Será que alguns seres humanos nasciam emocionalmente cegos e tinham problemas com as mesmas habilidades "humanas" que eu estava tentando ensinar aos computadores?

Passei a noite desencavando tudo o que pude encontrar sobre autismo, e fiquei chocada com o volume de material que encontrei. A palavra para autismo em árabe é *al tawahod*, que literalmente significa "sozinho". Ninguém usava essa expressão nos ambientes em que eu circulava. Em uma cultura onde todos são obcecados com "o que os vizinhos vão pensar?", não se fala abertamente sobre membros da família que tenham qualquer desvio do que é considerado "normal". Naquela época no Cairo, era extremamente improvável que alguém anunciasse diante de um grupo de colegas que tinha um irmão rotulado como "diferente". Ademais, embora as coisas tenham melhorado um pouco desde então, o serviço de assistência social para crianças com deficiência no Egito é bastante precário. Mesmo hoje, pessoas no espectro autista não são tão comuns nas salas de aula como nos Estados Unidos, e na sua maioria as crianças neurotípicas, ou seja, aquelas que não apresentam distúrbios significativos no funcionamento psíquico, não interagem com elas.

Quanto mais eu aprendia sobre autismo, mais eu conseguia entender por que o Rob me apontou nessa direção.

Um dos maiores especialistas na área é Simon Baron-Cohen, um PhD, chefe do Autism Research Centre (Centro de Pesquisa de Autismo), em Cambridge. Encontrei por acaso o teste "Reading the Mind in the Eyes" (Lendo a Mente nos Olhos), uma ferramenta de diagnóstico projetada por Baron-Cohen para avaliar o grau de autismo de crianças e adultos no espectro. O teste contém uma série de fotografias apenas dos olhos e das sobrancelhas de homens e mulheres, cada imagem representando um estado emocional diferente. A partir dessas fotos, a pessoa que está fazendo o teste precisa decifrar o estado mental retratado pela expressão do modelo de cada imagem.

Por exemplo, observando apenas os olhos e as sobrancelhas, quem está fazendo o teste precisa escolher entre quatro opções: se a pessoa está irritada, sarcástica, preocupada ou amistosa. Isso pode parecer moleza — como você não conseguiria identificar a diferença entre sarcástico e amistoso? O fato é que cada expressão facial toca praticamente o mesmo grupo muscular. A diferença entre estados de espírito aparentemente opostos pode ser bastante sutil: uma breve elevação do supercílio ou um piscar de olhos imperceptível. O que torna o teste especialmente desafiador é que você não tem o benefício de ver o rosto inteiro (a boca, todo o nariz) ou os gestos corporais, tampouco escutar o tom de voz da pessoa. É difícil. Tente fazer o teste você mesmo; está disponível no link *autismresearchcentre.com/tests*. Algumas pessoas se saem melhor do que outras. Eu me saí bem, talvez por causa do meu treinamento anterior como leitora de rosto.

Será que eu conseguiria adaptar o teste para funcionar como ferramenta de treinamento? Poderia ensinar um algoritmo a fazer o teste? (Não é muito fácil, como descobri. Eu tentei, e tentei, e falhei.) Nunca tinha visto nada parecido, e sabia que precisava aprender mais sobre o trabalho de Baron-Cohen.

Hoje, se estivesse diante de uma situação semelhante, eu primeiro checaria no LinkedIn, buscando um conhecido em comum para fazer uma apresentação eletrônica, depois me preocuparia com a melhor forma de abordar Baron-Cohen. Isso poderia levar semanas. Como uma humilde estudante de doutorado, que nem sequer estudava no departamento de psicologia, requisitar uma reunião com um renomado cientista foi, em retrospectiva, um ato bastante corajoso. Mas eu não tinha outra opção. Disparei um e-mail para Baron-Cohen descrevendo o que eu estava fazendo, e ele me respondeu rapidamente. Claro, ele gostaria de saber mais sobre meu trabalho, e marcamos uma data para nos encontrarmos.

O Cambridge Computer Lab, com paredes lisas e grandes espaços abertos, era bem moderno. Em contrapartida, o prédio de oitenta anos que abrigava o departamento de psicologia tinha quase um ar antiquado, dos portões de ferro forjado com treliça decorativa à fachada de tijolos e o lobby apertado. O interior estava lotado de gente, transbordando de humanidade.

A sala de Baron-Cohen era menor do que eu esperava, e parecia ainda mais apertada porque ele era muito alto. De fala mansa, inteligente e atencioso, Baron-Cohen foi acessível e simpático comigo. Ele fala em um tom comedido, modulado, de maneira calma e tranquilizadora. (Ele não tem nada a ver com a persona pública de seu famoso primo Sacha Baron Cohen, o comediante e ator conhecido por suas brincadeiras maldosas.)

Eu tinha resumido minha tese em meu primeiro e-mail para Baron-Cohen, e agora estava dando mais detalhes, descrevendo minha visão para a "Mind Reading Machine" (Leitor de Mentes): eu estava me baseando no conjunto de dados de Cohn-Kanade, que caracterizava seis emoções básicas, para treinar nosso computador a ver o "rosto" humano. Eu sabia que isso era lamentavelmente inadequado em termos de ensinar uma máquina a entender toda a gama e a complexa paleta emocional dos seres humanos.

Então admiti para ele algo que mal podia repetir para mim mesma em voz alta: eu estava sem saída.

Se não tivesse escutado falar sobre autismo, ou visitado Baron-Cohen naquele dia, jamais teria sabido que seu grupo estava construindo um banco de dados de atores retratando emoções específicas para desenvolver ferramentas para crianças autistas. Na verdade, eles estavam trabalhando do outro lado do que eu estava tentando fazer com computadores. Estavam criando um software para ensinar crianças autistas a "ler a mente", isto é, decifrar as emoções e os estados mentais dos outros usando sinais não verbais como expressões faciais e tom de voz.

Embora Baron-Cohen chamasse isso de taxonomia, ou enciclopédia da emoção, ele também achava que o rosto retratava mais do que apenas sinais puramente emocionais. Também transmitia estados comportamentais e mentais — como fadiga, tédio, e confusão — que não necessariamente poderiam ser classificados como emoções, e, no entanto, eram comunicados não verbalmente, exigindo uma resposta adequada.

Além disso, o banco de dados de Baron-Cohen incluía um número gritante de 412 estados emocionais e mentais.

No início de sua carreira Baron-Cohen tinha se deparado com uma situação bastante semelhante à que eu estava enfrentando. Naquela época, o padrão ouro para ensinar sinais emocionais para crianças autistas consistia em cartões com imagens de pessoas exibindo versões exageradas das seis emoções básicas de Ekman: sorriso de lado a lado e exagerado, cenho com lábio inferior saliente, e assim por diante. Esses cartões mais pareciam caricaturas das emoções do que realmente rostos, com quase nenhuma semelhança com as pessoas e as expressões de verdade que essas crianças encontrariam no mundo real. E, como material didático, não funcionavam muito bem.

Não é de admirar: afinal de contas, o objetivo do treinamento era preparar as crianças para interagir com seres humanos de verdade. Quantas pessoas andavam por aí parecendo , o Coringa do *Batman*?

Para Baron-Cohen, a solução era óbvia: por que não construir um banco de dados em vídeo de *pessoas reais* exibindo uma gama de emoções *autênticas*, sutis, com toda a complexidade do rosto humano e os movimentos faciais de verdade, tal como uma pessoa experimenta no mundo real?

Nada semelhante havia sido tentado até então. O primeiro passo, e talvez o mais crítico, era determinar quais emoções e estados mentais deveriam ser incluídos no banco de dados. A questão era: como definir o limite? Existem milhares de maneiras de expressar uma única emoção ou estado mental. Por exemplo, *fatigado* tem uma longa lista de sinônimos, de *ligeiramente cansado* a *exausto, insone,* e cada um carrega um significado diferente. Da mesma forma, apenas pense na variedade de palavras usadas para descrever "amor" e suas diferentes nuances de significado: *amor familiar, amor romântico, profunda afeição, atração, paixão, afeição, fascínio, ternura, encantamento, vínculo emocional*. Agora pense que o significado de *amor* muda conforme a pessoa, do amor de um pai por seu filho ao amor de um parceiro em um relacionamento sexual.

Como resumir a vasta e complexa linguagem da emoção até as palavras-chave que realmente importam mais? Trabalhando com um lexicógrafo (a pessoa que compila dicionários), o grupo de Baron-Cohen identificou cada palavra na língua inglesa usada para descrever a emoção; como você pode bem imaginar, há milhares delas. Depois de combinar sinônimos e "equivalentes", palavras que são muito próximas em significado, o grupo de Baron-Cohen ficou com 412.

As 412 emoções e os estados mentais foram então divididos em 24 "famílias" ou categorias distintas de emoções, de tal forma que as palavras que descrevem irritação fossem incluídas em um arquivo, as que descrevem romance em outro, aquelas que descrevem medo em outro, e assim por diante. Cerca de doze atores (dentre os quais Daniel Radcliffe, que fazia o papel de Harry Potter) foram recrutados para representar esses estados emocionais e cognitivos. Eles foram ao laboratório para desempenhar seus papéis em uma cabine de gravação especialmente construída para o projeto. Atuando como diretor, Baron-Cohen entregava um "roteiro" para cada ator, bem como instruções de como representar uma determinada emoção, como ciúme, ódio, raiva ou sarcasmo. Ou ele pedia que a pessoa parecesse "confusa" ou "interessada".

Os atores variavam em idade, raça e gênero, para que os vídeos refletissem a diversidade de pessoas que as crianças encontrariam no dia a dia — jovens, idosos, de todas as raças e cores e de todos os países imagináveis — o que era diametralmente oposto aos cartões didáticos caricaturais.

Cada vídeo foi então revisado por um painel de dez juízes (alunos de psicologia), que os classificavam com base no fato de terem conseguido capturar o estado emocional apropriado. Se todos os juízes aprovassem, o vídeo entrava no banco de dados. Caso contrário, era descartado. No final, seis atores diferentes fizeram seis diferentes tomadas para cada um dos 412 estados emocionais. Três anos após nosso encontro, em 2004, o grupo de Baron-Cohen publicou os vídeos no DVD *Mind Reading*, um guia interativo por computador para ler emoções com base nos rostos e nas vozes. Foi uma conquista impressionante, tanto em sua originalidade como na sua execução.

Ao ouvir Baron-Cohen descrever a metodologia por trás do banco de dados, fiquei impressionada com a enormidade do projeto que ele tinha assumido. Embora ainda estivessem no processo de construir o banco de dados, já possuía bastante conteúdo. Fiquei admirada. Se esperava treinar um computador para entender a emoção, eu precisaria de um banco de dados diversificado de exemplos reais de uma parcela significativa da população. Mas, como estudante de doutorado, eu não tinha os recursos nem o tempo para assumir tal empreitada.

Por alguns segundos, eu me senti desanimada: será que conseguiria realmente fazer isso?

E então Baron-Cohen disse as palavras mágicas que qualquer cientista pesquisador sonha ouvir: "Você gostaria de ver nosso banco de dados? Pode ser útil para o seu trabalho".

Ele então chamou outro aluno de pós-graduação de seu grupo para vir à sua sala. Ofer Golan, o primeiro israelense que eu conheci.

Baron-Cohen me disse anos depois que a magnitude do momento — um israelense trabalhando com uma egípcia — não passou despercebida para ele. "Aqui estavam, com uma missão semelhante, dois cientistas de países que historicamente sempre estiveram em conflito. Mas o que eu mais gostei foi de ver estes dois cientistas se conectarem como seres humanos e conversarem sobre conceitos como empatia. Foi extremamente satisfatório unir duas pessoas de comunidades tão diferentes e encontrar interesses comuns."

Baron-Cohen percebeu a sinergia existente entre os dois projetos. "Por exemplo, se pudéssemos identificar quais feições o algoritmo está aprendendo para diferenciar uma emoção da outra, talvez isso pudesse ser traduzido para ensinar uma pessoa autista a fazer o mesmo", ele disse.

A partir daquele momento, eu tive acesso a seu banco de dados, aos copiões dos vídeos que foram meticulosamente gravados e profissionalmente aprovados e capturavam toda a amplitude da emoção. Isso ia muito além dos meus sonhos mais loucos, e era de uma generosidade impressionante, o tipo de partilha de conhecimento que leva a pesquisa e a sociedade a avançar.

Fiz o download dos vídeos e dediquei os meses seguintes a assistir a cada imagem, cada ator, cada emoção — e havia milhares delas. O exercício provou ser essencial. Antes que eu conseguisse ensinar a um computador as nuances das expressões faciais e das emoções, eu precisava saber mais profundamente como os seres humanos decodificam esses sinais sutis. Afinal de contas, eu era a responsável pelo design dos algoritmos. Se eu não tivesse um profundo conhecimento, correria o risco de criar ferramentas deficientes.

Devido à enormidade do banco de dados, eu precisava restringir o número de emoções que iria escolher para treinar o algoritmo. Eu não daria conta de todas as 412 nos três anos. Ainda estava na estaca zero, com zero reconhecimento de emoções. Portanto, decidi focar em seis categorias diferentes de estado mental: concordando, concentrado, discordando, interessado, pensativo e inseguro. Uma vez que o algoritmo tivesse dominado esses estados, eu passaria para outros.

Escolhi essas categorias porque cada um desses estados cognitivos é essencial, tanto para a comunicação humana como para uma melhor interface humano-máquina. Por exemplo, quando está conversando com outra pessoa, seja no mundo real ou virtual, você precisa saber se o que diz está sendo entendido pela outra pessoa; se ela está ficando totalmente entediada; ou se concorda ou discorda de você, para que você possa reagir adequadamente. Isso é fundamental para o QE.

Da mesma forma, se seu computador está cuspindo informações que você não entende (como aconteceu comigo quando estava procurando apartamento) ou se está te frustrando, ele deveria ser capaz de alterar a resposta, assim como qualquer pessoa faria. Pense como uma aula on-line seria diferente se o software ajustasse o estilo de ensino para atender às necessidades dos alunos.

Olhando para trás, vejo agora que tinha padrões muito elevados para mim mesma. Esses estados mentais são muito complicados em termos de como os expressamos; nem sempre são óbvios. Por exemplo, você pode simplesmente balançar a cabeça para expressar concordância, ou sorrir, mas um sorriso não necessariamente significa que você concorda com a outra pessoa. Por exemplo, quando "pede licença para *discordar*", você pode ter um sorriso no rosto. Então o algoritmo, tal como uma pessoa, precisa reconhecer e entender essas sutilezas.

Levei alguns meses para assistir a todo o banco de dados. Eu escolhia uma categoria a cada X dias e assistia a todos os vídeos daquela categoria, tomando nota sobre quais expressões faciais características eu percebia para cada estado mental. Frequentemente, eu adormecia no meu laptop acordando algumas horas depois, e ia para a cama. Estava completamente focada.

No final do outono, eu estava totalmente absorta em meu trabalho quando Wael enviou um e-mail dizendo que planejava visitar Cambridge por alguns dias a caminho de uma reunião nos Estados Unidos. Fiquei muito feliz; seria nosso primeiro reencontro desde setembro. Sua visita coincidia com o Ramadã, o mês mais sagrado do calendário muçulmano. Durante o Ramadã, os muçulmanos devem jejuar do nascer ao pôr do sol, e durante esse período fazer uma autoanálise, rezar e se reconectar com a fé. Embora ainda continuássemos trabalhando e tocando nossa vida, era proibido beber, fumar, se engajar em atividades frívolas e ter relações sexuais. Depois do pôr do sol, a vida volta ao normal, até a aurora seguinte.

No dia em que Wael ia chegar, eu saí cedo do laboratório e fui para casa esperar por ele. Como a moça egípcia bem-comportada que eu era, para a visita de Wael tinha planejado um jantar especial para o Ramadã, para romper o jejum, e tinha feito tudo que podia para preparar uma mesa bonita e embelezar minha sala sombria.

Wael chegou no meio da tarde; no minuto em que nos vimos, retomamos o modo lua de mel. Tínhamos a intenção de esperar o pôr do sol antes de cair nos braços um do outro, mas em poucos minutos estávamos dominados pela paixão. Estávamos agarrados um ao outro, e ponto-final. Durante o jantar, conversamos por horas. Eu relatei a Wael o que estava acontecendo no laboratório e o lento progresso de meu trabalho, e também o ceticismo que encontrava entre meus colegas. Ele me encorajou a seguir adiante e me contou o que estava acontecendo em sua empresa, que crescia em ritmo acelerado. Apesar dos meses separados, estávamos mais próximos do que nunca. Eu me senti amada e querida, e acho que ele também. Ao longo dos anos, tivemos vários reencontros subsequentes, alguns que eu gostaria de esquecer, mas este primeiro ainda é uma memória preciosa de tudo que era bom em nosso casamento.

Quando Wael foi embora, dois dias depois, eu mergulhei de volta na minha pesquisa.

9

O desafio

Baron-Cohen me apresentou uma nova abordagem ao autismo que alterou como eu via o mundo e o meu trabalho. Em sua maior parte, até sua pesquisa, o autismo era percebido de forma binária — ou você era autista, o que significava que tinha uma "doença neurológica", ou não era. Mas a teoria de Baron-Cohen era de que o autismo não era uma proposta "tudo ou nada". Muito pelo contrário, todos os seres humanos se encaixavam em algum ponto ao longo de um espectro.

Em uma ponta do espectro estão os empáticos, aqueles com aptidão "para identificar as emoções e os pensamentos da outra pessoa e reagir a eles com a emoção adequada. O empático intuitivamente percebe como as pessoas estão se sentindo e como tratar pessoas com carinho e sensibilidade".

Na outra ponta do espectro estão os sistemáticos, aqueles que são focados em "analisar e explorar um sistema, em extrair as regras subjacentes que governam o comportamento de um sistema; e na motivação para construir sistemas".

Os empáticos sobressaem nas interações humano a humano, mas talvez não sejam tão competentes na área técnica como engenharia e matemática. Por outro lado, os sistemáticos tendem a ser ótimos em tecnologia, números e lógica, mas ficam aquém das expectativas em suas habilidades interpessoais. Baseado na teoria de Baron-Cohen, o autismo estaria no ponto extremo do lado dos sistemáticos no espectro em competências sociais.

A maioria de nós se encaixa em algum lugar entre esses dois extremos. Mesmo que não seja diagnosticada com autismo, uma pessoa pode ter algumas tendências autistas — ou seja, pode ter menor QE do que alguém mais inclinado para o lado voltado à empatia do espectro, embora seja capaz de funcionar perfeitamente na sociedade. Da mesma forma, quem é bom em matemática pode ainda ter boas competências sociais que podem localizá-lo mais próximo do meio do espectro.

Baseado em sua pesquisa, Baron-Cohen descobriu que os homens tendem a se inclinar mais na direção do lado sistemático do espectro, enquanto as mulheres tendem mais ao lado da empatia. Com base nisso, não causa surpresa o fato de que um número maior de meninos seja diagnosticado com autismo se comparado com as meninas; dependendo das estatísticas em que se acredite, a proporção pode ser de dois para um, de três para um ou até mesmo de quatro para um.

O que eu mais gostei na teoria de Baron-Cohen é que o ponto onde um indivíduo se encaixa no espectro não é estático. Por exemplo, uma pessoa empática que esteja vivendo muito estresse pode não ser tão atenciosa com as pessoas com quem interage. Nessas circunstâncias, ela pode pender mais para o lado sistemático. Se uma pessoa sistemática se apaixona loucamente, ela pode se esforçar mais para ser mais responsiva a seu parceiro e se encaixar melhor no lado empático do espectro. Eu fiquei realmente impressionada com esse conceito de um espectro fluido, e Baron-Cohen disse que, com um pouco de apoio, podem-se treinar as pessoas sistemáticas a melhorar a empatia e vice-versa.

O trabalho com Baron-Cohen realmente abriu meus olhos para o verdadeiro potencial da *Emotion AI*. Podemos todos ter sido criados da mesma forma, mas não somos igual ou consistentemente bons em tudo. Algumas pessoas nascem com um QE mais alto. Outras, inclusive aquelas diagnosticadas com autismo, têm dificuldade com o QE. E a vasta maioria fica no meio do caminho.

Diferenças culturais, ou preconceitos e estereótipos étnicos, também podem interferir em nossa percepção e nosso julgamento. Algumas pessoas, em decorrência de doenças como derrame, lesão cerebral, deficiência auditiva e perda da visão perdem a capacidade de processar emoções. Há determinados momentos em que todos nós podemos ter a terrível sensação de que estamos falando com a parede, ou nos sentimos sem chão ao lidar com uma determinada situação emocional ou pessoa. Em algum momento da vida, muitos de nós poderíamos nos beneficiar de uma "prótese emocional" que nos ajudasse a sobreviver aos tempos difíceis ou a lidar melhor com nossas emoções e com as emoções dos outros.

Eu acredito que a tecnologia pode aumentar o potencial humano. Assim como as pessoas usam óculos, bengalas ou aparelhos auditivos para ajudá-las a andar, enxergar ou escutar, uma prótese emocional poderia ajudar a alavancar nossas competências de empatia. Essa ferramenta não exclui os nossos outros pontos fortes, e sim complementa nossos talentos naturais.

Passei tanto tempo trabalhando com o grupo de Baron-Cohen e participando de palestras do departamento de psicologia que Peter Robinson pensou que eu tinha desertado. Um dia ele me chamou de lado, exasperado. "Rana, você está se distraindo, indo atrás de todas essas coisas. Apenas foque no que precisa construir." Contrariar o meu orientador foi muito difícil para mim, devido à forma como fui educada, mas finquei o pé. Eu sabia que o que estava fazendo não era simplesmente um problema de "engenharia". Precisava estudar como as pessoas processam a emoção antes de tentar construir uma máquina que fizesse isso.

Por natureza, Peter é bem cético, alguém que já viu e ouviu de tudo e ficou imune à propaganda exagerada de inventores e empreendedores querendo vender a próxima grande novidade. Não é que não esteja aberto a novos conceitos ou ideias incomuns (como a minha). O que aprendi sobre Peter é que ele só acredita naquilo que consegue ver.

Quando Peter me questionou, pensei: *Ele acha que não vou dar conta*. Eu estava acostumada a ser a menina de ouro, sempre recebendo uma enxurrada de elogios e distinções. Agora me encontrava em uma posição em que precisava provar o meu valor. Isso posto, eu não seria tão bem-sucedida como sou hoje sem as constantes provocações de Peter. O que fazia dele um orientador tão bom era sua capacidade de encontrar o nível de envolvimento perfeito; estava lá quando precisava dele, mas não era controlador. Ele me incentivava a assumir o comando do meu trabalho. No meu segundo ano em Cambridge, Peter e eu ficamos mais próximos, e seu apoio incondicional mudou meu destino. Ele deixou claro que, para esse software ser útil no mundo real, precisava funcionar no mundo real. Isso significava que o algoritmo tinha que funcionar fora do laboratório, em condições reais, onde o ambiente (como a iluminação) geralmente estava fora de meu controle. Isso dificultou muito o meu trabalho, mas fez de mim uma cientista melhor.

Treinando o algoritmo

Treinar um algoritmo é muito parecido com treinar um cachorro. As duas tarefas exigem infinita paciência, repetição e reforço positivo. Suponhamos, por exemplo, que você esteja treinando um cachorro a buscar uma bolinha, uma brincadeira bastante simples. Poucos cachorros saberiam intuitivamente que, quando jogasse uma bolinha, você esperaria que ele fosse buscá-la e a trouxesse para você. É necessário treinar o cachorro a fazer essa brincadeira primeiro, e a forma mais eficiente para isso é dividir o objetivo final em tarefas menores.

Primeiro, você mostra ao cachorro a bola ou o objeto que quer que ele busque. Depois, joga a bola e corre atrás dela junto com o cachorro. E então, quando alcança a bola, você a coloca na boca do cachorro. Faz um agradinho na cabeça dele, fala "Parabéns!" e lhe dá um petisco. E então você repete tudo outra vez. Em algum momento, seu cachorro juntará todos os comandos e, quando você jogar a bolinha, ele obedientemente vai buscá-la.

Da mesma forma, se você está treinando um algoritmo matemático, não pode sobrecarregá-lo com muitas instruções de uma única vez. Tal como no treinamento do cachorro, você começa devagar e, aos poucos, vai aumentando o nível de dificuldade. Um algoritmo nada mais é do que um conjunto de instruções que basicamente dizem ao computador "faça isso". No meu caso, o objetivo era treinar meu algoritmo não apenas para reconhecer rostos e discernir os diferentes traços, mas para identificar as expressões faciais e inferir o significado. A tarefa exigia uma série de passos intermediários. Primeiro, o computador precisava "ver" o rosto, identificar os traços, analisar a expressão e então fazer um julgamento baseado em probabilidade. Essa é uma abordagem de construção de AI chamada *machine learning*.

Cada passo era difícil e demorado. Por exemplo, primeiro eu precisava ensinar o algoritmo a "encontrar um sorriso". Para tanto, eu precisava alimentá-lo com muitos, muitos sorrisos extraídos do banco de dados, e então testar o programa para ver se tinha aprendido a lição. E quando o algoritmo dominava cada etapa, também recebia um prêmio. Existem "funções recompensa" reais (equações) construídas dentro do algoritmo que angariam pontos a cada resposta certa, e que descontam pontos a cada erro (pense nisso como "bom algoritmo" e "mau algoritmo"). O algoritmo se empenha para angariar o máximo possível de pontos.

Neste ponto, a terminologia pode acabar confundindo. Quando falo em "alimentar uma imagem no algoritmo", não estou mostrando ao algoritmo uma imagem que uma pessoa reconheceria como, por exemplo, um rosto. Em vez disso, estou me comunicando com meu algoritmo em uma linguagem que ele entende, dividindo a imagem em pixels e atribuindo valores numéricos a cada um deles. O número de pixels depende da resolução da imagem, mas vamos supor que existam 96 pixels em uma polegada. Se esse pixel for preto, lhe será atribuído o valor zero. Se o pixel for branco, lhe será atribuído o valor de 255. Mas, se a área que está sendo avaliada for intermediária, acinzentada, lhe será atribuído um valor intermediário, digamos, 125, dependendo do tom de cinza. Então você acaba com uma lista (ou matriz) de valores numéricos, e isso é o *input* do algoritmo. Ele divide um sorriso, digamos, em seus componentes básicos, pixel por pixel, número por número: o contorno da boca, o erguer dos lábios, as rugas ao redor dos olhos, e assim por diante.

À medida que o algoritmo é exposto a uma variedade cada vez maior de sorrisos em um número diversificado de rostos que variam de acordo com gênero, idade e raça, ele aprende com a prática. Com o decorrer do tempo, quanto mais sorrisos forem alimentados no algoritmo, mais experiente ele ficará em relação a sorrisos.

É aqui que entra em ação o *machine learning*. Depois de um tempo, com uma "experiência de vida" cada vez maior, um algoritmo experiente pode olhar para um rosto estranho e fazer uma avaliação: "Isso é um sorriso". Também pode determinar se o sorriso é franco ou amarelo, e pode dar ao sorriso amarelo uma classificação mais baixa do que para um sorriso aberto e autêntico.

Isso produz uma quantidade enorme de códigos, centenas de milhares de letras e números em uma página, e pode, portanto, ser bastante indigesto. Mas a programação pode ser organizada de forma mais fácil de gerenciar. Blocos de códigos podem ser ligados a determinadas seções. Pense nisso como um livro dividido em capítulos, páginas e até parágrafos.

É extremamente trabalhoso e difícil produzir o tipo de algoritmo que eu precisava, mas não existem atalhos. Existe uma expressão no mundo de AI: "Os dados é que mandam". Isso porque você precisa de uma enorme quantidade de dados, e do tipo certo, para criar algoritmos inteligentes. Por exemplo, se estou ensinando uma criança o que é uma maçã e mostro a ela apenas maçãs vermelhas, talvez ela não reconheça uma maçã verde como sendo uma maçã. Eu preciso mostrar a ela diferentes variedades de maçãs, de todas as cores (amarela, verde e vermelha) assim como os diferentes formatos. É exatamente igual com *machine learning*: seu algoritmo é tão bom quanto os exemplos com que foi alimentado.

E, no caso de programação facial, se eu mostrar ao algoritmo apenas o rosto de homens brancos de meia-idade, quando ele ler o rosto de uma jovem egípcia não-branca, talvez ele não seja capaz de identificá-lo — talvez nem sequer o reconheça como sendo um rosto. Você pode acabar com um algoritmo burro, ingênuo ou tendencioso. Então, um algoritmo será tão aberto e inteligente quanto a pessoa que o construiu.

Eu estava trabalhando até bem tarde da noite, tentando treinar meu algoritmo, ao mesmo tempo que treinava a mim mesma, sobre as diferentes nuances da emoção. Algumas vezes o trabalho era enfadonho, interminável e ingrato. Eu me sentia física e emocionalmente exaurida. Em março de 2002, cheguei ao fundo do poço. Não estava fazendo grandes progressos e só veria Wael ou minha família no próximo verão, que parecia a uma eternidade de distância. Eu ansiava por estar com minha família; estava sofrendo de saudade aguda.

Em seu retorno de uma viagem de negócios na França, tio Ahmed, o pai de Wael, fez uma escala em Cambridge para me visitar. Era feriado bancário, a faculdade estava fechada, e estava um dia glorioso de início de primavera. Tio Ahmed e eu demos uma volta ao redor do rio Cam, e quando ele me perguntou "Rana, como está se sentindo?", eu me desmanchei em lágrimas. Confessei que vinha me sentindo péssima; que estava me sentindo solitária e que meu trabalho estava se arrastando.

Tio Ahmed me olhou muito preocupado e disse: "Rana, você não precisa ficar aqui se isso a deixa infeliz. Pode voltar para casa comigo amanhã; você não será menosprezada por ninguém. Wael e sua família ficarão felizes em tê-la de volta".

Sua oferta era bastante tentadora. Na minha cabeça, eu já comecei a embalar os poucos pertences que trouxera comigo, imaginando como seria bom chegar em casa a tempo de jantar com Wael na noite do dia seguinte. Eu podia deixar tudo isso para trás; Wael e eu poderíamos recomeçar de onde tínhamos parado e talvez até passar um fim de semana longo de férias na praia. Eu assenti, e por alguns minutos planejamos minha partida.

Então a realidade me atingiu. Será que eu realmente poderia ir embora?

"Eu não posso simplesmente ir embora amanhã", disse. "Peter viajou no feriado, e eu realmente deveria esperar o laboratório abrir na segunda-feira para me despedir dele. Devo muito a ele."

Portanto, o plano seria esperar alguns dias para me despedir de Peter. E então, claro, no dia seguinte pensei melhor e disse ao tio Ahmed: "Junho está quase chegando. Deixe-me pelo menos terminar o semestre". E então, quando terminei o semestre e voltei para o Cairo para passar algumas semanas, pensei com meus botões: *Bem, o ano mais difícil já passou. Eu realmente preciso voltar e terminar o que comecei.*

Tio Ahmed ficou desapontado por eu não ter voltado para casa; ele era um homem do mundo e talvez tenha percebido que eu estava trilhando um caminho que seria muito difícil no futuro. Acredito que, do fundo do coração, ele queria o melhor para mim. Mas a mesma ambição e a mesma determinação que me fizeram entrar no avião em setembro e mudar totalmente a minha vida não deixariam que eu desistisse.

Tio Ahmed veio me visitar muitas outras vezes em Cambridge, mas nunca mais me pediu para abandonar o curso.

10

Aprendendo a ser humano

No Egito, uma vez que você esteja casada, seus pais e seus sogros começam a te bombardear com a pergunta: "Muito bem, quando vocês vão me dar um neto?". Então não foi uma grande surpresa quando, no dia seguinte ao nosso casamento, minha mãe começou a nos convencer a ter filhos. Nós dois adorávamos crianças e sabíamos que queríamos filhos, mas concordamos que o curso de ação sensato a seguir seria esperar para começar uma família só depois de eu ter concluído o meu doutorado.

Para ser honesta, eu não era uma grande especialista em controle de natalidade. Os artigos sobre sexo e controle de natalidade, tão comuns em todas as revistas femininas mais populares nos Estados Unidos, não eram considerados adequados na sociedade muçulmana. Além disso, eu tinha total aversão a tomar qualquer tipo de comprimido. Portanto, me recusei a tomar a pílula, o método mais simples e eficiente de controle de natalidade. Eu não conhecia muito bem os outros métodos anticoncepcionais, Wael e eu decidimos então adotar um antiquado método de controle de natalidade: a tabelinha.

As coisas correram como planejado durante o primeiro ano do meu doutorado, mas durante as férias de verão, antes de iniciar meu segundo ano em Cambridge, acho que fiz confusão com as minhas contas. Assim, no início de outubro, eu estava sentada no ônibus indo para o laboratório de informática quando fiquei tão enjoada que tive que me arrastar até a frente e implorar ao motorista que parasse o ônibus e me deixasse descer. No dia seguinte, acordei com ondas de enjoo e decidi ir ao meu clínico. Àquela altura, comecei a desconfiar da verdade. O exame de sangue confirmou a gravidez. Eu estava em um estado de negação, mas enfrentava uma enxurrada de emoções conflitantes: amo crianças e estava empolgada com a ideia de segurar um bebê nos braços. Estava também aterrorizada que Peter fosse dizer "Sinto muito, Rana, você precisa pedir uma licença da faculdade", e que Wael insistiria que eu voltasse para casa. Estava convencida de que meus planos para o PhD tinham chegado a um beco sem saída, talvez permanentemente. E isso teria sérias consequências a longo prazo em meu plano de carreira. Sem um PhD de uma escola de prestígio, eu teria pouquíssimas chances de conseguir um título de docente na AUC. E eu não tinha um Plano B.

Aturdida, voltei ao meu apartamento e contei a novidade a Wael. Ele também ficou feliz com a ideia de ser pai, mas entendeu meu dilema. Não deu nenhum palpite, mas disse que eu precisaria contar imediatamente ao Peter, pois só depois poderíamos planejar o nosso futuro, de um modo ou de outro.

Então, sem perder tempo, voltei ao laboratório e bati à porta do Peter. Ao entrar, caí em prantos. Quando ele descobriu o motivo das minhas lágrimas, abriu um amplo sorriso e disse: "Rana, que notícia maravilhosa". E rapidamente prosseguiu prometendo me dar todo o apoio, independentemente da minha decisão: se decidisse continuar com o programa, me apoiaria. E, se eu quisesse uma licença, ele entenderia.

Voltei ao meu apartamento e falei novamente com Wael antes de me decidir. "Rana, se você pedir licença agora, jamais concluirá seu doutorado", ele me disse. Com o apoio de Wael, eu permaneci em Cambridge, mas com certa apreensão. A insegurança estava me consumindo. Será que eu seria uma boa mãe ou seria um pouco negligente por causa do meu trabalho? Será que eu seria capaz de concluir meu doutorado tendo um bebê para cuidar? Como conseguiria sobreviver àquele ano sem todo o meu sistema de apoio, meu marido, minha família e meus amigos? Havia uma grande dúvida sobre se eu conseguiria dar conta de tudo, o que me deixou ainda mais motivada para fazer com que tudo funcionasse.

Fiquei um pouco atordoada por uma ou duas semanas depois de descobrir que estava grávida, mas rapidamente me recuperei e assumi o controle — eu faria tudo do meu jeito. Decidi que queria um parto natural com o mínimo possível de intervenção médica. Optei por trabalhar com Sally Lomas, uma parteira altamente treinada, que era afiliada a um excelente hospital em Cambridge onde eu teria o bebê. Para mim era o melhor dos dois mundos; um médico estaria disponível caso houvesse alguma intercorrência, mas a parteira e eu, junto com alguns membros escolhidos da família, iríamos gerenciar o parto. Wael concordou com tudo. Comecei uma aula de ioga para gestantes e me inscrevi nas aulas preparatórias para o parto no método Lamaze, onde aprendi técnicas de respiração para aliviar a dor. Sem a presença de meu marido ou da minha família, estava agradecida por ter o apoio de Sally e das outras gestantes que conheci nessas aulas.

Em Cambridge, minha decisão de usar uma parteira em vez de um médico estava dentro do padrão normal — até mesmo na moda. Muitas mulheres como eu estavam determinadas a encontrar uma abordagem alternativa para o que víamos como a medicalização do parto. Era comum ter bolas de Pilates durante o trabalho de parto, velas perfumadas, e até mesmo maridos, familiares e amigos na sala de parto. Não era o caso no Oriente Médio. Quando liguei para meus pais e contei meu plano, meu pai ficou absolutamente horrorizado. Na verdade, ele não conseguia acreditar como isso era permitido em um país avançado como a Inglaterra! No Egito, só as mulheres mais pobres usavam parteiras, que não tinham nenhum treinamento formal para o parto. Era perigoso, e a taxa de mortalidade entre essas mulheres era bem alta. O fato de uma mulher na minha posição que tinha acesso a bons médicos optar por uma parteira era inconcebível para ele. Por fim, ele se acalmou quando descrevi a formação de Sally e que o parto seria feito no Rosie, o melhor hospital de Cambridge. Mas nem meus pais nem meus sogros conseguiam se conformar com a ideia de que Wael estaria presente na sala de parto, me ajudando no nascimento. Essa prática não é proibida no Islã; a oposição é puramente cultural, talvez oriunda da crença de que o homem não deveria ver a mulher nesse estado. Ou, o que é mais provável, o homem simplesmente não conseguiria aguentar!

Apesar da ioga e da respiração, eu não tive uma gestação fácil. Enjoei a gravidez inteira. Quando estava no laboratório, tinha que pedir licença de qualquer reunião em que estivesse para correr para o banheiro, onde vomitava, lavava o rosto, escovava os dentes e voltava para a reunião. Algumas vezes eu mesma fiquei surpresa com a minha determinação, mas debaixo dessa coragem eu me sentia extremamente solitária. Algumas vezes, tarde da noite, não aguentava e caía no choro. Tudo era bem difícil, e eu não tinha certeza de como seguiria em frente.

Colegas do laboratório

Em Cambridge, tive a oportunidade de trabalhar com alguns dos maiores cientistas do mundo, principalmente na área de tecnologia de ponta em inteligência artificial, como visão computacional e *machine learning*. Isso me ajudou a me tornar uma cientista melhor. Entretanto, olhando em retrospectiva, vejo que algumas das lições mais importantes que aprendi em Cambridge não foram necessariamente na área da ciência da computação. Foram sobre seres humanos, e acredito que isso me transformou em alguém melhor e mais bem informado.

As oportunidades de acesso à educação e ao trabalho eram mínimas no Oriente Médio para as pessoas com deficiências físicas ou intelectuais. A expectativa de que elas pudessem ser bem-sucedidas na vida era muito baixa. Portanto, fiquei surpresa, ou melhor, totalmente chocada, ao me deparar dividindo o escritório com Silas

Brown, um jovem inglês com deficiência visual. Silas tinha uma doença chamada Deficiência Visual Cortical (DVC). Seus olhos funcionavam bem, mas havia uma anomalia do sistema de processamento ótico no seu cérebro que afetava a visão. Mesmo assim, ele se movimentava rapidamente por todo o laboratório e pelo campus, com a ajuda de uma bengala branca.

Claramente, Silas tivera sucesso na vida, apesar de sua deficiência visual. Fiquei muito impressionada com sua capacidade de ignorar a deficiência e seguir em frente. Ele nunca reclamava e parecia aceitar bem sua situação. Mas me confessou que muitas vezes se sentia desconfortável ao conversar com outras pessoas — não porque fosse tímido ou desajeitado socialmente, mas porque sua visão limitada impedia que visse as expressões faciais de seu interlocutor. Muitas vezes ele ficava no escuro, sem saber se a pessoa com quem estava conversando estava interessada ou envolvida. Isso tornava difícil reagir da maneira apropriada. Eu me solidarizei com seu problema. Minha pesquisa sobre autismo tinha aberto meus olhos para os obstáculos impostos a pessoas que por qualquer motivo não conseguissem enxergar sinais não verbais.

Silas era testemunha de Jeová, a primeira que conheci. As testemunhas de Jeová são uma denominação cristã ainda mais rigorosa que o Islã. Silas era proibido de celebrar a maioria dos feriados religiosos, bem como seu próprio aniversário. Semelhantes aos muçulmanos, as testemunhas de Jeová precisam obedecer a um rígido código de conduta em relação ao convívio entre homens e mulheres. Silas tinha o mesmo comportamento "recatado" que eu; definitivamente não era do tipo que adorava abraçar. Fiquei impressionada com o nível de devoção de Silas à sua fé; e isso me fez perceber que existem muitos cultos e maneiras diferentes de expressar nossa fé.

No outono de 2002, na mesma época em que descobri que estava grávida, Tal Sobol-Shikler, uma aluna de doutorado israelense, veio trabalhar no laboratório. Os nossos países já tinham passado por momentos bastante sangrentos, e tanto os israelenses quanto os egípcios ainda guardavam memórias vívidas da Guerra de 1973. Tal soube que havia uma aluna egípcia no programa de doutorado e, sem que eu soubesse, escreveu para Peter dizendo que não gostaria de se candidatar caso ele achasse que isso poderia causar qualquer tipo de desconforto. Eu não acho que tenha dado a impressão a Tal de ser uma mulher briguenta, e rapidamente nos tornamos boas amigas.

Tal era casada e tinha dois filhos pequenos. Seu marido também estudava em Cambridge; ela não estava sozinha. Observei como ela equilibrava a carreira, o casamento e a maternidade, e sabia que, nessa mesma época dentro de um ano, eu estaria assim. Como eu, ela era ambiciosa e, apesar de ter uma família, queria se sobressair em sua área. Tínhamos mais uma coisa em comum: o desejo de humanizar a tecnologia. Seu projeto de tese, uma análise da expressão afetiva na fala, era muito parecido com o meu, exceto que ela estava ensinando o computador a ler sinais verbais, não faciais.

O outono se transformou nos dias frios e escuros de inverno, e meu algoritmo ainda não conseguia identificar nem sequer uma única expressão facial. Estava me sentindo pressionada a me autoafirmar. Afinal de contas, tinha apenas um ano e meio para concluir meu complicado projeto de tese. Se as coisas não começassem a apresentar resultados logo, talvez eu não conseguisse.

Eu estava entrando no sétimo mês de gestação e passava os dias (e as noites) tentando adiantar ao máximo o trabalho. Eu acordava, me arrastava para fora da cama, pegava o ônibus para o trabalho — tinha abandonado a bicicleta há tempos — e chegava ao laboratório às nove horas. Então trabalhava até umas quatro da tarde, pegava o ônibus de volta para casa, tomava um banho, preparava alguma coisa no micro-ondas para jantar, me jogava no meu sofá bege com meu laptop apoiado na minha barriga cada vez maior e ficava programando até altas horas da noite. Muitas vezes, deixava a TV ligada no fundo, só para me fazer companhia.

Por que cargas d'água estava demorando tanto? Não é que eu estivesse tentando ensinar ao algoritmo o repertório completo de expressões faciais. Estava tentando ensinar a ele uma expressão básica: o aceno de cabeça. Eu achava que era um bom ponto de partida, pois um aceno é um movimento mais óbvio, digamos, do que o erguer de sobrancelha ou um erguer dos lábios — é difícil não perceber o movimento para cima e para baixo de um aceno com a cabeça.

Ainda assim, em termos de *machine learning*, ensinar um algoritmo a identificar um aceno era complicado, porque envolvia movimentação. Eu não poderia usar um único quadro ou imagem estática; meu algoritmo precisaria aprender o movimento completo da cabeça, do início ao fim, no exato momento em que o aceno ocorria. E isso se aplicava à maioria dos sinais não verbais, até mesmo às expressões mais simples, como um sorriso. Um sorriso se revela no tempo, e a *assinatura cronológica*, o ritmo em que a expressão se desenvolve, é muito reveladora.

Diferentes acenos de cabeça têm significados distintos. O movimento básico e simples da cabeça para cima e para baixo sinaliza consentimento, um "sim", ou *aywa* em árabe. Mas a velocidade do aceno carrega toda uma camada de significado. Por exemplo, um aceno lento com a cabeça significa algo muito diferente do que um aceno rápido. O primeiro pode ser interpretado como um consentimento hesitante, enquanto o último significa um consentimento sincero. Acenar apenas duas vezes a cabeça para cima e para baixo carrega um significado totalmente diferente do que acenar por cinco ou seis vezes. Meu "detector de acenos de cabeça" precisava entender esses meandros para poder reconhecer e reagir a todas essas formas de acenos de cabeça.

Eu passava minhas noites tentando programar códigos para essas assinaturas cronológicas — acenos lentos, acenos rápidos, dois acenos, seis acenos —, alimentando o algoritmo com milhares de exemplos como parte de meu processo de treinamento. Quando o algoritmo analisa a imagem, ele emite um número (um percentual de probabilidade) que pode variar entre 0 e 100, e mede se a imagem que está sendo mostrada é considerada um aceno de cabeça ou não. Se o percentual resultante for próximo de 0, significa que ele não acha que a imagem seja um aceno de cabeça. Por outro lado, quanto mais próximo de 100 for o percentual, maior a probabilidade de o algoritmo considerar que a imagem é um aceno de cabeça.

Durante meses, a maioria dos percentuais devolvidos pelo algoritmo estava na faixa dos 50. O resultado era equivalente a acertar num jogo de cara ou coroa! Muito deprimente.

Um noite, bem tarde, depois de programar a nova versão do algoritmo, eu o alimentei com muitos exemplos de acenos de cabeça que ele nunca tinha visto. E fiquei esperando para ver quais números ele iria cuspir de volta. Estava cansada e pronta para encerrar o dia quando vi o primeiro resultado:

Teste de aceno de cabeça 1: percentual de probabilidade de 91%.

Maravilha!

Teste de aceno de cabeça 2: percentual de probabilidade de 95%.

Meu coração disparou. Esse era o melhor percentual que eu já tinha recebido.

Eu estava ficando cada vez mais empolgada, mas ainda não acreditava totalmente; ainda precisava fazer muitos outros testes. Decidi que tinha que misturar um pouco as coisas, para garantir que o algoritmo não estava simplesmente chamando tudo de aceno. Então incluí alguns exemplos de menear a cabeça, de inclinação de cabeça e movimentos aleatórios da cabeça. Todas as vezes que tentei enganar o programa, ele me devolvia um resultado de baixa probabilidade.

Em outras palavras, eu tinha conseguido. Depois de um ano e meio ensinando ao algoritmo o que era "humano", depois de centenas de horas de treinamento, finalmente ele era capaz de distinguir entre acenos e não acenos. Se eu soubesse fazer a *zaghroota* egípcia, a ululação de alegria que meu povo geralmente faz nos casamentos, eu teria feito.

Finalmente eu tinha descoberto a programação do algoritmo para ler expressões faciais. O aceno de cabeça era só o começo. Agora que o algoritmo entendera o que precisava procurar e como as expressões se revelavam no decorrer do tempo, quadro a quadro, pixel a pixel, eu podia incluir novas camadas de dados. Eu poderia usar esse mesmo algoritmo e treiná-lo para sorrisos, caretas, elevação de sobrancelhas, piscadelas e rugas — a gama completa de expressões faciais. Isso significava que eu conseguiria concluir minha tese. Eu seria capaz de construir o *Mind Reader* (Leitor de Mentes).

Jana

Continuei meu trabalho, e praticamente programei o algoritmo até entrar na sala de parto, trabalhando até poucos dias antes de minha filha, Jana, nascer. Senti minhas primeiras contrações no final da tarde do dia 23 de maio de 2003, na última aula de respiração, com Wael presente. Fomos para casa e esperamos até as onze da noite; quando as contrações estavam de oito em oito minutos, fomos para o Rosie Hospital, onde encontramos Sally. Minha mãe, minha irmã Rasha e minha sogra tinham vindo do Cairo para Cambridge para o nascimento; minha mãe entrou na sala de parto com Wael.

A primeira coisa que Sally fez foi empurrar a cama hospitalar contra a parede para eu ter espaço para me movimentar no quarto. A única intervenção médica era o monitor que eu usava ao redor da cintura para monitorar os batimentos cardíacos do bebê. Durante toda a noite, eu me balancei na bola de Pilates, caminhei pelo quarto, fiz algumas posturas de ioga (como a do gato) e respirei durante as contrações, com Wael me guiando. Minha mãe sentou-se em uma cadeira no canto e lia e relia os versos do Alcorão. Estava chovendo lá fora.

As contrações ficaram mais rápidas e mais fortes, cada uma mais dolorosa que a outra. Comecei a empurrar. Às 8h55 da manhã do dia 24 de maio, Jana nasceu. Sally a colocou em meu peito, ainda ligada a mim pelo cordão umbilical. Ela olhou para mim com seus olhos cinza prata, e eu fui totalmente tomada de alívio e alegria por segurar minha menininha nos braços. Comecei a chorar. Sentia ao mesmo tempo gratidão e deslumbramento; e prometi ser a melhor mãe que pudesse ser.

Como é costume no Islã, a primeira coisa que um recém-nascido deve ouvir é o *Iqama*, ou o chamado muçulmano à oração. Minha mãe, ciente disso, inclinou-se imediatamente após o nascimento de Jana e cochichou suavemente a prece nos ouvidos de Jana.

> *Allaho Akbar* [Alá é o maior];
> Eu afirmo que não há nenhum deus além de Alá
> Afirmo que Maomé é o mensageiro de Alá
> Apresso-me à oração
> Apresso-me ao sucesso
> Alá é o maior
> Não há deus senão Alá

Anos depois, soube que o costume é que o pai ou o avô da criança sussurrem a oração, e não uma mulher! Mas minha mãe é uma muçulmana devota, e pareceu correto que a matriarca da família fosse a pessoa que introduziria a neta à sua fé. Mal sabia eu que já estávamos rompendo os papéis de gênero.

Dez dias depois, Wael, sua mãe e minha irmã retornaram ao Cairo. Minha mãe ficou para me ajudar com Jana por mais algumas semanas. Eu estava de volta ao laboratório uma semana depois — não porque me sentisse pressionada a voltar ao trabalho, mas porque queria estar lá. A pesquisa estava indo bem, e eu queria manter o ritmo. Passei o tempo dando os retoques finais no artigo que descrevia meu trabalho e o qual poucos dias depois eu submeteria à International Conference on Intelligent User Interfaces (Conferência Internacional sobre Interfaces de Usuário Inteligentes), um grande encontro de engenheiros da computação. Eu não sabia se meu trabalho seria aceito ou não, mas estava determinada a enviá-lo antes do prazo final.

Em agosto, levei Jana, agora com três meses, em seu primeiro voo, para o Egito para visitar a família. Era um voo de cinco horas da British Airways. Eu estava amamentando na época, mas ainda não me sentia confortável para fazê-lo em público, o que significava que eu hesitaria em amamentá-la dentro do avião. E, embora tivesse tirado leite e preparado, Jana não aceitava a mamadeira. Ela deve ter sentido minha ansiedade, porque gritou e chorou o tempo todo. Eu fiz o meu melhor para confortá-la, mas foi um voo traumático para nós duas. No minuto em que pisamos no Egito, ela se acalmou; eu estava feliz por estar com a minha família, e todos ficavam em volta dela. Ela foi muito mimada, assim como eu. E, depois de tanto tempo cuidando de mim mesma, foi maravilhoso ser paparicada pelos outros para variar. Meus amigos organizaram uma pequena festa para nós; a brincadeira de todos era "Afinal de contas, como você conseguiu engravidar pela internet?". Todos sabiam que Wael e eu mal nos encontrávamos!

Num piscar de olhos, setembro chegou. Peguei o voo com Jana de volta para Cambridge. Era o momento de retornar à ativa.

11

Cérebro de mãe

Muito foi escrito sobre o chamado "cérebro de mãe" — como, depois da maternidade, as capacidades cognitivas da mãe declinam por um tempo enquanto ela se concentra em seu bebê. É verdade que o cérebro das mulheres passa por certas mudanças após o parto, especialmente nas áreas que envolvem o que se denomina instinto maternal, ou seja, as regiões no cérebro que controlam a empatia e o entendimento. E eu sentia um florescer de novas emoções, bem como um amor profundo e protetor por Jana. Algo que eu nunca sentira antes por nenhum outro ser vivo. Mas ter um bebê não me tirou do jogo. Aliás, meu cérebro maternal estava a mil por hora.

Sim, eu queria passar o maior de tempo possível com Jana — meu tempo com ela era precioso —, mas isso não queria dizer que eu estava pronta para abrir mão do meu sonho. Só significava que eu precisaria ser ainda mais eficiente com o meu tempo. De certa forma, ter uma família em Cambridge me motivou ainda mais; eu não estava mais sozinha. Minha mãe vinha sempre que podia para ajudar, mas eu precisava colocar Jana na creche. Encontrei uma muito bem recomendada que ficava a uma quadra do meu apartamento. A equipe era bem treinada e acolhedora, e diversos professores de Cambridge também mandavam seus filhos para lá. O que eu não estava preparada para lidar foi com a onda de culpa que senti quando entreguei a eles minha indefesa filha de cinco meses. Ficava preocupada que, por ser tão pequena, ela ficaria marcada pelo resto da vida e se tornaria um ser humano emocionalmente distante. Meus receios se apaziguaram rapidamente; Jana adorava a creche, era uma bebê feliz, atenta e alegre. O resultado foi que sua experiência desde muito pequena na creche fez com que se tornasse uma criança mais adaptável e receptiva a pessoas desconhecidas e a mudanças em sua vida. Jana não se abala com novas situações. Ela é confiante e se adapta rapidamente.

Mesmo com a creche perto de casa, equilibrar tudo isso não foi fácil. Meu dia começava às quatro da manhã. Eu trabalhava na minha tese até Jana acordar, por volta das seis horas, e então a alimentava. Brincávamos um pouco, e eu a deixava na creche. Depois, eu voltava para casa, pegava a bicicleta e ia para o trabalho, então ligava imediatamente o modo doutorado. Eu ficava totalmente focada no trabalho até cerca de quatro da tarde, quando buscava Jana e ligava o modo mãe. Eu a levava para um passeio às margens do rio Cam ou lia um livro para ela e, quando Jana ia dormir, eu religava o modo trabalho. Não havia espaço na minha rotina para vida social. Eu até pulava a maioria dos almoços com o grupo no laboratório. Tinha me tornado uma mestra da compartimentalização. Acreditava que, quanto mais rápido terminasse meu doutorado, mais rápido eu retornaria para o Cairo, teria mais tempo para passar com Jana e ela poderia ver Wael com maior frequência. Apesar dos longos dias, eu sabia que tinha uma bebê maravilhosa em casa e me sentia realizada e produtiva no trabalho.

Para a maioria das pessoas, a academia remete a uma existência fria em uma torre de marfim. Mas a verdade é que, quando você está correndo atrás de uma descoberta, ela pode ser tão ferozmente competitiva quanto o mundo real. Eu sabia que havia outros pesquisadores em outros laboratórios trabalhando em projetos semelhantes ao meu, e queria que o meu fosse o primeiro e o melhor de todos. Então, mantive o ritmo. Nos intervalos entre amamentar e conhecer minha filha, eu programava.

Mais tarde naquele outono, recebi ótimas notícias: o trabalho que havia submetido à International Conference on Intelligent User Interfaces logo após o parto fora aceito. Fui convidada a apresentá-lo em uma "sessão de pôster" na conferência anual em Madeira, Portugal. Uma sessão de pôster é literalmente como o nome sugere: eu resumi meu trabalho em um pôster de 1 m x 1 m, que foi montado em um painel em um grande salão, como em uma feira de ciências. Por horas a fio, fiquei ao lado do pôster descrevendo minha pesquisa e falei com centenas de estudantes e profissionais da indústria que passaram por ali. Jana, com seis meses, estava estacionada em seu carrinho ao meu lado. Quando ela ficava inquieta ou com fome, eu corria para fora do salão de conferência, amamentava e retornava ao meu posto. Sim, era estranho; a maioria dos participantes era composta por homens, e eu estava preocupada que, sendo a única mulher no salão com um bebê, não fosse levada a sério. Mas, de certa forma, isso funcionou a meu favor. Entre os duzentos e tantos apresentadores, eu sobressaí. De fato, Jana e eu fomos um sucesso: as pessoas rapidamente reconheceram a mãe jovem de *hijab* com seu bebê adorável.

Essa foi a primeira vez que apresentei meu trabalho em um fórum tão aberto, e a reação foi extraordinariamente positiva. Outros cientistas puderam ver que eu tinha descoberto algo; senti-me respeitada e reconhecida por meus pares. Meu trabalho foi um sucesso absoluto, e era isso que importava.

Eu agora tinha dois empregos — cientista/inventora e mãe de um bebê — e estava determinada a ser bem-sucedida nos dois. Trabalhava muito em meu terceiro ano em Cambridge. Foi uma época incrivelmente produtiva para mim. Agora que meu algoritmo conseguia ler as expressões faciais humanas, eu podia lhe ensinar uma variedade de novas expressões em rápida sucessão.

Quando a primavera finalmente chega a Cambridge, por volta de abril, os dias ficam mais longos e a cidade desperta para a vida junto com sua vegetação. Nos fins de semana, quando o tempo permitia, eu levava Jana aos parques, onde nos sentávamos entre as margaridas. Ou então corríamos e rolávamos na grama juntas. O Egito e o Kuwait são um grande deserto, então eu amava o cheiro da grama fresca e das flores e queria que Jana experimentasse as vastas extensões da Inglaterra antes de irmos embora.

O ano passou rapidamente. No início de junho, quando eu estava dando os retoques finais na minha tese e me preparando para voltar para o Cairo com Jana para as férias de verão, Peter Robinson fez circular um e-mail anunciando que Rosalind Picard, a professora que escrevera *Affective Computing*, faria um *tour* do laboratório no dia 24 de agosto. Picard queria encontrar alguns alunos e conversar sobre seus projetos. Peter antecipou que ela daria a cada aluno cerca de dez minutos, e ele instou os interessados a se inscrever.

Eu não percebi naquele momento, mas tive que fazer algumas escolhas bem difíceis, que teriam grande impacto em minha vida pessoal e profissional. Claro que eu queria desesperadamente encontrar a mulher que me inspirara a fazer o trabalho que eu estava desenvolvendo, cujo livro tinha despertado minha imaginação; mas havia um porém: O *Mind Reader* ainda precisava de mais trabalho antes que eu me sentisse confortável para mostrá-lo a Picard. Até saber da visita de Picard, eu havia planejado ir para casa no verão e retornar no outono para terminar minha tese, mas agora estava reconsiderando minha decisão. Era uma escolha difícil. Wael e eu mal tínhamos nos visto nos últimos três anos. O verão era o tempo para nos reaproximarmos e para Jana ver seu pai e toda a sua família. Mal sabia eu que esse impasse entre os assuntos relacionados a Rosalind Picard e minha família se tornaria recorrente.

Telefonei para Wael e expliquei a situação. Ele concordou que eu deveria permanecer em Cambridge para conhecer a professora Picard. Em retrospecto, vejo como deve ter sido difícil para ele. Deve ter ficado desapontado. Eu teria, se estivesse no lugar dele. Mas, se ele ficou, nunca falou nada.

Para minha apresentação, usei uma webcam Logitech grande conectada ao computador do laboratório e a um monitor grande. O monitor exibia a imagem que a webcam estava vendo, o rosto, com muitos gráficos de linha rolando abaixo e barras verdes e vermelhas na lateral. Esses gráficos e barras permitiam uma leitura do estado mental do "rosto", mostrando em tempo real se a pessoa estava sorrindo, acenando com a cabeça, interessada ou confusa.

Eu não tinha ouvido falar de nenhum outro projeto de qualquer outro laboratório que chegasse perto do que eu tinha atingido, mas mesmo assim estava preocupada. Picard dirigia o Affective Computing Group, no Media Lab do MIT. O MIT era o gigante da ciência da computação, e eu tinha um medo persistente de que alguém no laboratório de Picard já tivesse desvendado a programação e que meu trabalho não fosse nada inovador. Com esse receio em mente, eu estava motivada a aperfeiçoar o que fizera. Queria dar o meu máximo.

Na manhã de minha apresentação, acordei cedo para ter mais tempo de me preparar. Tinha olhado todo o meu armário, pensando qual roupa usaria para a reunião. Queria parecer confiante, inteligente, elegante e formal, mas não formal demais. Acima de tudo, queria ser inesquecível. Depois de experimentar várias roupas, escolhi uma blusa laranja, uma echarpe combinando e calça azul-marinho.

Deixei Jana na creche, uma caminhada de dez minutos do apartamento, e de lá peguei o ônibus para o laboratório. Chegando lá, liguei o computador e coloquei minha apresentação, testando mais de uma vez para ter certeza de que tudo estava funcionando. Revisei meu roteiro na cabeça. Primeiro eu me apresentaria, contaria à dra. Picard sobre meu trabalho e então a convidaria para assistir a uma demonstração do *Mind Reader*. Eu estava com os nervos à flor da pele, esperando a chegada dela no meu escritório.

Picard chegou pontualmente, com um ar fino e profissional, vestindo blusa, blazer e calça. Tinha cabelo loiro curto e um rosto que exalava inteligência e curiosidade.

Depois de eu me apresentar, Roz — ela insistiu que eu a chamasse assim — começou a disparar perguntas para mim. "Em que emoções você focou? Que métodos usou?"

"Redes Bayesianas Dinâmicas", respondi, "porque quero incorporar informação cronológica enquanto a expressão facial se revela, bem como programar o mapeamento complexo das expressões faciais e seu significado."

Quis saber onde tinha implantado meu sistema.

Respondi que tinha programado em C++, para ter certeza de que conseguiria construir uma demo em tempo real.

Perguntou que dados eu tinha usado.

Contei a ela sobre o banco de dados de Simon Baron-Cohen.

Todas as perguntas e respostas não significariam nada, é óbvio, se a demo não funcionasse. Com um friozinho na barriga, convidei Roz a testar o *Mind Reader* por conta própria. Ela se sentou à minha mesa, olhou de frente para a webcam Logitech e começou a fazer caretas: sorrir, franzir a testa, ar de interessada, ar de surpresa. Funcionou todas as vezes. Percebi que ela estava impressionada, *realmente* impressionada. Respirei, aliviada.

Roz permaneceu comigo por quarenta e cinco minutos, e eu estava totalmente à vontade. Éramos almas gêmeas, falando muito rápido, trocando ideias e completando as frases uma da outra. Deu liga! Finalmente eu havia encontrado alguém que apreciava plenamente o que eu tinha feito e entendia o que eu ambicionava construir. Falei sobre meu momento "eureca", quando me dei conta de que não se tratava apenas das interfaces humano-computador, mas sim de como as pessoas se comunicavam. E partilhei minha ambição de criar um sistema de prótese emocional para o autismo.

Finalmente, Roz propôs: "Esse é um trabalho incrível. Você gostaria de trabalhar para mim no seu pós-doutorado, depois que concluir o seu PhD?".

Eu preciso voltar para o Cairo, para o meu marido, que está me esperando há três anos!

Fiquei sentada ali quieta por alguns segundos. Falei para Roz que seu livro tinha sido a principal razão de eu ter vindo para Cambridge e que eu acompanhava seu trabalho há anos. Ela não era apenas minha inspiração, era meu exemplo. Trabalhar com ela seria a realização de um sonho.

Mas também disse a ela, em tom de brincadeira — e por alguma razão ainda lembro das palavras exatas —, "sou muçulmana, e no Islã o marido pode se casar com até quatro mulheres. Estou fora há mais de três anos, e se não voltar para casa após meu doutorado, ele certamente encontrará uma segunda esposa. E, portanto, por mais que eu queira muito trabalhar em seu laboratório, preciso voltar para o Egito depois do meu PhD".

Eu estava só meio de brincadeira. Embora a poligamia ainda seja praticada em todo o Oriente Médio, é bastante rara nos círculos mais cultos. Ainda assim, eu estava preocupada com o destino do meu casamento se ficasse ausente de novo.

Não sabia disso na época, mas Roz nunca aceita um *não*. Minha resposta apenas a intrigou mais. Depois de me perguntar sobre minha situação, ela anunciou: "Vamos dar um jeito. Você sempre pode ficar indo e vindo para o Cairo".

Quando ela foi embora, liguei para Wael imediatamente. Eu tinha conhecido Rosalind Picard e tudo tinha ido bem — realmente bem, disse a ele. Não contei a parte sobre o convite para trabalhar em seu laboratório; discutiríamos aquilo posteriormente.

Meu trabalho ainda não tinha terminado. Ainda precisava escrever minha tese, e isso levaria mais alguns meses. Queria ficar em Cambridge para finalizar tudo, mas Wael insistiu que eu fosse para casa. Ele sentia falta de Jana e queria que eu voltasse. Era compreensível da parte dele, mas eu queria ficar e terminar meu trabalho em Cambridge. Em Cambridge, eu tinha um ritmo de vida que girava em torno do trabalho e de Jana. No Cairo, eu seria sugada pela vida familiar e por outras obrigações sociais. Estava preocupada com ficar tão ocupada que não conseguiria escrever. Recuei e disse a Wael que não estava pronta para voltar ainda, mas ele fez pé firme e eu cedi. Felizmente, Peter entendeu minha situação. Eu já tinha dedicado tempo suficiente ao laboratório, e por isso ele permitiu que eu trabalhasse de casa.

Nos meus primeiros seis meses de volta ao Cairo, consegui manter um cronograma rigoroso tal como tinha feito em Cambridge. Acordava às quatro da manhã para escrever, antes que todos acordassem e durante os cochilos de Jana. Na época em que estava concluindo meu doutorado (no início da primavera de 2005), eu me dei conta de que precisava de tempo exclusivo para terminar os capítulos finais, e era difícil fazer isso cuidando de Jana. O trabalho de Wael como CEO da ITWorx exigia muito, e por isso ele tampouco podia cuidar dela. Então minha mãe pediu uma licença de seu trabalho como professora para me ajudar. Fiz as malas de Jana, e fomos para Abu Dhabi por um mês. Minha mãe cuidava de Jana, a levava para passear nos parques e shoppings enquanto eu me trancava no meu quarto de infância e escrevia sem parar.

Um dia, passei no escritório do meu pai para fazer uma visita. Com exceção de algumas poucas mulheres que trabalhavam como assistentes, o escritório era predominantemente masculino. Meu pai trabalha para o Ministério do Interior, onde é responsável por implementar tecnologia da informação e sistemas de AI que alimentam o país — por exemplo, delegacias de polícia, corpo de bombeiros, segurança de aeroportos etc.

Quando entrei e perguntei por Ayman el Kaliouby, um dos homens perguntou: "Onde está Abu Rana? Fale para ele que sua filha está aqui".

Abu Rana? Eu não estava acreditando no que ouvira.

Nos países árabes, os homens costumam ser chamados pelo nome de seus filhos primogênitos. Então, se eu tivesse um irmão chamado Ahmed, meu pai seria chamado "Abu Ahmed". Se um homem não tinha filhos, então ele era simplesmente chamado por seu primeiro nome, no caso, Ayman.

Os colegas de trabalho de meu pai o chamaram pelo nome de sua filha primogênita — eu! O fato de terem dado esse título ao meu pai significava que ele deveria ter falado muito de mim e estava orgulhoso das minhas conquistas, e que seus colegas reconheciam e celebravam o fato de meu pai ter uma filha digna de honra. Fiquei profundamente tocada com o gesto.

Viva voce

Voltei para Cambridge no início da primavera seguinte, para defender minha tese. Nos Estados Unidos, para completar o programa de doutorado, você precisa "defender" sua tese perante uma banca pública, em que faz um resumo do seu trabalho e explica sua abordagem e seus progressos. Há um protocolo semelhante no Reino Unido, chamado *viva voce* (termo em latim para "viva voz"), ou "exame oral", e do fundo do coração eu estava com tanto medo como se estivesse indo fazer um tratamento de canal. É rigoroso e intenso; odiado por todos. São designados dois examinadores e um presidente, que dirige o programa. Minha banca era composta por Roz Picard (que veio a meu convite), Peter Robinson e Sean Holden, professor de *machine learning* em Cambridge.

O *viva voce* é um evento fechado, e não há regras para sua duração. O exame geralmente dura no mínimo noventa minutos, podendo chegar a três horas. Na época, eu não tinha ideia de quanto tempo durou o meu, mas lembro que, após o nervosismo inicial, as palavras pareciam fluir naturalmente. Depois de três anos e meio, eu conhecia minha área a fundo. Estava realmente me divertindo.

Roz Picard fez uma série de perguntas em relação ao futuro: "O que você pretende fazer com isso?" "Como será usado?" "O que está faltando no sistema?". Eu ainda não tinha concordado em ir para o MIT Media Lab, mas percebi que Roz estava pensando além, avaliando o que poderíamos fazer com aquilo.

Depois de concluir minha tese, mudei-me de volta para o Egito. Minhas duas últimas semanas no laboratório foram bastante chorosas. Nos últimos três anos e meio, meus amigos do laboratório foram uma família adotiva para Jana e para mim, e sou leal às pessoas de quem gosto. A incerteza em relação ao futuro me deixava ansiosa.

Em maio de 2005, retornei a Cambridge para a formatura, acompanhada por Wael, meus pais e Jana. Era a primeira vez que meu pai visitava Cambridge, depois de todos aqueles anos. A formatura aconteceu em um daqueles raros dias radiantes de céu azul em Cambridge, com o sol brilhando. Era o dia ideal para fotos, sem neblina, sem chuva e sem nuvens.

Usei uma toga e capelo claro, mas o meu capelo estava preso sobre um *hijab* (deu um certo trabalho mantê-lo lá).

Cambridge é uma instituição progressista, mas que respeita muito o passado. Afinal, foi fundada em 1209, e muitas de suas tradições remontam a essa data. Eu me lembro de entrar com o primeiro grupo de candidatos a títulos mais altos, de ouvir muito latim e de depois subir ao palco.

"Digníssimo vice-reitor e toda a universidade, eu lhes apresento esta mulher a quem considero digna, tanto por seu caráter como por seu conhecimento, a receber o grau de doutora em filosofia pelo qual empenho minha honra perante o senhor e perante toda a universidade."

Quando meu nome foi chamado, dei um passo à frente e me ajoelhei.

"Pela autoridade a mim concedida, outorgo-lhe o grau de doutora em filosofia, em nome do Pai e do Filho e do Espírito Santo."

Jana, que tinha quase dois anos, participou de todos os eventos da formatura e usou um vestido branco lindo. Eu dei a ela um frasco de bolhas de sabão, para mantê-la entretida e evitar qualquer birra. Enquanto ia de um evento a outro, ela ficava pertinho, soprando bolhas de sabão ao meu redor.

Isso é tudo de que me lembro daquele dia: naquele momento precioso, eu acreditava que tinha tudo — uma carreira maravilhosa, um marido e uma família que me apoiavam, e uma filha saudável e feliz. Eu sabia que tinha muita sorte. Nem todo mundo consegue ter essa sensação ao longo da vida.

12

Ideias malucas

Se a teoria de um universo paralelo é verdadeira — e quem sou eu para discutir com Stephen Hawking? —, em algum lugar no tempo e no espaço está uma Rana que se mudou para o Cairo, tornou-se professora titular do departamento de ciência da computação da AUC, mora perto do campus em uma casa em um subúrbio elegante totalmente "conectada", mas decorada com o que há de melhor da arquitetura árabe, e ainda tem um casamento feliz e, quem sabe, talvez tenha três ou quatro filhos agora...

Esse era o "grande plano", a vida que sempre acreditei que teria quando terminasse meu doutorado. Mas as estrelas não se alinharam exatamente assim para Rana no planeta Terra.

No entanto, no outono de 2005, quando voltei de Cambridge, agora dra. El Kaliouby, eu ainda estava "nos trilhos", ensinando CS106 (Introdução à Ciência da Computação) na AUC, minha *alma mater*. Aos vinte e sete anos, eu era um dos professores mais jovens da AUC e me esforçava para trazer um pensamento moderno e atual para a sala de aula. Quando fiz esse mesmo curso uma década antes, o foco tinha sido basicamente em programação. Mas, para mim, não era suficiente ensinar a meus alunos a arte de programar. Muito embora isso tenha ocorrido antes do iPhone e de outros smartphones, um número cada vez maior de pessoas estava usando o Myspace, AOL Instant Messaging, Google e salas de bate-papo, e estava comprando em sites como eBay e Amazon, deixando uma montanha de dados sobre seu comportamento cada vez que fazia uma interação cibernética. Para aqueles de nós da área, estava claro que os dados eram a nova moeda cujo valor aumentaria cada vez mais à medida que a tecnologia tivesse mais e mais informações sobre como vivemos e quais eram as nossas preferências, preocupações, condições clínicas, e assim por diante. Agora os cientistas da computação precisavam levar em consideração questões que até então tinham sido irrelevantes para nosso trabalho. (Proteger a privacidade dos usuários e não perder a confiança deles por vender seus dados pessoais a quem oferecesse mais, o que até então não era um problema importante antes da formação de gigantescos bancos de dados.) Ademais, eu queria que os alunos pensassem sobre a criação de produtos não apenas para uma pequena elite (os bem-educados, ricos e saudáveis), mas para todos, de todas as esferas da sociedade.

Portanto, engajei meus alunos em discussões mais profundas, abordando questões relativas à responsabilidade ética e moral das empresas de tecnologia, algo que raramente era ensinado nas aulas de computação. Talvez, se ética fosse matéria obrigatória do currículo básico de cientistas da computação, essas empresas não tivessem perdido a confiança do público como acontece hoje. Eu queria inspirar esses jovens a usar seu conhecimento para causar um impacto positivo na tecnologia, e talvez até mesmo mudar a trajetória de suas vidas.

Eu gostava de lecionar e adorava a AUC, e havia algo bem agradável sobre estar de volta à escola onde eu tinha passado quatro dos anos mais felizes de minha vida. E, depois de tantos anos fora, era maravilhoso estar em casa com meu marido, cercada pela família e por amigos íntimos de quem eu senti saudade todos os dias em que estive longe. Eu havia deixado para trás o céu cinza-pardacento da Inglaterra. Os dias no Cairo eram quase sempre claros e ensolarados — não precisava mais checar a previsão do tempo.

Minha vida era, como dizem os britânicos, "chique", em comparação com o modo como eu vivia em Cambridge. Eu não ia mais para o trabalho de bicicleta, nem ficava em pé numa esquina gelada esperando o ônibus. Tínhamos um motorista, Salah, um núbio (antigo povo indígena do Sudão e da extremidade sul do Egito), que me levava para o trabalho todos os dias em um BMW. O trânsito era terrível no Cairo, e por isso passávamos muitas horas juntos dentro do carro conversando, e Salah e eu mantemos contato até hoje. Eu tinha uma empregada em tempo integral e uma babá indonésia que morava em casa, sem falar dos membros da família prontos e ansiosos por cuidar da Jana. Eu não precisava mais levar Jana para a creche, cozinhar, nem arrastar um saco de roupa suja para lavar em uma lavanderia automática que ficava a dez minutos de distância de casa. (Tarde da noite, enquanto coloco roupa na máquina e preparo os legumes para o jantar do dia seguinte, com frequência eu me lembro daqueles dias no Cairo.) Toda sexta-feira, o dia sagrado muçulmano, Wael ia rezar na mesquita, depois almoçávamos sem pressa com meus sogros.

Quando voltei de Cambridge, Wael e eu alugamos uma casa em Al Rehab, um bairro novo, bem exclusivo e badalado, que estava sendo construído na periferia do Cairo para tentar amenizar a superlotação da cidade, que já não comportava tanta gente. Em 2008, a AUC planejava se mudar do centro do Cairo para a Nova Cairo. Como professora docente, tinha a possibilidade de comprar um terreno, perto do novo campus e a um preço bem baixo, para construir uma casa. Era um bairro nobre, e Wael e eu escolhemos um lote e planejamos construir nossa casa dos sonhos. Embora minha relação profissional com a AUC me desse a possibilidade de comprar o terreno, eu abri mão de todos os meus direitos de propriedade em favor de Wael. Eu simplesmente presumi que ficaríamos juntos para sempre. Como é costume no Oriente Médio, deixei todos os detalhes financeiros e legais nas mãos dele. Nunca me ocorreu fazer qualquer pergunta, nem insistir que eu tinha direito a parte do terreno e da casa. Só assinei os documentos. Também nunca fiz perguntas sobre nossa situação financeira. Essa era uma parte da minha educação que deixava muito a desejar.

Ainda assim, nossa vida era muito agradável. Eu era muito dedicada e focada em minha carreira, mas também era muito mimada em um nível tal que os ocidentais não conseguem entender. A mão de obra é barata no Oriente Médio, e uma pessoa próspera de classe média pode usufruir de alguns dos prazeres do luxo que só alguém muito mais rico nos Estados Unidos pode desfrutar. Talvez, se nunca tivesse ido a Cambridge ou conhecido Roz, eu ficasse contente de viver daquela maneira pelo resto da vida. (Mas é claro que, se não tivesse meu PhD de Cambridge, eu nunca teria sido contratada pela AUC.)

Desde que Picard me convidou para trabalhar com ela no Affective Computing Group no MIT Media Lab, o convite nunca mais saiu da minha cabeça. Parte de mim não queria sequer considerar a possibilidade de aceitar o pós-doutorado. (*Se eu fosse aceita para fazer o pós-doc, como conseguiria equilibrar isso com a família e Wael?*) Mas, por algum motivo, tampouco conseguia parar de pensar nisso. E o mesmo acontecia com Roz, que estava determinada a me levar para seu laboratório e maquinava formas de fazer isso acontecer.

Wael sabia que Roz queria me levar para o MIT, mas nunca conversamos realmente sobre o assunto. Depois de sua reação negativa quando perguntei se poderia ficar em Cambridge para terminar minha tese, achei que seria melhor não discutir a possibilidade de ir embora de novo. Nem tinha certeza se poderia mesmo acontecer.

Roz não tinha os recursos para me contratar naquele ano, embora eu estivesse disposta a trabalhar de graça só pela oportunidade. Mas, como estrangeira, eu precisava que o MIT patrocinasse o meu visto, e isso exigia um acordo mais formal, com um salário.

Então, Picard decidiu que eu e ela deveríamos nos candidatar a um financiamento da National Science Foundation em ciência da computação, informática e engenharia. Mas a bolsa da NSF não era uma certeza. É difícil de conseguir, e o processo em si é desanimador.

Entramos com um pedido de financiamento para construir a "Social-Emotional Prosthesis for Autistic Individuals" (Prótese Socioemocional para Autistas), uma nova ferramenta para permitir que pessoas no espectro autista conseguissem entender melhor os sinais emocionais dos outros. Isso transportaria a tecnologia que eu havia desenvolvido com o *Mind Reader* para o mundo real, exatamente como vislumbrara que seria usada: para aprimorar a comunicação pessoa a pessoa.

Estávamos propondo embutir uma câmera em um dispositivo semelhante a um Google Glass e programá-la para identificar expressões faciais em tempo real e para dar feedback ao usuário através de fones de ouvido. Bem, em 2006 não existia o Google Glass; o iPhone ainda não havia sido lançado e as câmeras não eram tão onipresentes nem tão avançadas. Nossa "ideia maluca" não só era ambiciosa, como também estava no domínio do "além".

Mas, de novo, assim era meu *Mind Reader*.

Correspondendo-nos a distância ao longo de todo aquele outono e inverno, Roz e eu trabalhamos incessantemente no pedido de financiamento, que era longo e detalhado. Eu escrevia de manhã, no horário do Cairo, depois enviava um e-mail do projeto para Roz quando Boston estava despertando. Roz então trabalhava nele enquanto eu dormia no Cairo e enviava o esboço na manhã (meu horário) do dia seguinte. Brincávamos que estávamos trabalhando vinte e quatro horas por dia.

Nossa proposta foi muito bem elaborada e pensada, e Roz e eu trabalhávamos tão bem juntas quanto eu havia imaginado. E o melhor de tudo era que eu tinha conseguido mostrar a ela que podia trabalhar remotamente e ser eficaz, mesmo estando do outro lado do mundo. Eu esperava que, se tudo saísse como planejado, ela se sensibilizaria, diferentemente de Peter, e concordaria que eu trabalhasse de casa boa parte do tempo.

Entramos com o pedido no final do outono de 2006 e recebemos a resposta no início do inverno. Foi a rejeição mais positiva que recebi na vida. A National Science Foundation amou a ideia. Nossa proposta de projeto fora classificada como de alto "impacto potencial", e eles achavam que a equipe proponente (Roz e eu) tinha os atributos intelectuais necessários para realmente construir o que estava sendo proposto. Mas, depois de toda essa explanação, consideraram o projeto excessivamente ambicioso, uma empreitada impossível, e concluíram que nunca seria construído.

Ambicioso demais? Impossível? Sério? Oras, eu já tinha escutado isso antes, e não me deteve na época.

Ainda assim, eu não via uma saída; estava seriamente desapontada pela rejeição e sabia que o próximo passo para o *Mind Reader* (meu algoritmo) seria bem difícil. Exigiria a mentoria de alguém com o conjunto de competências tão visionário quanto uma Roz Picard — e, para falar a verdade, só existe uma Roz Picard no mundo.

E realmente não conseguiríamos trabalhar bem juntas, a não ser que eu fizesse parte de seu grupo no MIT. Por um tempo, parecia que meu sonho tinha virado pó.

Logo após receber o e-mail "vocês são ótimas, mas não, obrigado", Roz me enviou um e-mail pedindo que ligasse para ela. Preparei-me para sua resposta à rejeição da NSF. Repeti diversas vezes em minha cabeça: "Sinto muito, Rana, tentamos; não funcionou. Boa sorte na sua vida". Ficaria agradecida pela ajuda dela e tentaria não ficar desapontada demais.

Finalmente reuni a coragem necessária para ligar para ela. Minhas mãos tremiam, e meu coração estava disparado. Odiava pensar que esse sonho logo estaria acabado. Roz atendeu imediatamente, e sua voz estava surpreendentemente animada. As primeiras palavras que enunciou foram: "Ok, Rana, eles adoram a ideia; só não acreditam que seja viável. Então, vamos construir primeiro e solicitar o financiamento de novo depois — e dessa vez um valor maior!".

Fiquei impressionada com a determinação de Roz; claramente, essa mulher não desiste! Eu me animei por Roz estar tentando encontrar alguma maneira de me levar para o laboratório, e apreciei seu entusiasmo. Mas ainda me sentia um pouco decepcionada e não queria voltar a ter esperanças.

"Como você vai conseguir fazer tudo isso funcionar?", perguntei. Eu não duvidava da sinceridade de Roz, mas, do meu ponto de vista, as chances estavam contra nós.

"Não se preocupe", disse ela, confiante. "Vou falar com Nicholas Negroponte."

Aprendi grandes lições de vida com Roz, mas talvez a mais importante de todas tenha sido que a persistência é o ingrediente-chave para o sucesso: Nunca aceite um *não* como resposta e jamais subestime Roz Picard.

Negroponte, um nome reverenciado na área de tecnologia, fundou o icônico Media Lab do MIT em 1985. Ele é reconhecido por diversas coisas, mas principalmente por infundir uma visão mais humanística à tecnologia. É muito citado por ter dito: "Não deveríamos estar trabalhando com formação em computadores, mas sim formação no ser humano. Computadores precisam se tornar peritos em seres humanos".

Se alguém entenderia e apoiaria o que Roz e eu estávamos tentando fazer, esse alguém seria Negroponte. Naquela época, ele estava no processo de deixar o laboratório para focar em sua iniciativa *One Laptop per Child* (Um Computador por Criança), uma empresa sem fins lucrativos cuja missão era distribuir laptops baratos para crianças do mundo inteiro para promover oportunidades de educação para todos. Embora já estivesse com um pé na porta de saída, Negroponte ainda tinha alguma influência sobre a alocação do orçamento do laboratório. Antes de ele fechar definitivamente a porta, Roz o procurou e pediu recursos para financiar alguém que o laboratório nunca tinha visto: uma jovem muçulmana árabe-egípcia com PhD em Cambridge que queria construir uma "prótese emocional".

Esperei com os nervos à flor da pele, para saber qual seria o meu (nosso) destino. Ao mesmo tempo, a vida seguia em frente. Eu tinha voltado para casa a tempo de ajudar a planejar o casamento de minha irmã Rasha. Devido ao tom mais conservador da época, esse casamento não seria a celebração grandiosa, intensa e arrojada como fora a que Wael e eu tivemos, com DJ, dança do ventre e cantor. Isso não estava mais na moda. Ainda estávamos todas "de véu", usando o *hijab* por recato. De fato, tivemos que forçar Rasha a concordar em ter música. "Rasha, é um casamento, não um funeral", minha mãe, minha irmã Rula e eu repetíamos inúmeras vezes, exasperadas.

A maioria dos vestidos de festa em estilo ocidental que gostávamos eram sem manga, curtos ou muito decotados, então mandamos fazer nossos vestidos em um costureiro do Cairo para podermos seguir as normas de recato. Uma noite, minha mãe, minhas irmãs e eu estávamos no costureiro para uma prova quando tocou meu celular.

"Olá, Rana? Aqui é Nicholas Negroponte."

A ligação estava ruim, com muita estática dificultando entender o que ele dizia. Eu queria ter certeza de que estava escutando o nome corretamente. Então perguntei: "Quem é?".

"Sou Nicholas Negroponte. Estou ligando para convidá-la a vir fazer o seu pós-doc no MIT Media Lab."

Foi o momento que reconfigurou minha vida: não havia dúvida em minha mente de que iria aceitar essa oferta. Quando comecei meu doutorado em Cambridge, não tinha a mínima ideia de como aqueles três anos e meio iram me mudar. Eu havia sido exposta a uma nova forma de vida e à possibilidade de novos horizontes, e era impossível apagar tudo isso. Além disso, eu deixara muita coisa inacabada para trás. E se eu conseguisse construir algo que realmente pudesse ajudar as crianças autistas? E se essa tecnologia mudasse para melhor a forma como os seres humanos se "conectavam" on-line? Isso não era importante demais para deixar escapar?

Quando recebi a oferta para me unir ao MIT Media Lab, eu basicamente informei a Wael que estava indo. Eu não disse claramente "Goste você ou não, vou atrás do meu sonho", mas tampouco pedi a permissão dele. E isso era uma mudança radical no modo como vínhamos interagindo até então. Eu sempre busquei seu conselho sobre absolutamente tudo e acreditava que sua opinião era mais importante do que a minha. Pela primeira vez, me senti suficientemente confiante para tomar minha própria decisão. Senti como se pudesse contribuir com algo importante para o mundo, e queria ir até o fim.

Preciso admitir, no entanto, que estava um pouco insegura quanto à reação dele em relação à minha nova partida, mas afastei esses pensamentos. Estava fervilhando e entusiasmada e não queria pensar em nenhuma possibilidade negativa. Dessa vez, falei para ele (e para mim mesma) que seria diferente. Embora eu ainda tivesse que definir todos os detalhes de meu acordo com o MIT, contei a ele que Roz concordava que eu fizesse remotamente parte do trabalho, visitando o MIT apenas a cada poucos meses. Se havia alguma nota de preocupação em sua voz ou expressão, passou totalmente despercebida. Ele parecia apoiar minha ideia de aceitar esse trabalho — bem, pelo menos não contestou —, e eu acreditei nele.

Olhando para trás, gostaria de ter um filme daquele encontro, para ver se eu perdi alguma sutileza de expressão, um leve toque de desaprovação, desapontamento ou até desprezo em seu rosto. Pode ter sido uma falha enorme de QE da minha parte, mas, para mim, Wael parecia e soava normal. Mas talvez eu não quisesse ver qualquer sentimento negativo. Talvez Wael estivesse em conflito, não querendo atrapalhar o meu caminho, mas ao mesmo tempo desejando que eu fosse uma esposa "normal".

Eu me sentia culpada por deixar Jana. Ela já estava na escola maternal no Cairo, e eu não queria que ela ficasse indo e vindo de Boston comigo. Quando fui para Boston, talvez estivesse mais aflita com a minha partida do que ela! As lágrimas corriam livremente pelo meu rosto. Ela me deu um abraço apertado, um beijo de despedida, mas não me implorou para não viajar. Se tivesse feito isso, teria sido muito difícil para mim deixá-la para trás. Mas Jana estava acostumada a ser cuidada por terceiros e adorava meus sogros, que ficaram muitas vezes com ela enquanto eu estava em Boston. Eu morria de saudades dela quando estava longe. Tínhamos ficado bem próximas durante meu trabalho de doutorado, e toda vez que eu voltava para casa ela ficava muito feliz. Mas também ficava muito bem na minha ausência, o que era um grande alívio para mim.

Cheguei à "outra Cambridge" no dia 5 de fevereiro de 2006, para começar meu pós-doc no MIT Media Lab. Cinco dias depois, um vento noroeste feroz despejou meio metro de neve em Boston. Estava frio, continuou frio e ficou mais frio ainda, atingindo temperaturas de congelar os ossos. Por pior que fosse Cambridge, Inglaterra, no inverno, eu tinha aterrissado em um lugar onde os invernos eram ainda piores — se é que isso era possível. Mas o fato de eu ter permanecido e sempre voltar é uma prova da importância desse lugar para mim. É diferente de qualquer outro laboratório de multimídia no mundo.

Fundado em 1985, o MIT Media Lab foi concebido por Negroponte para ser uma incubadora de tecnologia para preparar para "a convergência da mídia", uma fusão de computadores, jornais, televisão e outros meios de comunicação. Negroponte acreditava que essa fusão iria transformar a sociedade. Diferentemente do laboratório de "computação" convencional, o Media Lab orgulha-se de ser "antidisciplinar" ou, mais precisamente, interdisciplinar. Sim, todos no laboratório são adeptos de programação; não precisa nem dizer. Mas a ciência da computação não é sua única paixão. Todo o grupo heterogêneo de músicos, neurocientistas, médicos, artistas, designers, educadores e psicólogos — até mesmo um mágico profissional que estudava a ciência do "encantamento" — que formava a equipe estava ali, assim como eu, para concretizar suas ideias "malucas".

Apesar das diferentes áreas de interesse reunidas sob um mesmo teto, havia um tema unificador no laboratório: estávamos criando tecnologia para melhorar a vida humana, e esse era o amálgama que mantinha esse grupo díspar de desajustados.

Semelhante ao prédio que abriga o laboratório de computação na Universidade de Cambridge, o Weisner Building também era quadradão e sem graça. Mas as semelhanças terminaram quando atravessei as portas de vidro entrando na área principal. Quando olhei ao redor pela primeira vez, fiquei um pouco surpresa. Era puro caos, com coisas espalhadas por todo lado: empilhadas em mesas, ou largadas em um grande espaço aberto, como um sótão. Diferentemente do Cambridge Lab, não havia fileiras organizadas de mesas ou cubículos; em vez disso, um grupo se misturava com o outro. Cada espaço era um *"maker space"*, ou espaço criador. Você podia mudar tudo, aliás tal atitude era até esperada. Havia pequenos escritórios escondidos no fundo, contra a parede para docentes, com portas que fechavam e "estações de trabalho" oficiais para grupos, mas frequentemente nos reuníamos em poltronas ou sofás espalhados na área de convivência. Naquela época, o laboratório estava em meio a uma obra de expansão que o transformaria em um novo prédio reluzente e de vidro ao nosso redor, o que servia apenas para aumentar a superpopulação e o caos. (O novo prédio do Media Lab foi inaugurado em 2010.)

Em contraste com Cambridge, onde alunos e docentes usavam trajes formais e "apropriados", aqui os estudantes iam trabalhar de roupas de ginástica, e alguns, eu suspeito, nem se davam ao trabalho de tirar o pijama. Ninguém se importava.

Confesso que depois de três anos e pouco na Cambridge mais formal, e outro ano na mais relaxada AUC, aqui eu me senti liberada para seguir meus próprios instintos. Ninguém tentava me cercar, como "Ah, você é uma especialista em computação, fique no seu quadrado". Em vez disso, o laboratório permitia liberdade intelectual de uma forma que eu jamais havia experimentado.

O Media Lab é ímpar de muitas maneiras, mas especialmente em termos de como era financiado. A maior parte de seu orçamento operacional de 75 milhões de dólares anuais vem de patrocínios da iniciativa privada, e não do governo. Dentre esses oitenta e tantos "patrocinadores", ou membros, temos algumas das maiores empresas do mundo, entre elas as de tecnologia como Google, Samsung e Twitter, mas também as chamadas não tecnológicas (se isso ainda existe), como Twenty-First Century Fox, Deloitte, Estée Lauder, Benz Research & Development North American e o Grupo Lego.

O financiamento privado libertou o laboratório da dependência de subsídios governamentais, o que também pode acarretar certa desvantagem. Em setembro de 2019, Joichi Ito, o terceiro diretor do laboratório, pediu demissão porque foi acusado de tentar encobrir contribuições feitas ao laboratório por Jeffrey Epstein, financista acusado de tráfico sexual que havia falecido na prisão no mês anterior. Tudo isso ocorreu muitos anos depois de eu ter deixado o laboratório.

O grupo de Roz, Affective Computing, fica escondido no térreo, perto do Biomechatronics Lab, chefiado por Hugh Herr, um jovem elegante que sofreu amputação parcial de suas pernas e corria pelo laboratório usando dois membros inferiores biomecânicos projetados por seu grupo. Fiquei boquiaberta ao me ver tão próxima do Lifelong Kindergarten Group, inspirado pelo falecido Seymour Papert, PhD, um renomado matemático que propôs a ideia radical de que as crianças deveriam aprender programação na escola. Isso em uma época em que apenas uma elite de poucos adultos sabia um mínimo de programação. Papert foi coinventor da linguagem de programação Logo. Eu a conhecia bem. Era o software que eu usara no ensino fundamental para aprender como programar meu primeiro código, que possibilitava ao usuário desenhar uma árvore de Natal no computador, completa, com luzinhas piscando. E fora minha iniciação para a ciência da computação.

Quando cheguei ao grupo de Roz, fiquei maravilhada com os diversos projetos em andamento. O Affective Computing Group estava trabalhando no iCalm, uma pulseira que rastreava a atividade nervosa simpática do indivíduo em tempo real para medir os níveis de estresse e enviar os dados para um laptop ou um telefone celular de forma legível. Esse era o projeto queridinho de Roz; ela sempre usava sua pulseira iCalm no laboratório.

Hyungil Ahn, um doutorando coreano, tinha acabado de construir um protótipo do RoCo, um computador robótico que movia seu monitor (sua "cabeça" e seu "pescoço") para interagir com usuários de forma divertida, visando melhorar a postura deles. Posteriormente, Hyungil e eu trabalhamos juntos em um projeto que aliava a minha tecnologia de análise facial com seu interesse em entender a diferença entre "gostar" e "querer". Conduzimos um estudo de diversos meses, um jogo com o famoso teste cego Pepsi-*versus*-Coca. Pedimos aos voluntários que provassem diferentes sabores de refrigerante. (Era um estudo cego, portanto os participantes não sabiam o sabor ou a marca do que estavam provando.) Cada vez que davam um gole, quantificávamos sua reação, momento a momento. Franziam o nariz e jogavam a cabeça para trás? Bem, isso era sinal de que não tinham gostado do sabor. Erguiam a sobrancelha e lambiam os lábios? Hum, isso significava que estavam intrigados com o sabor. Esse trabalho representou a primeira vez que alguém foi capaz de quantificar, momento a momento, como as pessoas reagiam a novos produtos. Por essa razão, não ficamos surpresos quando essa pesquisa chamou a atenção de alguns patrocinadores, como a Procter & Gamble e o Bank of America, que estavam curiosos para saber como esse aplicativo poderia ser usado para testar a experiência do consumidor em tempo real.

Mas talvez o projeto mais fascinante de todos fosse a pesquisa de Seth Raphael chamada "In Search of Wonder: Measuring Our Responses to the Miraculous" (Em Busca do Encantamento: Medindo nossas Reações ao Milagre). Seth era um mágico, famoso por combinar tecnologia e mágica. Por exemplo, certa vez ele me pediu para pensar em um objeto, de qualquer formato ou tamanho. Obviamente, eu pensei nas pirâmides do Egito. Ele então usou seu *tablet* para fazer uma busca no Google, e, acredite se quiser, uma foto das pirâmides apareceu na tela! Como um bom e velho mágico, Seth não revelou até hoje como fez aquilo. De qualquer forma, tenho certeza de que notou a expressão de surpresa (admiração!) em meu rosto — e era precisamente nisso que ele estava focado.

Se eu era o membro do grupo mais formal, profissional e sensato, Seth era totalmente o oposto. Ele frequentemente aparecia vestindo ternos de cores berrantes, verdes ou vermelhos, e não se importava a mínima com o que as pessoas pensassem. Que libertador!

Sentia-me cada vez mais em casa no MIT Media Lab. Certamente, estava mais sintonizada com as pessoas de lá do que as de qualquer outro lugar onde eu tenha estudado ou trabalhado. O problema é que eu estava a 8.600 quilômetros de distância do meu verdadeiro lar. Ainda assim, consegui fazer um acordo que me permitia estar a maior parte do tempo no Cairo — eu constantemente brincava que "era eu quem fazia o trajeto mais longo para o trabalho".

Todo outono e primavera, o laboratório promove a "Sponsor Week" (Semana do Patrocinador), na qual as empresas listadas na Fortune 500 que financiam o laboratório são convidadas a assistir aos alunos apresentarem seus projetos. Eu tinha prometido estar presente nesse evento. Além disso, eu me mudaria com Jana para Cambridge, Massachusetts, durante o verão e trabalharia em tempo integral no laboratório. Durante o ano, eu ficava por duas semanas de tanto em tanto tempo.

A agenda flexível tinha suas vantagens e desvantagens. Eu estava com um pé em dois mundos. Teoricamente, passava mais tempo em casa do que em Cambridge, mas sentia que não estava nem lá nem cá. Quando estava no Cairo, trabalhava no horário comercial de Boston, tentando manter contato com meu grupo e sempre pensando sobre a próxima viagem aos Estados Unidos. E, quando estava em Boston, ficava preocupada com o que acontecia em casa. Sentia-me dividida.

O Media Lab está do outro lado do mundo em relação ao Cairo, mas, na verdade, não é só a geografia que nos distancia. Há uma visão de mundo completamente diferente no MIT: você não ganha estrelinha por ser comportado. Exatamente o contrário: o legal é ser um desajustado desobediente que está sempre afrontando a todos intelectualmente. A palavra de ordem no laboratório era desafiar as normas, e era exatamente isso que eu estava fazendo.

O fato de eu, uma mulher muçulmana casada, com um estilo de vida conservador, ter rompido com o estereótipo de como mulheres como eu deveriam se comportar fazia do laboratório o lugar perfeito. A meu modo, era tão rebelde quanto qualquer um deles. Talvez, levando em conta a cultura do lugar onde eu cresci, até mais. Tinha encontrado minha tribo!

Como eu viajava muito entre o Cairo e Cambridge, Massachusetts, a justaposição das duas culturas se acentuou em minha mente. No Egito, você é criticado por correr riscos. Tal comportamento é desencorajado em uma sociedade conformista. Você não quer chamar atenção sobre si, não quer se sobressair. Isso pode fazer de você um alvo; pode lhe custar sua carreira, seus relacionamentos e, em alguns casos, sua vida.

No laboratório, ser ousada, pensar grande e correr riscos era recompensado. E, quanto maior o risco, melhor. Não importava o resultado do risco assumido, todo e qualquer risco já era um tipo de sucesso. Porque, quando corre riscos, você dá um pulo no escuro, constrói algo novo e, mesmo que não dê certo, você aprende com isso.

Como eu "ia e vinha" entre o Cairo e Cambridge, Massachusetts, a cada tantos meses, eu lutava para conciliar meus dois mundos. Minha família já estava começando a perguntar: "Por que você simplesmente não assume um cargo docente na AUC? Afinal de contas, não era esse o plano desde o princípio?".

Sim... e, cada vez mais, não. As pessoas costumam falar sobre ter sonhos e passam a vida perseguindo esses sonhos. Raramente falam sobre deixar os sonhos de lado. Meu sonho desde a época em que era caloura na AUC sempre tinha sido me tornar membro docente lá. Mas a experiência no Reino Unido e agora meu pós-doutorado no MIT tinham aberto meus olhos para o que poderia ser e como eu poderia ter um papel no desenvolvimento da nossa tecnologia e do nosso futuro.

Esse era um momento importantíssimo para a tecnologia. Estávamos caminhando a passos largos para uma nova era de mobilidade que colocava ferramentas de computação potentes nas mãos das pessoas, e isso abria as portas para novas formas de interação e de aprendizado sobre pessoas. Para mim, era um caminho sem volta. Eu queria fazer parte desse mundo novo. Queria estar no laboratório onde tudo isso estava acontecendo, e queria ser aquela que conduzia essa tecnologia na direção certa — e já não podia ignorar esse desejo.

Por um lado, eu me encaixava lindamente em um lugar cheio de desajustados e sonhadores. Até então, eu era aquela que tinha as ideias "malucas". Mas, neste laboratório, havia uma competição acirrada para saber quem era o mais maluco. Quando fui trabalhar no laboratório, ser a mulher que usava o *hijab* — a *única* mulher que usava um — fez de mim uma pessoa *muito* diferente, praticamente uma novidade original. As pessoas realmente não entendiam meu traje. Em Cambridge, GB, quase todos que eu encontrava já tinham viajado pelo mundo, e muitos de meus colegas conheciam o Egito, ou pelo menos algum país de língua árabe. Mas aqui em Cambridge, Massachusetts, muitas pessoas nunca tinham viajado para fora dos Estados Unidos e, mesmo que tivessem, pouquíssimas para o Egito. A percepção que tinham dos egípcios e dos muçulmanos era profundamente influenciada pela mídia; sabiam muito pouco sobre nós. Eu não acho que esperavam que uma mulher muçulmana religiosa fosse cientista, muito menos uma cientista em um laboratório conhecido por sua abordagem aventureira.

Sempre fui tratada com respeito, e até mesmo com generosidade, mas algumas vezes sentia como se fosse uma criatura exótica ou uma "estrangeira extraordinária", o termo usado pela Imigração Americana no meu visto de trabalho (esse rótulo sempre me enerva; sempre visualizo um monstro verde de um só olho como em *Monstros S.A.*). E, como "estrangeira extraordinária" de *hijab*, eu escutava as perguntas mais estapafúrdias: "Você usa a echarpe por motivos médicos?", ou "Seu cabelo está molhado e você só usa até ele secar?, ou ainda "Você também usa seu *hijab* em casa?". As pessoas não tinham ideia do que pensar do meu *hijab* ou de mim. E ficavam igualmente perplexas por eu nunca beber álcool ou por, nesta era de liberdade sexual, com as pessoas dormindo com todo mundo o tempo todo, eu ter namorado apenas um homem — meu marido.

Ainda assim, em um ambiente onde os "diferentes" eram valorizados, a meu modo eu me encaixava. Nunca houve ninguém como eu no laboratório. E, apesar das diferenças culturais — e eram muitas —, todos trabalhamos lado a lado e descobrimos interesses comuns, e uma conexão, na tecnologia que estávamos tentando construir.

PARTE III

Um pé em cada mundo

13

A outra Cambridge

Uma vez que me tornei parte do Media Lab, fiquei entusiasmada com a ideia de tentar transplantar a incrível tecnologia e o espírito inovador do laboratório para a minha terra natal. Eu sabia que Suzanne Mubarak, esposa do então presidente Hosni Mubarak, estava em fase de planejamento para a construção do Suzanne Mubarak Family Garden, em uma área de 170 mil metros quadrados em Heliópolis, com oficinas "mão na massa" que hoje oferecem oportunidades de aprendizado e experiências divertidas para crianças e adultos. Eu imediatamente vislumbrei uma possível parceria com alguns dos projetos do Media Lab, como, por exemplo, o seu Lifelong Kindergarten Group. No passado, o Media Lab tinha ajudado a projetar o Children's Art Museum and Park (CAMP — Museu de Arte e Parque Infantil) em Tóquio, um polo de oficinas que usa a música, a tecnologia e a arte para estimular a criatividade. Algo semelhante seria perfeito para o Cairo.

Frank Moss, na época diretor do Media Lab, aprovou o plano, e eu articulei meus contatos no Cairo para conseguir uma apresentação à sra. Mubarak. Então apresentei a ela a ideia de uma parceria do Media Lab com o Family Garden. Socióloga de formação, a sra. Mubarak ficou entusiasmada e pediu-me para falar com o grupo de planejamento responsável pelo projeto.

A reunião foi conduzida em uma das casas dos Mubaraks no Cairo, em Heliópolis. (A família tinha oito residências oficiais.) Logo que cheguei, me conduziram para uma sala de conferência. Cerca de doze convidados já estavam sentados ao redor da mesa oval. Notei que eu era de longe a pessoa mais jovem na sala. Fiquei surpresa por ninguém me convidar a sentar com eles. Em vez disso, um dos homens que estavam sentados à mesa, Zahi Hawass, então secretário-geral do

Conselho Supremo de Antiguidades do Egito, olhou para mim e fez um gesto em direção a uma mesa do outro lado da sala, montada com café, refrigerante e água. Ele não disse exatamente "Água sem gelo, por favor", mas o gesto não deixava margens a dúvida: "As bebidas estão ali. Vamos, faça a sua parte".

Na verdade, achei tudo aquilo mais divertido do que insultante. Eu não tive tempo para corrigi-lo porque, um segundo depois, a sra. Mubarak entrou na sala e veio em minha direção para me cumprimentar. Ela se sentou ao lado de Hawass e anunciou: "Esta é a especialista do MIT, nossa convidada de honra hoje".

Eu não precisava ser uma programadora renomada de expressões faciais para traduzir a expressão de Hawass: a mais absoluta surpresa, até mesmo perplexidade. Esse mesmo olhar estava estampado no rosto de todos que estavam sentados ao redor da mesa. Tenho certeza de que, quando foram informados de que o palestrante era um especialista do MIT que iria falar sobre trazer a mais moderna tecnologia para o Egito, eles não imaginaram alguém parecido comigo. Eu era mulher, muito jovem e "religiosa", o que obviamente significava que não poderia ser uma cientista bem-sucedida, muito menos que estaria trabalhando em uma das principais faculdades do mundo. Sem pronunciar uma única palavra, eu tinha causado uma grande impressão.

Fiquei em pé diante do grupo e comecei minha exposição. Tinha pensado muito sobre essa apresentação. Ali estavam os maiores expoentes da classe artística e intelectual do Egito, e eu sabia que aquela era uma oportunidade para fazer História. Comecei contando uma história, ou, melhor dizendo, uma história que deveria servir de lição.

"Eu mantenho contato com a maioria dos meus alunos da AUC, e muitos deles estão trabalhando em sua dissertação de graduação. Então conto a eles sobre todas as últimas novidades do MIT e recomendo que considerem fazer algo semelhante como seu projeto", eu disse. "O comentário mais frequente que escuto é 'Mas, doutora, esta ideia é *tão arriscada*; isso nunca foi feito antes'. *Sim!* É esse o ponto. Em oposição à cultura avessa a risco do Egito, no MIT você não pode sugerir uma ideia que já tenha sido feita. A chave é ser criativo. Você precisa explorar algo novo, mesmo que fracasse, e tudo bem."

Àquela altura, eu já tinha a atenção de todos. Alguns acenavam em aprovação, e outros claramente desaprovavam. Continuei.

"Embora fosse aceitável há vinte anos ter uma sociedade conformista, não podemos continuar assim. O crescimento econômico atual gira em torno de indivíduos criativos, talentosos e destemidos. Tem a ver com inovação e ser diferente. E acredito que, se quisermos fazer parte desse crescimento econômico, parte dessa classe criativa emergente, devemos começar com nossas crianças hoje e estimular essa paixão pelo aprendizado, pela inovação e pela criatividade."

No final, o grupo votou por trabalhar com o MIT, mas chegamos a um impasse em relação a um consenso sobre quem financiaria. O MIT não queria se responsabilizar, e tampouco a sra. Mubarak. E então, para meu total desapontamento, as conversas acabaram morrendo.

Lições de vida

Quanto mais tempo eu passava no MIT, maior o contraste com a minha própria cultura. Principalmente Roz, minha mentora, conselheira e modelo, foi fundamental para forjar minha visão desse novo mundo. E por abrir meus olhos para novas possibilidades. Vínhamos de mundos totalmente diferentes: Roz cresceu em um lar ateu e se converteu ao cristianismo já adulta. Muito além de nosso relacionamento profissional, aprendi bastante sobre a vida observando como ela vivia.

Embora Roz fosse uma cientista internacionalmente reconhecida e uma mulher com uma carreira extremamente bem-sucedida, era casada, tinha três filhos em idade escolar e dava extrema importância à família. Quando eu estava na cidade, sempre me convidava para jantar. Jamais esquecerei a primeira vez que visitei sua casa, em um subúrbio de Boston. Quando me apresentou a seu marido, Len, um gerente de engenharia em uma empresa de capital aberto de Boston, ela acrescentou que naquela noite a cozinha era responsabilidade dele.

Fiquei curiosa. Perguntei: "Isso quer dizer que é *ele quem* vai fazer o jantar?".

"Claro", Roz respondeu, e então explicou que, como ambos trabalhavam muito e em tempo integral, eles alternavam quem cozinhava a cada noite. Roz estava designada para segundas, quartas e sextas — ela era superorganizada e planejava tudo até o mínimo detalhe na noite anterior —, e Len era o *chef* nas terças, quintas e sábados. Domingo era dia livre, e imagino que isso significava que eles comiam fora ou dividiam as funções na cozinha.

Como pude comprovar, Len (que era descendente de italianos) não apenas fez uma lasanha excelente (receita de sua avó) e pôs a mesa, mas também serviu a comida. Quando terminamos de jantar, todos ajudamos a lavar os pratos. Talvez o maior choque da noite foi quando vi os três filhos de Roz levarem seus pratos para a cozinha. Na casa da minha avó, quando todos os primos estavam juntos, no minuto em que a refeição terminava os homens debandavam para o pátio para tomar chá, e os meninos corriam para brincar no jardim. Isso deixava as mulheres e as meninas com pilhas de pratos sujos, sobras de comida para guardar e sobremesa para preparar. Os papéis masculino e feminino tradicionais estavam tão arraigados na minha cabeça que foi surpreendente, e até desconfortável, ver Len tirar a mesa e colocar a louça na máquina. Eu ficava me oferecendo para ajudar, mas ele rejeitava firmemente a oferta. "Não! Eu cuido da lava-louça; eu gosto de organizar do *meu jeito*." Uau! Isso realmente abriu meus olhos: homens podem fazer isso!

Eu cresci em uma família bastante moderna para o Oriente Médio, uma vez que a minha mãe trabalhava em tempo integral. Mas, embora lhe fosse "permitido" trabalhar, ela ainda era a única responsável por nos alimentar *todos os dias, sem exceção*. E o mesmo acontecia com minha família estendida; era igual na casa de meus tios e tias. Eu nunca tinha visto meu pai (ou qualquer homem, para ser sincera) encher uma lava-louça. Embora Wael fosse muito moderno, ele não fazia praticamente nada em casa.

Entendi que Roz tinha encontrado o melhor marido do mundo. Certamente, não havia nenhum outro homem no planeta que chegasse aos pés de Len. Mas, quando comecei a entender um pouco mais a cultura americana, eu vi que era muito mais comum encontrar esposos que ajudavam nas tarefas domésticas; talvez nem sempre divididas igualmente, mas era esperado que os homens americanos fizessem *algo*. Ainda assim, Roz e Len tinham mostrado em outro nível como os relacionamentos deveriam ser; eles eram o primeiro exemplo de parceiros verdadeiramente iguais que eu já tinha visto. Eu tinha uma pontinha de inveja de seu relacionamento. Embora meu casamento fosse moderno para os padrões do Oriente Médio — diferentemente de minha mãe, eu podia falar do meu trabalho em casa e podia viajar sozinha —, não era como o casamento de Roz. Meu marido "esclarecido" me permitia ir e vir, e seguir minha carreira. Mas isso era muito diferente de ter uma liberdade inata para dirigir sua própria vida, ou ter um relacionamento verdadeiramente colaborativo como o de Roz e Len.

Eu também admirava a forma como Roz encontrava tempo para estar presente para os filhos. Um dos meninos fazia aulas de esgrima, e ela sempre o acompanhava nas aulas e nos torneios. Ela levava seu laptop e trabalhava enquanto esperava por ele, algo que eu faço hoje quando levo meus filhos para suas várias atividades.

Roz também era incrivelmente organizada. Cada segundo da sua agenda era programado, e é assim que organizo minha agenda agora. Ela ainda achava tempo para se exercitar, ou correr todas as manhãs, e Len pedalava para o trabalho. Ambos me inspiraram a priorizar o exercício em minha vida.

Eu vim de um canto do mundo onde muitos países são intolerantes com outras religiões. Na realidade, se não for muçulmano, você não apenas está desencaminhado, mas também está fadado ao inferno. Agora, eu frequentei escolas britânicas no Kuwait e na UAE e tinha amigos cristãos na AUC, mas durante praticamente toda a minha juventude estive mergulhada na cultura muçulmana. Ao me aproximar de Roz e Len, tive a oportunidade de observar seus fortes valores fundamentais e como mantinham um nível elevado de integridade no trabalho, comecei a questionar se pessoas como eles, que viviam vidas exemplares, estariam fadadas ao inferno enquanto alguém que fosse muçulmano, corrupto ou tratasse mal as pessoas teria uma passagem direta para o céu só porque rezava cinco vezes ao dia. Isso não fazia nenhum sentido para mim.

Embora eu ainda acreditasse profundamente nos princípios fundamentais da minha fé — bondade, generosidade, compaixão, serviço, trabalho árduo e viver a vida da melhor forma possível —, aquele dia na casa de Roz e Len me fez questionar minhas convicções sobre a prática religiosa.

14

Demonstre ou morra

Passei o verão de 2006 trabalhando no laboratório, continuando a construir o motor de análise facial principal que eu tinha desenvolvido na outra Cambridge. Chamei o algoritmo novo e atualizado de "FaceSense" (em português, Sensor Facial), basicamente a versão 2.0 do *Mind Reader*. Por enquanto, o FaceSense estava limitado a um laptop ou a um desktop, com uma câmera Logitech do tamanho de um punho presa na parte superior. Mas nosso objetivo era ter o iSET, um dispositivo portátil e móvel tipo Google Glass para usuários autistas, que rodasse o FaceSense, pronto e funcionando na Sponsor Week, na primavera de 2007.

Nossa ideia maluca agora tinha uma casa. Mas, assim como os analistas da National Science Foundation tinham previsto, o iSET era praticamente impossível de ser construído. Na verdade, tivemos que enfrentar uma série de desafios aparentemente intransponíveis. Lembre-se: nosso projeto previa uma câmera suficientemente pequena para ser acoplada a um par de óculos, um computador suficientemente pequeno para ser usado ou carregado, mas potente o suficiente para rodar o programa FaceSense, e fones de ouvido que transmitissem as mensagens para o usuário por Bluetooth ("Amigo está feliz, Amigo está confuso"). E, como nenhuma dessas tecnologias existia na época do modo como precisávamos, tivemos que inventá-la ao longo do caminho.

Tínhamos começado com o pé direito, mas demos de cara com um beco sem saída. Primeiro, até mesmo as câmeras de última geração projetadas para computadores, as webcams, ainda eram muito grandes para nosso objetivo, e não poderíamos exatamente colocar uma webcam Logitech pesadona em um par de óculos. Precisávamos de uma câmera pequena, mas com uma resolução suficientemente boa para detectar as expressões faciais mais sutis.

Estávamos em apuros; onde poderíamos encontrar uma câmera assim? Então tivemos uma luz: quem usa câmeras em miniatura? Espiões! Essa descoberta abriu todo um novo mundo que eu nem sabia que existia. O que realmente me surpreendeu foi que, desde a Primeira Guerra Mundial, relógios, isqueiros e todos os tipos de objetos tinham câmeras secretas embutidas. Câmeras diminutas chegavam a ser amarradas a pombos-correios para enviar mensagens para o *front*. E agora civis estavam usando essas ferramentas para espionar babás, cônjuges infiéis e eliminar fraudes de seguros e espionagem industrial.

Eu não gostava da ideia de usar a tecnologia para espionar as pessoas, mas considerei que nossos objetivos eram nobres. Afinal de contas, queríamos capacitar crianças autistas a ler sinais não verbais das pessoas durante uma conversa — nada de sinistro nisso. Então encomendamos algumas câmeras de espionagem pela internet para ver se funcionariam. As primeiras não funcionaram. As imagens ficavam borradas, e ficamos muito desapontados. Mas, por fim, encontramos a câmera de espionagem ideal. Custava apenas oitenta dólares, com ótima resolução, e a encaixamos em um par de óculos.

O próximo obstáculo foi encontrar o *tablet* ideal. Sem dúvida alguma, um smartphone teria sido ideal, mas eles ainda não existiam. Isso foi antes até do Kindle ou do iPad. Decidimos usar um tablet ASUS, moderno para sua época, mas longe do ideal; era pesado e difícil de programar.

No início do inverno, depois de meses de muitos remendos e consertos, conseguimos reunir todas as peças. Cada uma trabalhava muito bem independentemente, mas será que funcionariam juntas? No Egito temos uma expressão, *Tala3 komash!*, que literalmente significa: "Produziu o tecido!". Isso remonta aos dias em que o Egito era líder na indústria algodoeira. Uma tecelagem pode ter mais de meia dúzia de máquinas trabalhando juntas para transformar o algodão em tecido, mas, se ocorrer uma falha técnica em apenas uma máquina, o processo é totalmente paralisado. Os egípcios usam essa expressão para descrever um esforço bem-sucedido.

O momento da verdade: o par de óculos com a câmera de espionagem acoplada. Um fio conectando a câmera ao *tablet* descia pela haste dos óculos. (Não era o par de óculos mais elegante.) Coloquei os óculos, enfiei o *tablet* em uma bolsa a tiracolo e coloquei os fones Bluetooth nas orelhas. Então encontrei Alea Teeters, uma aluna de mestrado que trabalhava comigo; Alea era extremamente criativa e boa com ajustes e com hardware. Se o sistema funcionasse, a câmera detectaria o seu rosto e enviaria a imagem para o *tablet*, onde o FaceSense estava rodando. O FaceSense então analisaria, detectaria a emoção e enviaria a palavra para aquela emoção para os fones de ouvido conectados por Bluetooth.

Alea sorriu.

Eu esperei, contando os segundos. Então ouvi: "Sorrindo. Probabilidade de 90 por cento".

Funcionou. *Tala3 Komash!*

Agora eu precisava ter certeza de que tudo funcionaria bem, independentemente de quem estivesse usando os óculos ou expressando a emoção.

Em março de 2007, na véspera da Sponsor Week, eu fiquei até tarde no laboratório para me preparar, assim como 99 por cento dos outros alunos e pós-doutorandos. (Afinal de contas, nosso mantra durante a Sponsor Week era "Demo or die!" — demonstre ou morra!) No dia seguinte, estaríamos fazendo a demonstração de dois projetos.

Eu não estava preocupada com o FaceSense: tinha aperfeiçoado o algoritmo desde meus dias de Cambridge. Ele operava de forma confiável e usava um computador e uma webcam padrão. Mas o dispositivo portátil e móvel, iSET, poderia muito bem decidir empacar de última hora. Durante meses eu o ajustara para ter uma versão funcional para apresentar na Sponsor Week, quando centenas de patrocinadores inundariam o laboratório. Alea e outra aluna de mestrado, Miri Madsen (atualmente uma professora-doutora), estavam ajudando. Miri, que era boa em visualizações, era responsável por mapear o resultado do programa fazendo uma representação visual para que as pessoas pudessem entender.

A Sponsor Week não durava de fato uma semana — eram na verdade três dias ininterruptos, mas eram três dias muito intensos. Às oito da manhã, eu estava com meu laptop já configurado para o FaceSense e anexado a uma grande tela com uma câmera montada no topo. Os óculos iSET estavam sobre a mesa.

Os patrocinadores começaram a chegar em ondas. Eles faziam caras para o meu laptop e viam suas expressões faciais serem analisadas pelo software. Experimentavam o fone de ouvido iSET e interagiam com o *tablet*; que milagrosamente não parou de funcionar. Fomos um sucesso.

Um dos principais executivos da Gillette queria conversar conosco sobre possíveis aplicações da nossa tecnologia para testar a experiência de produtos — mais especificamente, queria entender o que os homens (e mulheres) *sentiam* ao se barbear ou depilar. Conseguiríamos detectar e quantificar quando se machucavam?

Uma equipe de produtores da Fox queria que o FaceSense observasse a reação de um público selecionado perante uma série de shows que a rede lançaria no outono seguinte.

A Procter & Gamble queria o FaceSense para testar como as pessoas reagiam diante de diferentes aromas de gel de banho.

A Toyota queria nosso software para detectar motoristas distraídos ou com sono.

E então apareceram alguns executivos da Logitech, o pessoal da webcam. Eu apresentei minha montagem da câmera de espionagem iSET. Um dos executivos perguntou sobre as especificações da nossa câmera de espionagem e disse: "Ah! A última versão do nosso sensor ótico supera esta de longe; Vamos enviar alguns dos nossos últimos lançamentos". Essa era a verdadeira mágica do MIT Media Lab, onde a inovação acontece na intersecção de diferentes disciplinas. Um lugar onde há uma polinização cruzada permanente de ideias entre indústrias, geografias e disciplinas. Nossos patrocinadores não pegam apenas nosso *know-how* e dizem "Faça o licenciamento". Eles frequentemente nos ajudam a formatar nossas ideias, vislumbrando possibilidades de utilização que nós, como cientistas, jamais teríamos pensado.

A Sponsor Week foi um trabalho extenuante. No segundo dia, eu tinha perdido a voz e precisava sussurrar. Mas eu estava com uma descarga de adrenalina. Mais patrocinadores, mais ideias — eu achava emocionante que uma tecnologia que fora desenvolvida para o autismo tivesse tantas e variadas possibilidades de uso, coisas que Roz e eu talvez jamais teríamos sonhado sozinhas.

Parte do acordo entre o laboratório e seus patrocinadores era que os patrocinadores teriam acesso a nosso trabalho em um repositório on-line protegido por senha. Alunos e professores podiam postar qualquer programa on-line que considerassem que poderiam interessar os patrocinadores. Eu postei o FaceSense on-line em 2007, e em 2008 ele explodiu, rapidamente se tornando na época o programa com maior número de downloads do laboratório.

Trabalhar com patrocinadores me deu noção da amplitude e do escopo de nossa nova tecnologia. Mas as experiências mais memoráveis que tive durante meus anos no MIT Media Lab estão ligadas ao tempo que passei com adolescentes autistas. Com o protótipo funcionando em mãos, voltamos a submeter nosso pedido de verba para a National Science Foundation, dessa vez para uma bolsa muito maior, e tivemos sucesso. Como parte da bolsa, fizemos uma parceria com uma escola progressista para crianças autistas, a Cove Center em Providence, Rhode Island. A Cove Center é parte do Groden Network, um fornecedor de serviços líder para a comunidade autista e para outras crianças e adultos do estado com transtornos globais do desenvolvimento. Seu diretor de pesquisa, dr. Matthew Goodwin, um psicólogo jovem e apaixonado, acreditava muito no potencial da tecnologia para transformar a área.

Fui categórica ao exigir que deveríamos adotar uma abordagem de *design-thinking*, o que significaria envolver usuários reais — neste caso, as crianças e suas famílias — para ajudar no design do sistema. Esses usuários seriam em sua maioria os adolescentes (e adultos) altamente funcionais que levavam uma vida normal, interagindo com colegas. Os adolescentes sofriam profundamente por causa de sua incapacidade de entender sinais não verbais. Como qualquer outro adolescente, queriam passar tempo com os colegas, namorar, ir a festas e fazer tudo o que os outros adolescentes faziam, mas, em razão da sua falta da habilidade social, eram excluídos e até mesmo se tornavam alvo de valentões. Como não conseguiam diferenciar entre um sorriso gentil e um sorriso de paquera do tipo "Gostaria de conhecer você melhor", ou identificar um rolar de olhos que significava "Pare de falar sobre este assunto; é chato" — este comportamento dos autistas é chamado "monólogo" —, eles levavam uma grande desvantagem. Não entendiam sarcasmo de nenhuma forma (e geralmente os adolescentes são *muito* sarcásticos), e a inépcia social os mantinha à margem da vida em geral, impossibilitava-os de fazer ou manter amigos e até mesmo de manter-se no emprego.

A falta de inteligência emocional desses adolescentes também criava grande tensão no relacionamento com seus pais. Em um determinado ponto, convidamos oito pares de mães e filhos para testar nossa tecnologia e conversar sobre alguns dos desafios com que se deparavam durante suas interações. Eu me lembro de uma mãe e um filho em particular: ele pensava que sua mãe estava sempre irritada com ele e não entendia que as mudanças no timbre de voz dela podiam ter muitos significados diferentes. Para ele, qualquer coisa que soasse "alto" era raiva. O iSET mostrou a ele que nem sempre a sua mãe estava brava e o ajudou a entender melhor que alguns estados emocionais sutis não ficavam aparentes para ele. Aprendemos muito com esse trabalho com adolescentes e jovens adultos, e alguns deles deram boas sugestões de design.

Mas talvez o momento mais impactante tenha sido seis meses depois que começamos o projeto. Àquela altura, eu já tinha estado no Cove Center diversas vezes e conhecia os jovens muito bem. Nenhum dos meninos de lá já havia feito contato visual direto comigo (ou com qualquer outra pessoa, para ser sincera). Este é um dos principais problemas do autismo: as pessoas no espectro autista acham o rosto tão insuportável que o evitam no geral. Mas, para eles se tornarem mais competentes na leitura de emoções, precisávamos primeiro que *olhassem* para um rosto. E como usavam frequentemente o *tablet* iSET como uma barreira para evitar o contato direto, desenvolvemos um jogo: eles acumulavam pontos cada vez que olhavam diretamente para o rosto de outra pessoa. Depois de meses tentando isso com os jovens, eu estava andando pela escola quando um adolescente altamente funcional parou, abaixou o *tablet* e me olhou diretamente nos olhos. Sustentamos o nosso olhar por alguns segundos. Nesse exato momento, aquele jovem rapaz e eu nos conectamos em um nível humano básico. Foi ao mesmo tempo autêntico, vulnerável e marcante. E tudo isso graças à tecnologia que eu havia construído. Foi mais um lembrete de como meu trabalho no espaço tecnológico estava relacionado a conectar as pessoas em um nível mais profundo.

Trabalhar com esses jovens reforçou minha crença na importância de ler as emoções e em que a mesma tecnologia "emocionalmente cega" que nos rouba essa habilidade vital pode ser repensada, com a *Emotion AI*, para aprimorar nossa compreensão mútua.

No meu segundo ano no Media Lab, comecei a me sentir cada vez mais em casa em Cambridge, Massachusetts, do que no Cairo. No Cairo, ninguém parecia saber o que pensar de mim, uma mãe de *hijab* que desaparecia por uma semana todos os meses para trabalhar em alguma escola em Boston. Eu achava estranho que meus amigos e minha família nunca perguntassem sobre meu trabalho no MIT. Não sei por que não perguntavam; talvez eu deixasse todos muito desconfortáveis. Definitivamente eu não estava me comportando como uma boa esposa egípcia!

Eu adorava a energia e o espírito empreendedor do Media Lab. Eu tinha tido um desempenho tão bom em meu primeiro ano em termos de trabalho e captação de recursos que fui promovida a cientista pesquisadora. Decidi que queria me candidatar a uma posição de membro docente titular. Isso exigiria um comprometimento ainda maior em termos de tempo no laboratório. Eu ainda trabalhava grande parte do tempo remotamente, e isso teria que mudar. Cogitei com Wael a possibilidade de nos mudarmos para Boston para eu poder assumir uma posição como docente, e ele me respondeu que aquele não era o melhor momento para ele se mudar. No ano seguinte, antes da data-limite para apresentar a candidatura ao cargo de titular, perguntei de novo se ele consideraria se mudar para Boston, e de novo ele disse *não*. Então, não me candidatei.

Wael acreditava que ele teria mais impacto na sociedade ficando no Oriente Médio, onde já era bem conhecido e respeitado, continuando a expandir sua empresa e encorajando investimentos em toda a região. Nosso plano inicial, afinal de contas, sempre fora que eu me candidatasse a um cargo de docente na AUC, que era uma escola excelente, mas, diferentemente do MIT Media Lab, o foco lá era ensinar, e não pesquisar. Na época, não havia sequer um programa de doutorado. Com meu PhD de Cambridge, eu era uma candidata forte a um cargo de professora titular na AUC, mas ainda assim não tinha coragem de submeter a minha candidatura.

Desisti da ideia de ser parte da equipe docente de tempo integral no MIT, mas continuei meu trabalho com Roz como cientista pesquisadora, o que significava que eu precisava passar muito tempo dentro de aviões. Em um de meus voos de dezesseis horas do Cairo para Boston, com escala em Londres, li o romance vencedor do prêmio Pulitzer de Jhumpa Lahiri, *The Namesake* (traduzido em português como: "O bom nome" ou "O xará"). A história gira em torno de Ashoke e Ashima Ganguli, um casal de imigrantes Bengali da Índia, e sua adaptação à vida nos Estados Unidos. No final dos anos 1960, Ashoke traz sua jovem esposa, Ashima, para Boston depois de receber uma bolsa em engenharia no MIT, deixando para trás uma família grande e unida. Com o tempo, seus filhos se tornam cada vez mais americanizados, divididos entre seu novo país e as tradições do seu país de origem.

Algo nessa história me tocou profundamente. Comecei a soluçar. Bem no fundo, eu sabia que me encontrava no momento da virada. Estava embarcando em uma jornada que me levaria para longe do Egito, e talvez de minha família. Estava me tornando, como disse uma amiga, "americanizada". Estava desafiando o *status quo* e repensando minha religião e os papéis do homem e da mulher. Eu vi em primeira mão como a liberdade acadêmica e o direito de autoexpressão permitiam que os cientistas fizessem melhor o seu trabalho. Queria passar o resto de minha carreira rodeada por pessoas destemidas, ousadas, criativas, que não ficavam congeladas no lugar por medo de errar. Esses pensamentos me assustavam, porque me colocavam em desacordo com minha cultura, e eu não conseguia enxergar meu caminho futuro. Naquela época, era muito assustador pensar para onde essa estrada me levaria.

Na primavera seguinte, participei de uma conferência internacional sobre autismo, onde encontrei Ofer Golan, o aluno de pós-graduação israelense que havia conhecido na Cambridge University trabalhando com Simon Baron-Cohen. Fazia cinco anos desde a última vez que tínhamos nos encontrado, e fiquei admirada — até enciumada — ao saber que, durante aquele período, Ofer tinha conseguido ter dois filhos. De repente me chocou o fato de Jana já estar com cinco anos e ainda ser filha única. Apesar de Wael e eu termos vontade de ter um segundo filho, nossas vidas eram tão caóticas, cada um de nós preocupado com o trabalho, e eu tentando passar o máximo de tempo possível com Jana quando estava em casa, que parecíamos ter afastado a ideia de ter outro bebê. Eu completaria trinta anos no verão seguinte e estava preocupada em não conseguir engravidar tão facilmente como da primeira vez. Eu era próxima de minhas irmãs e amava ter irmãs. Queria que Jana tivesse a mesma experiência. Claro, para fazer um bebê era necessário fazer sexo, e eu não me lembrava da última vez que Wael e eu tínhamos tido alguma intimidade, mas afastei esse pensamento. Não éramos apenas um casal com duas carreiras tentando equilibrar a vida familiar e profissional, éramos um casal com duas carreiras em que um dos parceiros trabalhava em um hemisfério diferente. Nossa vida era complicada. Mas, ainda assim, eu tinha desejos de ter outro filho.

Quando voltei para casa, falei para Wael que estava na hora de Jana ter um irmão, e ele concordou. Cerca de um mês depois, Wael e eu fomos jantar em um restaurante de frutos do mar. Quando voltamos para casa, eu vomitei. Fiquei entusiasmada. Sabia que estava grávida de novo. Como na primeira gestação, fiquei enjoada uma boa parte da gravidez, mas me virei o melhor que pude. Levava bolachas salgadas na bolsa, tomava chá de gengibre para acalmar o estômago e corria para o banheiro quando precisava vomitar.

Wael e eu concordamos que eu teria o bebê em Boston em vez de no Cairo. Estava cada vez mais envolvida em meu trabalho no laboratório e sentia que seria mais fácil ficar em um lugar só, especialmente nos últimos meses de gestação. Encontrei uma parteira através de minha rede do MIT, comprei outra bola de Pilates para me exercitar, me inscrevi na aula de ioga para gestantes e estava incrivelmente feliz. Esse foi um tempo muito diferente em minha vida se comparado com a minha gravidez na Inglaterra. Não precisava mais provar nada. Tinha conseguido meu PhD, minha pesquisa estava indo incrivelmente bem e Roz e eu estávamos recebendo feedbacks muito positivos dos patrocinadores do laboratório. Eu estava empolgada com a perspectiva de ter um segundo filho.

O momento da virada

No verão de 2008, mais de vinte patrocinadores estavam interessados em realizar projetos conosco. Mas o código do MIT não é "categoria comercial". Precisa apresentar uma validação do conceito — sim, é viável —, mas não é confiável o suficiente para ser lançado no mercado e se tornar escalável. Em outras palavras, a empresa não poderia simplesmente pegar nossa programação e embuti-la em seu produto. Eu tinha que estar lá para implementá-lo.

Continuamos a receber telefonemas muito depois da Sponsor Week, mas não tínhamos alunos de pesquisa suficientes para responder a todos os pedidos. Então, no final do outono, munidas com nossa lista de patrocinadores interessados, Roz e eu invadimos o escritório do diretor do MIT Media Lab, Frank Moss, e pleiteamos: "Estamos sobrecarregadas. Precisamos de bolsas para mais pesquisadores".

Antes de assumir a diretoria do Media Lab, Moss era um empreendedor de sucesso. Para ele, a resposta para nosso problema era óbvia.

Frank olhou para nós e falou: "Nada disso. Vocês não precisam de mais estudantes. Vocês precisam *spin out*". Em outras palavras: precisávamos abrir nossa própria empresa.

Minha reação automática foi "Mas eu sou *acadêmica*". Fundar uma empresa — e ainda por cima nos Estados Unidos — definitivamente não estava "no Plano". Ah, e a essa altura eu já estava no sexto mês de gravidez, mais uma razão pela qual estava relutante em até mesmo pensar nessa mudança de direção tão radical e desafiadora.

Mais especificamente, eu não acreditava que tivesse tino para os negócios. O mundo das finanças e das transações era território de Wael. No último mês de setembro, ele e eu estávamos aproveitando umas férias rápidas quando ocorreu o colapso do mercado americano de ações. O índice Dow Jones Industrial Average despencou 777 pontos naquele dia, até então a maior queda registrada em um dia na História. Preocupado, e profundamente ciente do impacto de um naufrágio da economia americana para os negócios em todo o mundo, inclusive no Cairo, Wael não saía do quarto do hotel; estava colado na CNN. O que eu fiz? Peguei meu laptop e pus o trabalho em dia, completamente alheia ao que estava acontecendo. Isso para mostrar como eu dava pouca importância a negócios, mercados e dinheiro.

Eu me interessava, entretanto, em ver nossa tecnologia nas mãos de pessoas que pudessem se beneficiar dela. Quanto mais tempo Frank, Roz e eu passávamos conversando sobre os prós e contras de abrir uma empresa, mais eu me dava conta de que, se quiséssemos desenvolver nossa pesquisa até o seu potencial máximo, abrir uma empresa era a nossa única opção. Se ficássemos no Media Lab, não conseguiríamos fazer tudo o que queríamos por falta tanto de dinheiro como de recursos humanos. Entretanto, se abríssemos uma empresa e conseguíssemos os recursos, teríamos uma oportunidade única para lançar nossas criações no mundo e poderíamos mudar a forma como as pessoas interagem com a tecnologia e umas com as outras. Tínhamos uma chance de causar um impacto positivo na vida de pessoas em todo lugar. Para mim, esse foi o momento da virada.

Como o bebê deveria nascer em fevereiro e eu não queria viajar no meu terceiro trimestre, Jana ficou morando comigo em Cambridge naquele outono. Wael e eu decidimos matriculá-la em uma escola britânica em Boston. Concordamos que Wael ficaria no Cairo por enquanto, mas deveria retornar mais perto da data do nascimento. Toda manhã eu acompanhava Jana até o ônibus escolar e voltava para casa a tempo de buscá-la na parada do ônibus no final da tarde. Dividíamos uma pequena casa perto da faculdade com uma aluna de doutorado, e em meados de janeiro minha mãe e Wael se juntaram a nós.

Era maravilhoso ter Jana perto de mim o tempo todo de novo. Como eu vivia viajando, indo e vindo para o MIT, sentia falta daqueles dias em Cambridge, Inglaterra, quando podíamos passar tanto tempo juntas. Um fim de semana, eu a levei ao Museu de Belas Artes de Boston; visitar um museu em Boston é uma experiência muito mais envolvente e interativa do que um museu típico do Cairo. Jana adorou. Cada uma de nós usou um audioguia com fones de ouvido oferecido pelo museu, e passeamos pela enorme exposição de instrumentos musicais. Escutamos trechos de músicas apresentando os diferentes instrumentos em exposição — violinos, pianos, flautas e alguns mais exóticos também. E então Jana ficou paralisada ao ver diante de si uma exposição de harpas, escutando as variações do som de uma harpa em seu audioguia. Ela ficou hipnotizada. "Mamãe, quero tocar este instrumento!".

A harpa à nossa frente era enorme, com 1,20 m de altura, mais alta do que Jana na época. Eu não tinha ideia de onde poderia encontrar uma harpa! Tentei convencê-la a escolher flauta, ou flauta doce, ou clarinete, ou algo mais fácil de usar. Mas ela tinha decidido que queria estudar harpa. Então descobri uma aula de harpa a um pulo do MIT. É o tipo de coisa que minha mãe teria feito. Ela realmente fazia de tudo para tornar possível para nós perseguir nossos interesses; eu estava seguindo seus passos.

Estava inflexível em relação a ter parto normal outra vez. Insisti que a cama na sala de parto fosse colocada contra a parede para reforçar meu ponto de vista (eu não tinha a menor intenção de me deitar até que fosse absolutamente necessário), então eu tinha espaço para caminhar e me exercitar na bola. Quando as contrações começaram a ocorrer em intervalos maiores, tentei acelerar as coisas andando pelo corredor do hospital, usando fones de ouvido escutando repetidamente "Last Summer", do Abba. Pura ilusão — estava nevando e um frio congelante lá fora.

Adam nasceu às onze da manhã do dia 4 de fevereiro de 2009, em Cambridge, Massachusetts. Wael e eu consideramos diversos nomes para nosso filho, mas quando o vimos pela primeira vez eu disse: "Ele definitivamente é Adam!". Foi uma reação visceral. Ele simplesmente tinha cara de Adam! Quando se deitou no meu peito pela primeira vez logo após o parto, eu recitei uma prece: "Que ele seja um jovem bom e compassivo". Nesse aspecto, minhas preces foram ouvidas.

No dia seguinte ao nascimento de Adam, Roz me visitou no hospital. Recostada nos travesseiros na cama do hospital, revisamos a proposta que iríamos submeter à National Science Foundation Small Business Innovation Research (SBIR)[4] no dia seguinte, para darmos prosseguimento ao nosso trabalho com autismo. Buscávamos recursos para nos ajudar a deslanchar a empresa.

Wael precisou retornar ao Cairo para tocar sua empresa, mas minha mãe ficou conosco até o início de março, para ajudar com Adam e Jana. Eu não tinha carro, então tivemos que enfrentar o rigoroso inverno de Boston a pé. Eu embrulhava Adam, colocava-o em um canguru BabyBjörn e caminhava no frio intenso até o Whole Foods depois de embarcar Jana no ônibus escolar. Ficava apavorada com a possibilidade de que Adam pudesse morrer congelado, e parava frequentemente para verificar se ainda estava respirando. Hoje, de todos na família, Adam é o único que é imune ao frio!

Voltei ao laboratório logo depois. O planejamento da nova empresa consumia a maior parte do meu tempo. Diferentemente de Jana, Adam era um bebê que tinha cólicas e acordava com frequência à noite. Eu estava cansada — com o sono atrasado —, mas continuava firme. Antes de minha mãe voltar para os Emirados Árabes,

---

4 Programa de apoio à inovação tecnológica em empresas de pequeno porte. (N. T.)

ela lotou o freezer com peito de frango marinado para eu ter algo para preparar para o jantar. Uma noite, coloquei alguns peitos de frango na frigideira, acendi o fogão e fui para a sala checar meu e-mail. Perdi a noção do tempo, e quando percebi o fogão estava em chamas, e o fogo se alastrava pela cozinha. Entrei em pânico. Esqueci se deveria tentar apagar as chamas com água ou sair da casa. Congelei por um minuto, então agarrei Adam, peguei Jana e corri escada abaixo para nossa companheira de casa, que ligou para os bombeiros. Todos corremos para fora em segurança. Em poucos minutos, quatro caminhões de bombeiros pararam em frente de casa, e os bombeiros correram para dentro para apagar o fogo. O incêndio ficou restrito à cozinha, que ficou uma bagunça. Levou semanas para poder voltar a usá-la. Estava morando com um forno elétrico e um micro-ondas na sala. Senti-me humilhada pelo incidente, e me desculpei milhões de vezes com o proprietário e com nossa companheira de casa, que foram incrivelmente gentis.

Essa história poderia ter sido diferente, com um final trágico. Todos saímos ilesos do incêndio, e só por isso eu já seria eternamente grata. Aprendi uma lição importante com toda essa experiência: que eu precisava trazer mais *mindfulness* e equilíbrio para minha vida. Eu vinha trabalhando sem parar, e era óbvio que estava esgotada. Mas, como aprendi, apenas conscientizar-se não é suficiente para provocar uma mudança de comportamento. Consegui não queimar mais nenhuma outra cozinha, mas a verdade é que começar uma *startup* pode se tornar uma obsessão. Você não consegue se desligar, e com a tecnologia atual conectada vinte e quatro horas, sete dias por semana, fica difícil desligar. Tenho muita dificuldade de passar do modo trabalho para o modo vida e, algumas vezes, paguei muito caro por isso.

No dia 14 de abril de 2009, Roz e eu registramos a Affectiva.

Decidimos investir nosso próprio capital para tirar a empresa do papel. Mas sabíamos que logo precisaríamos buscar novos investidores, muitos dos quais veteranos da indústria da tecnologia. Nada disso era fácil para nós. Éramos completas novatas e, apesar do entusiasmo dos nossos patrocinadores, no mundo da tecnologia estávamos nadando contra a corrente. Ainda lutávamos contra o pensamento antiquado "emoção é irracional" que permeava o setor. A maioria de nossos potenciais investidores, para parafrasear Baron-Cohen, pendia mais para o lado "sistematizador" da escala do autismo do que para o lado "empático", ou seja, eles não se sentiam particularmente confortáveis com emoção, nem com "sentimentos".

Por sermos duas fundadoras mulheres, Roz e eu já éramos anomalias no mundo das *startups* de tecnologia dominado por homens. Então tomamos a decisão estratégica de evitar usar a palavra *emoção*, exatamente como Roz tinha feito uma década antes quando cunhou o termo *computação afetiva*. Foi assim que chegamos ao nome Affectiva, uma variação inócua de *affective computing*, ou *computação afetiva* em inglês.

No início, não sabíamos exatamente que tipo de empresa tínhamos em mente. Dado o interesse de nosso grupo diversificado de patrocinadores, poderíamos guinar para muitas direções diferentes. Sabíamos que havia uma coisa que definitivamente precisávamos estabelecer: nossos valores fundamentais. Isso era extremamente importante para uma empresa como a nossa, que lida com dados extraordinariamente pessoais sobre os sentimentos mais profundos das pessoas.

Um dia, no início da primavera, a recém-formada equipe da Affectiva — nossos dois primeiros funcionários, Jocelyn Scheirer e Oliver Wilder-Smith, e Roz e eu — se reuniu na casa de Roz para falar sobre nossa estratégia e direção. Estava um dia anormalmente quente; eu me recordo da luz do sol entrando pelas amplas janelas da casa de Roz e de nós quatro sentados em volta da ilha da cozinha.

Revisamos todos os usos potenciais de nossa tecnologia: marketing, educação, saúde mental, automotivo, autismo, segurança e vigilância. E concordamos sobre um conjunto de valores fundamentais que guiariam nossas tomadas de decisão em relação às indústrias com as quais trabalharíamos e com as quais nos recusaríamos a trabalhar. Queríamos que a Affectiva fosse *a* empresa à qual as pessoas confiariam seus dados de emoção. E sabíamos que, para a empresa ter sucesso, as pessoas deveriam confiar na integridade de nossa abordagem e ciência. A não ser que elas confiassem plenamente em nós, não conseguiríamos coletar os dados que nos permitiriam ajudá-las. Sabíamos que, no momento em que perdêssemos aquela confiança, perderíamos as próprias pessoas a quem queríamos ajudar.

Portanto, decidimos que trabalharíamos apenas com empresas que concordassem com nossos termos de "opt-in" (aceite), ou seja, de que as pessoas precisariam ser informadas de que seus dados emocionais estavam sendo coletados; e, o que é mais importante, elas tinham que dar o seu "de acordo". Também era fundamental que tivessem a possibilidade de optar por sair quando desejassem. Isso significava que não trabalharíamos com empresas de vigilância ou de segurança. Ao longo do caminho, isso acabou limitando nossas opções, mas foi a decisão correta.

Alugamos um espaço na One Moody Street — sim, o nome era realmente esse —, em Waltham, um subúrbio a trinta minutos do MIT. Era um escritório bem velho e bastante sem graça — o piso de madeira rangia sob nossos pés —, mas era o lugar perfeito para nossa jovem equipe aguerrida de quatro pessoas.

Eu estava sem coragem de contar a meus pais a novidade de que agora trabalhava meio período no Media Lab para poder focar na minha *startup*, Affectiva. (Lembre-se: a opinião de meu pai sobre as *startups* não era das melhores.) Mantive a companhia em segredo. Wael sabia, mas por dois anos meus pais achavam que eu ainda estava trabalhando no Media Lab em tempo integral. Eu não queria ter que lidar com a atenção e preocupações deles ao mesmo tempo que tentava colocar a empresa de pé, buscar investidores e cuidar de uma criança — que eu ainda estava amamentando e viajava para lá e para cá comigo. Meus pais acreditavam que uma posição acadêmica em uma universidade de prestígio era o ápice do sucesso que uma pessoa podia atingir. Eu não tinha o desejo, nem talvez a coragem, de lhes contar que havia deixado isso para trás para perseguir meu próprio sonho.

Tantas coisas estavam acontecendo em minha vida em Boston sobre as quais eu não poderia falar no Cairo... Roz e eu estávamos nos movendo com muita rapidez, fazendo incursões para que Affectiva fosse uma empresa de verdade. Bem conectado com a comunidade empresarial de Boston, Frank Moss foi muito generoso dividindo conosco tanto seu tempo como seus contatos. Ele nos conectou com Andy Palmer, outro empreendedor em série, especializado em trabalhar com empresas "movidas por uma missão" como a Affectiva. Nosso objetivo era criar uma empresa promissora, sustentável, mas também pensando no bem comum, principalmente que ajudasse as pessoas que lutavam com a comunicação e com o controle de suas emoções. Andy adorou nossa dupla missão e se tornou nosso primeiro consultor.

A maioria das *startups* (90%) quebra dentro de um ou dois anos. É um número assustador, uma das razões pelas quais eu não queria contar aos meus pais: "Olá, acabei de fundar uma *startup*". Sem dúvida, Roz e eu tínhamos algumas vantagens sobre a *startup* típica. Já sabíamos que havia um mercado para o nosso produto; tínhamos uma lista longa de patrocinadores que haviam expressado interesse em usar nosso software para os mais variados tipos de coisas. Ainda assim, as probabilidades contra qualquer nova empresa eram imensas, principalmente para pessoas que nunca estiveram à frente de uma. Embora Roz tivesse arrecadado milhares de dólares para o Media Lab, e eu tivesse captado um milhão de dólares por conta própria, não éramos especialistas em administração. Nenhuma de nós tinha qualquer experiência com os detalhes necessários para iniciar uma empresa. Felizmente, tínhamos acesso ao serviço Venture Mentoring Service (VMS) do MIT, uma rede extraordinária de mentores, bem como a outras *spin-offs* do MIT.

Na VMS, trabalhamos com uma equipe de onze mentores com conhecimentos bastante diversificados. Alguns eram *venture capitalists*, outros tinham formação em finanças, direito, propriedade intelectual, marketing ou produção. Podíamos contatá-los por e-mail a qualquer momento com perguntas, mesmo as mais banais ou ridículas. Uma vez, tanto Roz como eu ficamos perdidas ao receber um e-mail de um investidor, que estava muito interessado (e acabou sendo nosso primeiro investidor), pedindo nossa "BS". A única BS (sigla em inglês para "besteira") que Roz e eu conhecíamos não fazia o menor sentido nesse contexto. Mandamos um e-mail para um de nossos mentores da VMS perguntando o que aquilo significava. Nosso mentor deve ter morrido de rir.

Ah, nosso *balance sheet*, o balanço! Essa seria uma curva de aprendizado bem íngre*me*!

Uma vez por semana, reuníamo-nos com nossos mentores e fazíamos um *pitch*[5], como se estivéssemos diante de um grupo de investidores reais, e em troca, eles destruíam nossa apresentação. Por causa dessas críticas implacáveis, fomos ficando cada vez mais fortes, bem preparadas e prontas para enfrentar um futuro de *pitches* com investidores reais. Isso continuou por meses até que, num dia de outono, estávamos prontas. Fomos capazes de responder a todas as perguntas feitas, nossa apresentação estava profissional e podíamos recitar até mesmo dormindo o enorme potencial da nossa tecnologia. Finalmente, a equipe da vms olhou para nós e disse: "Ok, vocês estão prontas. Podem fazer seu *pitch*".

Próxima parada, Vale do Silício...

---

[5] Apresentação sumária de 3 a 5 minutos com objetivo de despertar o interesse da outra parte (investidor ou cliente) pelo seu negócio. (N. T.)

15

Construindo uma empresa

A babá acordou doente e me avisou em cima da hora, mas a reunião daquela manhã era importante demais para ser adiada. Eu abri um sorriso para a recepcionista e perguntei se poderia cuidar do Adam, então com nove meses e simplesmente adorável dormindo em seu bebê conforto. "Ele é muito bonzinho", garanti, entregando-lhe uma mamadeira e colocando a cadeirinha de Adam no chão perto de sua mesa. A jovem loura de olhos azuis parecia chocada, mas sorriu e concordou.

Roz e eu corremos até a sala onde a reunião seria realizada, a tempo de montar tudo. Logo depois, o sócio quarentão de uma empresa de *venture capital* (vc) do Vale do Silício, vestido com roupas formais, se juntou a nós. Estávamos em uma sala revestida de lambris, com uma mesa de madeira retangular enorme e uma parede interna de vidro, segurando nossos cartões de visita da Affectiva e com o computador preparado com a apresentação em PowerPoint da nossa nova empresa, prontas para começar. Roz e eu estávamos vestidas com nossos uniformes de venda: Roz de calça social cinza, e eu de calça social marrom. Nada de babados, cores vibrantes, nada excessivamente feminino. Eu usava um *hijab* marrom combinando com a calça.

O sócio nos cumprimentou e sentou-se em uma poltrona estofada na cabeceira da mesa. Ele sorriu e deu sinal para que começássemos. Mas seu sorriso não parecia genuinamente um sorriso "feliz em vê-las", com os lábios levantados de maneira uniforme em ambos os lados; parecia mais um sorriso afetado com lábios assimétricos. Se essa fosse uma cena em um livro cômico, tenho certeza de que estaria escrito no balão de pensamento em cima de sua cabeça: "Sério? Preciso ficar sentado aqui durante uma hora ouvindo essas *mulheres*? Quem marcou esta reunião na minha agenda?".

"Vou lhes contar uma coisa", disse ele casualmente. "Umas das primeiras coisas que são feitas nas VCs é demitir os fundadores."

Os olhos de Roz se arregalaram. Tenho certeza de que os meus também; unidade de ação 5, para ser mais precisa: uma expressão reveladora demonstrando surpresa e temor.

Ele observou nossas reações. "Brincadeirinha!"

Mas será que era mesmo? Há inúmeras histórias de fundadores inexperientes que são chutados de suas *startups* e substituídos por caras com mais experiência e bom histórico profissional. Investidores de risco (*venture capitalists* — vc) são famosos por investir no que parece seguro e familiar, seja pela equipe, seja pela tecnologia ou pela ideia. Mas no outono de 2009, quando Roz e eu fizemos o *tour* de vc do Vale do Silício para levantar dinheiro para nossa *startup*, podíamos ser chamadas de tudo menos de "seguro" e "familiar". Nosso *pedigree* MIT nos garantia certo respeito e nos permitiu chegar até ali, mas, para o mundo conservador dos investidores, parecia estar estampado em nossa testa "alto risco", "diferente" e até mesmo "perigoso".

Afinal de contas, éramos duas "mulheres cientistas" (o que por si só já era algo totalmente diferente do mundo branco e machista dos investimentos), sendo que uma delas (no caso, eu) ainda por cima usava um véu. Viemos do mundo acadêmico. Sim, éramos ambas muito bem-sucedidas em nossas áreas, mas nenhuma de nós tinha aberto uma *startup* ou dirigido uma empresa antes. Como se isso não bastasse, havia um enorme obstáculo a ser vencido: estávamos vendendo uma ideia que fazia com que alguns homens se sentissem tão desconfortáveis, a ponto de se mostrarem hostis, que precisávamos descrevê-la sem mencionar claramente do que se tratava.

Durante diversos dias, tivemos sucessivas reuniões, da manhã até a noite, com as maiores empresas de vc. Roz e eu ficamos hospedadas em um hotel próximo ao aeroporto, e, como eu ainda estava amamentando, Adam teve que me acompanhar nessa aventura. A primeira coisa que Roz e eu fazíamos ao sair do hotel era deixar Adam com uma família de amigos do Egito que tomava conta dele durante o dia, mas inúmeras vezes a babá não estava disponível e tínhamos que nos virar. Oito ou mais horas mais tarde, depois de todas as nossas reuniões, nós íamos buscá-lo e depois frequentemente tínhamos jantares com potenciais futuros sócios.

Todas as empresas de vc estavam localizadas na Sand Hill Road, em um trecho de oito quilômetros no Menlo Park. Estacionávamos nosso Toyota Camry alugado ao lado de Mercedes, Porsches, Range Rovers e Maseratis que eram dirigidos pelos VCs (alguns modelos eram tão exclusivos que eu nunca sequer tinha ouvido falar neles). Depois de estacionar, apresentávamo-nos para a recepcionista e éramos encaminhadas à sala de reuniões para esperar o próximo investidor chegar. Geralmente eles vinham em pares — um sócio mais sênior acompanhado de um jovem associado. Os VCs sempre eram homens; nunca fizemos uma apresentação para uma mulher ou, muito menos, para uma pessoa com a tez de cor diferente.

Evitávamos usar a "palavra que começa com e" (*emoção*) ao descrever nosso trabalho, ou qualquer outra que fosse excessivamente piegas. Ao vendermos nossas ideias, usávamos sempre que possível jargão técnico dos *geeks*. Os mesmos homens que se arrepiavam quando ouviam a palavra *emoção* se mostravam visivelmente entusiasmados com termos do tipo *dados, mood-aware internet, análise de sentimentos, aprendizado de máquinas e visão computacional*.

Tínhamos todo um método para nossa apresentação: primeiro, eu clicava no slide em PowerPoint "A Affectiva fornece soluções focadas em tecnologias 'opt in', que permite às pessoas comunicar sua informação afetiva e facilmente compartilhar esta informação com outras pessoas, bem como aprender seus significados".

Clique. Próximo slide: "As principais tecnologias da Affectiva incluem a medição de duas dimensões-chave de afeto: excitação (alta/baixa) e valência (positiva/negativa)...".

Apresentávamos nossos gráficos e tabelas e uma longa lista de usos potenciais: autismo, dificuldade de aprendizado não verbal, transtornos de saúde mental, distúrbio do sono, aprendizagem a distância, feedback de novos produtos, central de atendimento, serviços de atendimento on-line, interações sociais on-line...

Um protótipo vale muito mais do que imagens, portanto Roz fez absoluta questão que mostrássemos nossas demos logo no início da apresentação. No MIT, ela havia estudado os estados psicológicos das pessoas — seus níveis de entusiasmo. Pense como você fica alerta e engajado quando se vê exposto a estímulos diferentes. Roz percebeu que as pessoas se sentem menos estimuladas quando sentam passivamente ouvindo alguém falar, e sentem-se mais engajadas durante experiências em que têm que interagir, quando podem participar e fazer perguntas.

Tão logo começávamos com as demos, até mesmo as pessoas mais céticas da sala nos olhavam com novo respeito. Começavam a fazer caras e observavam o software interpretar suas expressões. A seguir, Roz colocava no pulso dos anfitriões a versão comercial do iCalm, que agora é chamado de "Q Sensor", e eles conseguiam ver um gráfico mostrando seus níveis de estimulação. Essas demos sempre despertavam muito interesse, risadas e até mesmo um certo fascínio por parte de nossos anfitriões. Mas até aquele momento ninguém tinha pegado o talão de cheques.

Acho que nos reunimos com uns 20 VCs. Alguns desdenharam, mas outros, embora não tivessem nos oferecido dinheiro, deram-nos ótimos conselhos. Para novatas como nós, embora considerássemos impressionante a nossa lista gigantesca de usos potenciais da nossa tecnologia, foi bastante desanimador. Os investidores achavam que estávamos perdidas, nos repetindo, ouvimos várias vezes mencionarem a palavra "foco". Dado que éramos uma empresa criada em torno de dois produtos diferentes, software e hardware, focar era mais fácil falar do que fazer.

Na verdade, tínhamos acabado de fazer um curso intensivo sobre os fatos da vida de uma *startup*. Por mais que as VCs respeitassem nossas boas intenções de criar uma tecnologia para o autismo, achavam que faltava uma aplicação que em última instância apresentasse um retorno mais rápido para o investimento feito. Preocupavam-se que o TAM (*Total Addressable Market*), ou a demanda total por autismo, era pequeno demais em comparação ao, digamos, de uma empresa de mídia social como o Facebook ou Twitter, que atrairia qualquer pessoa que tivesse acesso à internet. Autismo, nos disseram, era um mercado muito "de nicho". Sem falar do obstáculo adicional que era a necessidade de fazer testes clínicos e obter a aprovação prévia do governo antes de lançar o produto no mercado. Entendemos o recado: você pode ser uma pessoa bem-intencionada, mas só até certo ponto. A realidade nos mostrou que muitos investidores queriam mesmo era ganhar dinheiro, e queriam que isso ocorresse o mais rápido possível. Isso significava que inúmeros usos que tínhamos em mente precisariam ser protelados.

"A equipe"

Quando você está participando de rodadas de *pitch* de uma *startup*, uma das primeiras perguntas feitas pelos investidores é sobre "a equipe". Naquela época, nossa equipe era constituída por Roz, nossos dois empregados e eu. Não tínhamos um CEO — outro ponto contra nós. Dada nossa falta de experiência na administração de uma empresa, Roz e eu percebemos que precisávamos contratar alguém experiente. Entrevistamos diversos candidatos em Boston e estávamos ficando desanimadas. Um candidato era de meia-idade, já bem estabelecido, que parecia estar mais interessado em nossa política de férias ou se tínhamos uma hora de confraternização com os funcionários do que em fazer a empresa crescer. Ele não conseguiu entender nosso objetivo e nossa urgência em fazer a roda girar, e ficamos com a sensação de que ele dirigiria a empresa como se fosse um clube de lazer. Outro candidato não pareceu entender o que falávamos ou o que fazíamos, mas estava confiante de que levaria nossa empresa aos "píncaros do sucesso".

Por fim, em uma das nossas viagens ao Vale do Silício para levantar recursos, um investidor com quem estávamos conversando sugeriu que contatássemos Dave Berman, ex-presidente Mundial de Serviços e Vendas da WebEx Communications, que fora recentemente vendida para a Cisco. Dave estava à procura de algo interessante e com potencial, e o investidor tinha certeza de que seria o casamento perfeito.

Marcamos um jantar com Berman para conhecê-lo. Novamente, não consegui contratar uma babá, e Adam nos acompanhou ao jantar. Acomodei-o em nossa mesa, confortavelmente sentado em seu bebê conforto. Dave, que era pai de três filhos, mostrou-se inabalável pela presença de um bebê, e por essa razão já começamos com o pé direito. Ele era inteligente, motivado, ambicioso e realmente demonstrou que queria ser nosso CEO. Quando fizemos a demo de nossa tecnologia, ele ficou boquiaberto. Falamos sobre nosso comprometimento com o uso ético, e ele concordou com entusiasmo. A única ressalva: ele precisaria viajar toda semana de Boston para a Califórnia, onde sua esposa e seus filhos moravam. *Por que não?*, pensei. Eu estava viajando para o Cairo. A viagem do Dave seria alguns milhares de quilômetros mais curta que a minha. Faríamos funcionar. Portanto, o contratamos para o cargo.

Precisamos reconhecer que Dave nos transformou em uma verdadeira *startup*. Ele contratou um time executivo e alguém para dirigir o departamento de vendas, todos sediados na Califórnia. O calibre das pessoas era surpreendente. Mais tarde contratamos Tim Peacock para dirigir o departamento de engenharia. Ex-aluno do MIT e pioneiro da computação que havia encabeçado o desenvolvimento do Lotus 1-2-3, o "aplicativo matador" da IBM na década de 1980, Tim posteriormente seria nosso diretor executivo de Operações e um sócio de confiança à frente da Affectiva. Diferentemente de mim, Roz não pediu demissão de sua posição no Media Lab do MIT quando se tornou cientista-chefe da Affectiva, mas não era uma funcionária que estava presente todos os dias. Eu era a diretora executiva de Tecnologia, responsável pelo desenvolvimento das principais tecnologias — e tentava passar o máximo de tempo possível na empresa.

Depois de todas as idas e vindas entre Cairo, Boston e Sand Hill Road, nosso primeiro investimento foi feito por um grupo que conhecia e admirava o trabalho de Roz à frente do Media Lab. Peder Wallenberg, da família Wallenberg, umas das mais ricas e proeminentes da Suécia, com inúmeros investimentos nas mais variadas indústrias (da farmacêutica à eletrônica e à da engenharia), sem falar nos investimentos filantrópicos, havia visitado o Media Lab alguns anos antes. Depois de assistir a uma demonstração dos projetos que estavam sendo desenvolvidos por seu Affective Computing Group, Peder comentou com Roz: "Se você algum dia precisar de alguém para financiar um trabalho seu, por favor, me procure". Depois de nossa aventura em Sand Hill Road, Roz decidiu procurá-lo.

Curioso, ele respondeu imediatamente e nos apresentou a Hans Lindroth, diretor executivo da Fundação Wallenberg, o fundo de Peder. Hans é extremamente moderado e despretensioso, mas inteligente como um falcão. Basta falar com ele uns poucos minutos para perceber quanto é impressionante. Em uma semana qualquer, Hans dá uma volta ao mundo, dirigindo empresas na China e organizações sem fins lucrativos em Burundi e no Brasil e tendo reuniões com a rainha da Suécia. Ele adorou nossa tecnologia, embora tenha ressaltado nossa necessidade de foco; nos conectamos imediatamente. Na época tínhamos outros pretendentes, mas o que mais me fascinou na Fundação Wallenberg foi sua forte presença no Egito, onde dirige uma série de organizações sem fins lucrativos, e seu comprometimento em investir na juventude egípcia. Adorei isso — significava que eu teria apoio para abrir um escritório no Cairo, o que era extremamente importante para mim.

Timing é tudo para uma *startup*: se chegar muito cedo, você pode acabar em nada antes que sua ideia ganhe tração; se chegar tarde demais ao mercado, você sempre vai ter que correr atrás. A Affectiva estava no lugar certo na hora certa. Sim, surgimos cedo demais, mas a tecnologia estava caminhando em nossa direção. O Fitbit tinha acabado de ser lançado no mercado; o "espaço usável" estava no topo da onda, mas ainda começando a engatinhar. A onda do smartphone estava começando a se formar, os laptops eram lançados pela primeira vez com câmeras internas, e essas duas tendências abriram caminho para a comunicação baseada em vídeo. Por sua vez, isso significava que as pessoas estavam começando a se acostumar a se sentir confortáveis na presença de câmeras de computador. Consequentemente, pedir que ligassem suas webcams e usassem nosso sistema de monitoramento de análise facial nos pareceu um próximo passo natural.

Contando agora com recursos certos, fomos convencidas a surfar as ondas dessas novas tecnologias.

16

Minha Primavera Árabe

Em 2011, a Affectiva exigia cada vez mais da minha atenção; eu viajava para os Estados Unidos pelo menos uma vez ao mês, e às vezes até com mais frequência. Na maioria das vezes, levava Adam, mas Jana, na época com quase oito anos, já estava na escola e não podia nos acompanhar. Eu tentava falar com ela todos os dias, mesmo que fosse apenas para dar um rápido "Oi, como foi seu dia hoje?".

Passava horas a fio dentro de um avião, na frente do meu laptop, tentando me atualizar sobre as novidades no mundo da economia e da tecnologia, mas desconhecia completamente o que estava acontecendo ali do lado de casa. Não sabia que a raiva estava em ebulição em meio à população egípcia, através de movimentos sociais contra os abusos de poder do governo e, especialmente, contra a violência policial. E esse movimento tinha uma nova arma de mobilização: a mídia social, através do Facebook e do Twitter.

Durante minha infância e minha adolescência no Oriente Médio, a maioria das pessoas receava a política: o processo era tão tendencioso que meus pais e eu — na verdade qualquer pessoa do meu nível social — nunca nos preocupamos em votar. Diferentemente do Dia de Eleições nos Estados Unidos, o Dia de Eleição no Egito era um dia comum; nem sequer me lembro se as pessoas sabiam quando deveriam votar. A maioria acreditava que seu voto não faria a menor diferença. Havia apenas um partido político na cédula, um candidato. As eleições sempre estavam envoltas em fraudes, e denunciar qualquer abuso só serviria para atrair problemas. O resultado? Geração após geração de cidadãos apáticos que raramente se envolviam.

Eu literalmente não tinha a menor ideia do que estava acontecendo no Cairo quando, no dia 20 de janeiro de 2011, voei para Boston com Adam, que tinha na época quase dois anos. Minha companheira de viagem era uma jovem recém-graduada na AUC chamada May Bahgat, que fora minha aluna no curso de Introdução à Ciência da Computação poucos anos antes. May era inteligente e ambiciosa, e eu a havia recrutado para trabalhar nos escritórios da Affectiva no Cairo. Agora queria apresentá-la a nossa equipe em Boston.

Ajuda extra era sempre bem-vinda. Na época, estávamos totalmente absortos em construir o Q Sensor e incrementar nossa plataforma de análise facial, preparando-nos para um webprojeto em conjunto com a *Forbes Online* que seria rodado durante março e abril. Havíamos convidado o público a visitar o site da *Forbes*, ligar suas webcams e assistir a alguns anúncios do Super Bowl. Enquanto assistiam, nosso algoritmo classificaria o sorriso de todos em tempo real. Esse projeto não só nos permitiria levantar mais dados, mas melhoraria nosso perfil entre as principais marcas e marqueteiros. Essa seria a primeira vez que alguém demonstraria respostas emocionais aos anúncios.

Alguns poucos dias depois de nossa chegada, May, com cara de pânico, puxou-me de lado e me contou que algo estava acontecendo no Cairo. Dezenas de milhares de pessoas estavam protestando na praça Tahrir, próximo ao campus da AUC. Nem Wael nem ninguém da minha família tinha comentado qualquer coisa. Então May me mostrou sua conta no Twitter. Havia milhares de tuítes ao vivo diretamente da *midan* ("praça" em árabe). Eu inocentemente dei de ombros. O governo de Mubarak iria colocar um ponto-final nos protestos, retruquei. E continuei meu trabalho.

No dia seguinte, May parecia estar ainda mais preocupada. Seus pais haviam lhe pedido para voltar imediatamente para casa. Isso significava que eu deveria voltar com ela; muito embora já fosse maior de idade, inteligente e independente, ela não tinha permissão para viajar sozinha. Na minha avaliação, os pais de May estavam exagerando, e tentei convencê-la a ficar, acreditando que o que acontecia em casa não resultaria em nada. Mas não foi bem assim. Os protestos continuaram a crescer — os comentaristas de todos os jornais rotularam o movimento de "Primavera Árabe".

No dia seguinte, todos os voos para o Cairo foram cancelados. O aeroporto do Cairo foi fechado. As escolas e os escritórios foram fechados, e às três da tarde foi decretado o toque de recolher em todo o país. Minha mãe me ligou; Rula, minha irmã caçula, era um dos manifestantes, e minha mãe estava apavorada. A princípio Rula escondeu dos meus pais suas atividades, desligando o telefone toda vez que ia à praça Tahrir, para que não pudesse ser localizada. Mas, com a as manifestações se prologando por dias, ficou impossível esconder de todos o fato de que estava participando dos protestos. Minha mãe temia pela vida de minha irmã, assim como meu pai (muito embora, secretamente, ele sentisse muito orgulho da coragem de Rula de se levantar contra o regime corrupto de Mubarak).

Mas as más notícias continuavam a chegar. Presidiários, bandidos violentos haviam fugido das prisões do país e estavam atacando as pessoas em todo o Cairo. Meus tios e meu cunhado, armados com facas — no Egito, apenas a polícia e os militares têm acesso a armas de fogo —, montavam turnos para vigiar e proteger nossas casas.

Em desespero liguei para Wael. "Traga a Jana para cá agora. Entre no primeiro avião e venha o mais rápido possível." Queria minha filha ao meu lado; eu não tinha ideia de quanto tempo esses protestos iriam durar. Ele me garantiu que ela estava ótima; ele a havia mandado ficar com seus pais, que viviam fora da cidade, nos subúrbios do Cairo. Meu sogro a estava ajudando com o ensino a distância, enquanto minha sogra cuidava dela. Juntos, cozinhavam alimentos que minha sogra enviava para os manifestantes da praça Tahrir.

Naquela época, Jana estava aprendendo a usar Scratch, uma linguagem visual de programação que fora desenvolvida por Mitch Resnick e equipe no Grupo Lifelong Kindergarten, do Laboratório de Mídia do MIT. Eu era fã de carteirinha do trabalho de Mitch, e consegui envolver Jana no projeto. Meus sogros tinham uma televisão com uma tela enorme, ligada vinte e quatro horas por dia no noticiário. Enquanto estava na escola, Jana montou um programa que recontava as notícias em Scratch; e eu acredito que esse foi o modo que ela encontrou para tentar processar em sua cabecinha o que estava acontecendo.

No sábado, todas as linhas telefônicas e a internet do Cairo foram cortadas. Eu não tinha como receber notícias de Jana ou do resto da família. O medo é um sentimento horrível, principalmente quando nos encontramos impotentes para fazer alguma coisa. E eu sabia que não havia nada que pudesse fazer onde eu estava — em Waltham, Massachusetts.

Para me distrair, fiz o que sempre fazia: mergulhei no trabalho, onde estava no controle de tudo. Eu não podia controlar a política egípcia, mas tinha um certo controle sobre o futuro da Affectiva. Mandei um e-mail para minha equipe (um total de 15 pessoas na época) e anunciei que queria uma reunião com todos para planejarmos a estratégia para 2011. Era uma manhã de sábado, um final de semana, e mesmo assim todos compareceram. Encontramo-nos em nossa enorme sala de reuniões. Eu deixei Adam entretido com alguns brinquedinhos no outro extremo da sala.

Qual a nossa posição em relação ao prazo de entrega do nosso próximo embarque?, perguntei. E em que pé estavam os testes do software para o projeto Forbes? Estava ciente de que precisaríamos levantar mais recursos em algum momento de 2011. Quais investidores deveríamos procurar?

No domingo, eu ainda não tinha recebido nenhuma notícia de casa. Comecei a imaginar o pior: E se bandidos violentos tivessem invadido a casa? E se alguém da minha família estivesse ferido?

Na segunda-feira, o serviço telefônico entre os Estados Unidos e o Egito foi restaurado. Respirei aliviada quando consegui falar com meus parentes e saber que, apesar do tumulto, Jana estava ótima e feliz e que meus sogros estavam cuidando muito bem dela. Até hoje, aquelas duas semanas de ensino a distância fazem parte das melhores memórias que Jana guarda de seu avô.

Quando o Aeroporto Internacional do Cairo foi reaberto, comprei passagem em um dos voos para o Cairo, e no dia 2 de fevereiro May, Adam e eu voamos de Boston para Frankfurt. O voo estava lotado — todos os assentos tomados —, mas, quando fizemos a conexão para o Cairo, o avião estava assustadoramente vazio. Além de nós, só havia dois outros passageiros na cabine.

Quando pousamos e saímos do avião, eu entendi o porquê: o portão estava coalhado de gente, tanto egípcios quanto turistas, tentando sair do país.

Lembro-me da longa viagem para a casa dos meus sogros. Já eram quase três horas da tarde, horário do toque de recolher imposto pelo governo, e o motorista voava pelas ruas para nos deixar em nosso destino a tempo. As ruas estavam vazias, exceto pelo enorme contingente de soldados e tanques. Mas, quando cheguei à casa dos meus sogros e senti Jana segura em meus braços, nada mais teve importância.

Ao longo dos próximos dias, vi a revolução acontecer nas ruas do Cairo através da tela da televisão. Centenas de milhares de manifestantes, dentre eles minha irmã, continuavam seu cerco na praça Tahrir. Eu estava tão preocupada com os acontecimentos que mal conseguia trabalhar. Finalmente, no dia 11 de fevereiro, o regime de Mubarak foi derrubado e o Conselho Supremo das Forças Armadas, o exército egípcio, tomou o poder. As pessoas no Egito estavam exultantes. No dia seguinte, voltamos para casa e pintamos as calçadas com as cores da bandeira egípcia. A sensação de esperança e comunidade era palpável.

Algumas semanas depois, com o fim da crise, voltei a Boston para confrontar outro tipo de crise, dessa vez com consequências desastrosas para a minha empresa. Nosso investimento inicial de dois milhões de dólares estava quase no fim. Estávamos esgotando rapidamente os nossos recursos. Precisávamos levantar mais cinco a sete milhões para conseguir aumentar a equipe e investir na construção da tecnologia. As empresas já se mostravam interessadas em usar nossa tecnologia para fazer pesquisa de mercado; e consequentemente pareceu o primeiro lugar que deveríamos visitar para buscar recursos.

Durante décadas, pesquisa de mercado sempre foi feita com *focus groups* (grupos de discussão), grupos de potenciais consumidores que em geral se reúnem pessoalmente e, sob a direção de um moderador, classificam determinado produto (por exemplo, uma bebida ou um programa de televisão), um comercial ou até mesmo o desempenho de um candidato político durante um debate. Os *focus groups*, no entanto, envolvem todo tipo de problemas, porque os seres humanos são, digamos, complicados e, às vezes, tendenciosos.

Os dados informados pessoalmente tendem a ser imperfeitos; todos desejamos que gostem de nós, e os participantes às vezes dizem o que acreditam que o moderador *quer* que eles respondam, em vez de uma resposta verdadeira e visceral. Às vezes, até mesmo as amostras são tendenciosas. Pense um pouco: quantas pessoas hoje realmente têm tempo para participar de um grupo? Se você tem um emprego, ou tem filhos, ou mesmo se é um estudante em tempo integral ou tem uma vida agitada, talvez não queira sacrificar uma tarde inteira ou uma noite para participar de um *focus group*. Apenas esse fato já limita a diversidade do grupo.

Não quero dizer com isso que os dados levantados com os *focus groups* tradicionais sejam necessariamente errados ou tendenciosos; podem oferecer *insights* valiosos. Mas nem sempre apresentam o quadro completo. É por essa razão que alguns dos produtos ou anúncios testados em *focus groups* têm um mau desempenho no mercado. E, afinal de contas, se você está gastando milhões de dólares para produzir um anúncio que vai ser transmitido durante o Super Bowl, quer ter certeza de que ajudará a vender o produto e de que não será ofensivo a nenhum dos seus clientes potenciais.

Nós oferecíamos uma nova alternativa aos *focus groups* convencionais. À medida que os smartphones com câmeras de última geração se tornaram onipresentes, tornou-se possível coletar dados de uma população mais diversificada em qualquer parte do mundo — no trabalho, em casa ou nos momentos de entretenimento. Era tão simples quanto mandar um link para um smartphone ou computador dos participantes em potencial e pedir que, em troca de um pagamento simbólico, assistissem ao anúncio e nos permitissem filmar suas reações com as câmeras dos próprios celulares ou computadores para que nosso decodificador facial pudesse analisar suas reações. Trata-se de um modo fácil de ganhar um dinheirinho extra e uma maneira escalável, para nós, de levantar um volume enorme de dados. Sempre foi feito com a concordância dos participantes, e muitas vezes chegamos até a lhes mostrar seus próprios resultados.

Apenas pedindo que as pessoas participassem do projeto Forbes, conseguimos coletar 3.268 vídeos. Na ocasião, havíamos construído o maior banco de dados da história de respostas faciais naturais. Lembre-se, não se tratava de atores, e sim de pessoas comuns que visitaram nosso site voluntariamente, talvez movidas por mera curiosidade. Mas era também um grupo extremamente diversificado.

O projeto Forbes chamou a atenção da Millward Brown, ou MB, atualmente Kantar Millward Brown, uma divisão da WPP, importante empresa internacional de branding e marketing. A MB estava disposta a investir sete milhões de dólares para ter acesso à nossa tecnologia, e precisávamos desesperadamente de dinheiro. Mas primeiro eles queriam que usássemos o algoritmo em quatro comerciais, que já haviam sido testados de forma convencional: o anúncio "Onslaught" (Ataque Violento em português), da Dove; o "Geyser", da Huggies; um filme do desodorante Lynx, da Axe; e um anúncio da BMW. A MB já sabia se os anúncios tinham funcionado ou falhado, mas queria testar o desempenho de nosso algoritmo, para ver se conseguiria identificar de forma precisa quando os telespectadores sorriam, franziam a testa, se envolviam etc. — e se poderia oferecer outras impressões.

Sentíamo-nos confortáveis com a equipe da MB. Diferentemente de algumas outras empresas que nos procuraram, eles concordaram que não usariam nossa tecnologia sem o prévio consentimento dos participantes.

Cada pessoa da nossa equipe pediu a cinco amigos ou familiares que assistissem aos anúncios. Felizmente, somos um grupo bastante diversificado, e por consequência nossa amostragem era igualmente diversificada. Essa primeira rodada de testagem foi elaborada para garantir que a experiência de assistir aos vídeos funcionava em diferentes tipos de laptops e browsers. Nossa tecnologia ainda não havia sido atualizada para funcionar em celulares — a revolução móvel ainda estava começando. Quando nos sentimos confiantes de que tudo funcionava como deveria, recrutamos voluntários pela internet, oferecendo 5 a 10 dólares para qualquer um que quisesse assistir aos vídeos e nos permitisse observar suas reações através das webcams.

O anúncio da Huggies foi o mais bem-sucedido em termos de empatia com os consumidores e manutenção da identidade da marca. Mas, para mim, os resultados obtidos com o anúncio "Onslaught", da Dove, foram de longe os mais interessantes, talvez porque eu tenha uma filha e o anúncio focasse em meninas e autoestima.

O vídeo da Dove começa com uma menina com cabelos louro-acobreados de cerca de oito ou nove anos. A seguir o espectador é bombardeado com imagens de modelos magérrimas com corpos incríveis, muito bem torneados, girando em biquínis, anúncios de produtos prometendo torná-las mais "jovens, mais leves, rígidas, sexys, magras, doces". Culmina com uma série de imagens de mulheres sendo submetidas a cirurgias plásticas e colocando implantes de silicone. O anúncio é difícil de assistir e desencadeou uma série de reações negativas, principalmente do público feminino.

A parte mais inesquecível de nosso potencial foi um vídeo de uma telespectadora fazendo uma careta de repugnância enquanto assistia ao vídeo, revelando todos os trejeitos labiais, franzidos de testa e torcidas de nariz quantificados em vívidos detalhes. Foi a mais perfeita tradução do que pode ser captado pela *Emotion AI*.

O vídeo da Dove termina com uma cena em que um grupo de meninas pré-adolescentes anda com confiança por uma rua, uma preparação para a próxima cena: "Converse com sua filha antes que a indústria da beleza o faça". Segue-se, então, a sugestão para o telespectador baixar do site da empresa os programas de autoestima; e a última tela nos revela o patrocinador, o Projeto Dove pela Autoestima. O grande problema foi que muitas pessoas acreditaram que o vídeo tivesse acabado antes da última cena. A informação da empresa foi exibida tarde demais.

Muito embora o vídeo tenha tido um estrondoso sucesso por desencadear respostas negativas dos espectadores, como desejado, e embora tenha sido aclamado pela crítica — um crítico da *Ad Age* disse que a peça deveria ganhar o Oscar de "curta-metragem bem curto" —, não funcionou conforme planejado. A cena da cirurgia plástica suscitou expressões de repulsa e aversão muito fortes, mas não havia tempo suficiente para os telespectadores se recuperarem depois de assistirem a essas imagens perturbadoras. Além disso, faltava ao vídeo um final "sinta-se bem", e, talvez porque não terminasse com uma nota de esperança, por mais forte que fosse, não viralizou com tanta rapidez quanto outros anúncios da Dove.

Junto a cada vídeo, encaminhamos para a MB *insights* que eles jamais obteriam com os *focus groups* ou pesquisas de mercado tradicionais. Conseguíamos mapear em tempo real a viagem emocional do espectador, segundo por segundo, ressaltando suas sutis mudanças de humor. Conseguíamos mapear tanto a intensidade da emoção quanto os níveis de engajamento dos espectadores.

Em abril, enquanto levantávamos freneticamente todos os dados para a MB, tínhamos dinheiro em caixa apenas para pagar as contas dos próximos dois meses. Em pouco tempo, não teríamos dinheiro nem mesmo para pagar os funcionários. Ainda estávamos em negociação com a WPP, a empresa controladora da MB, mas, como ocorre com qualquer rodada de captação de recursos, levantar dinheiro demora muito mais do que se imagina. Em um dia sombrio, recebemos do nada uma ligação de uma empresa de *venture capital* ligada a uma agência de inteligência do governo. Eles estavam *muito* interessados em investir em nossa empresa. Acreditavam haver uma enorme oportunidade para nossa tecnologia no campo do monitoramento e detecção de engano e queriam investir em nossa empresa para que explorássemos esse mercado. Ofereceram-nos *quarenta milhões de dólares*, uma vultosa quantia para uma *startup* recém-criada como a nossa. Esse montante permitiria contratar pessoas e crescer e nos daria diversos anos de "folga" antes de voltarmos a pensar em levantar fundos novamente.

Assim, nos deparamos com duas opções claras, que não poderiam ser mais diametralmente opostas. Opção A: aceitar o financiamento do governo e mudar o nosso foco para segurança e vigilância — e provavelmente ganhar uma fortuna ao longo do processo. Opção B: recusar o dinheiro, cientes de que entraríamos no vermelho em julho e que teríamos que fechar a empresa.

Voltei para casa e fiquei me revirando a noite toda, pensando nas opções que tínhamos. Queria muito que nossa empresa crescesse, sobrevivesse, mas não conseguia me ver passando horas trabalhando em um software voltado a espionar as pessoas. Eu queria que fôssemos uma empresa em que as pessoas confiassem e para a qual entregassem suas informações. Mas como poderíamos ser esse parceiro confiável se vendêssemos seus dados para o governo? Tinha acabado de testemunhar no Egito o que pode acontecer quando um governo se torna repressivo e espezinha os direitos dos cidadãos. Eu não queria que nossa tecnologia fosse usada desse modo.

Recordei-me da conversa que Roz e eu havíamos tido em sua casa no início de 2009, quando estabelecemos os principais valores que iriam definir quem éramos como cientistas e como seres humanos. E, depois disso, a decisão ficou fácil. A Affectiva girava em torno de confiança e respeito pela privacidade das pessoas; e esses princípios continuavam a ter a mesma importância dois anos depois. Adentrei a sala de Dave, nosso CEO, e o informei sobre nossa decisão — não iríamos aceitar a oferta do governo. Precisaríamos recorrer a outros potenciais investidores.

Nos dois meses seguintes, eu saía para trabalhar todos os dias sem saber se iria sobreviver. Encarava nossos funcionários e pensava: *Será que vou conseguir pagá-los?*

As negociações se prolongaram por vários meses. Em maio, enquanto concluíamos nosso trabalho para a MB, Graham Page, o patrocinador executivo do projeto, um inglês formado em Oxford, voou para Boston para se reunir conosco.

Apresentamos nossos resultados, ressaltando o que tinha dado certo, mas também o que tinha dado errado com a nossa tecnologia. Por exemplo, houve casos em que as pessoas faziam uma careta e nós classificávamos erroneamente como um sorriso. Também mostramos o vídeo da "cara", a reação careta/repulsa à cena da cirurgia plástica que os participantes concordaram que apresentássemos para a MB. Tanto a reação quanto a declaração foram muito fortes. Eu acredito que aquele vídeo e os dados, aliados à transparência da nossa equipe, foram o fator decisivo que fez o fiel da balança pender para nosso lado.

Sete dias antes de zerarmos nosso caixa, a MB assinou o contrato, e recebemos um investimento de sete milhões de dólares. Não se comparava aos quarenta milhões, mas era o suficiente para nos dar o fôlego adicional de que precisávamos. E o que é ainda mais importante: estaríamos trabalhando com sócios que adorávamos e que estavam alinhados com nossa missão e valores fundamentais.

Com dinheiro no banco, aumentamos a equipe, contratando mais cientistas de *machine learning* e engenheiros de software, que garantiriam que nossa plataforma facial funcionaria sem erros vinte e quatro horas por dia, sete dias por semana. Agora que tínhamos saído da ambiente acadêmico, eu não poderia mais segurar a mão do meu algoritmo, por assim dizer, confortando-o toda vez que falhasse. E, de maneira geral, estava funcionando bem. Entretanto, em uma ocasião muito importante, nossa tecnologia titubeou.

Virando global

A MB começou a integrar nosso software em todas as partes do mundo, um país de cada vez. E de repente encontrou um obstáculo. Quando se tenta viabilizar uma *startup*, até mesmo um probleminha pode parecer algo intransponível, assim como um grande problema pode parecer uma ameaça existencial. Um dia, recebemos um telefonema do sócio sênior da Millward Brown, que estava em pânico, informando que nossa tecnologia "não funcionava na China, e que a China era o maior cliente deles!". Naquela época, a MB estava testando a publicidade de empresas da Fortune 500 com operações na China.

Fiquei chocada! O que estava acontecendo? Fiquei também profundamente preocupada. Se queríamos ser uma empresa global de sucesso, nosso algoritmo teria que funcionar na China, um país que representava um quarto da população mundial. Se não conseguíssemos solucionar esse problema, seria o fim do crescimento acelerado da Affectiva.

Pedi que nossa equipe levantasse todos os dados sobre a China coletados até aquele momento pela MB, para que eu pudesse estudá-los. Assisti a cada vídeo, quadro a quadro, tentando entender por que o algoritmo não conseguia "captar" os espectadores chineses. Após assistir a centenas de vídeos, comecei a observar um certo padrão. Quando os participantes chineses assistiam aos vídeos acompanhados dos pesquisadores, suas emoções e expressões faciais eram muito controladas — na verdade, eram praticamente inexistentes. Mas, quando assistiam aos vídeos sozinhos, eram extremamente expressivos, fato muito semelhante ao que acontecia nos Estados Unidos.

Mergulhei na literatura científica. Lembrava-me, em razão da minha tese de doutorado, de como as pessoas expressam suas emoções em diferentes culturas. Em culturas coletivistas como a da China, a norma cultural amplia ou mascara as reais emoções das pessoas. E essas normas são muito mais rígidas na presença de estranhos.

À medida que eu ia assistindo aos vídeos, percebi outra coisa que poderia estar prejudicando os resultados. Muitos dos chineses que participaram do teste apresentavam um sorriso no rosto; um puxão permanente no canto do lábio. Um observador ingênuo poderia ser levado a pensar que se tratava de uma expressão de felicidade, mas eu não era nada ingênua. Eles adotavam um sorriso de cortesia que eu mesma costumava ostentar, o sorriso de uma "jovem egípcia bem-educada", o sorriso de um homem ou de uma mulher que não quer ofender a ninguém, um sorriso "sem compromisso".

Depois de analisar milhões de dados levantados por nossa pesquisa, sabemos hoje que esse sorriso educado, esse sorriso social, é muito mais prevalente em culturas coletivistas do que em culturas individualistas como a americana. Precisávamos, portanto, mudar o protocolo na China para que os participantes assistissem aos vídeos sozinhos, fora do campo de visão dos pesquisadores, para que se sentissem confortáveis para expressar suas verdadeiras emoções. Também fizemos uma revisão e incluímos dezenas de exemplos adicionais de sorrisos de cortesia em nossos protocolos de treinamento, para que o algoritmo conseguisse distingui-los de um sorriso de verdadeira felicidade.

Uma semana depois, o sócio a MB voltou a me ligar. Ele estava exultante: Nosso problema na China tinha sido resolvido, e nossos clientes estavam muito felizes. Todos respiramos aliviados. A crise havia sido solucionada.

O que aprendemos com essa experiência é que, não importa o nível de sofisticação da ferramenta de AI, no frigir dos ovos foram os seres humanos (minha equipe e eu) que, recorrendo a experiências de vida real e à nossa intuição, conseguiram resolver o problema. E essas habilidades jamais se tornarão obsoletas.

Devido ao nosso trabalho com a MB, a nossa tecnologia está presente agora em noventa países, e nosso banco de dados cresceu muito, incluindo milhões de respostas faciais. Expandiu enormemente o *insight* (EQ) do meu algoritmo, e em pouco tempo nosso entendimento sobre como as pessoas dos mais variados gêneros, idades, nacionalidades e etnias expressam suas emoções. Se eu tivesse permanecido apenas uma pesquisadora do MIT, talvez não tivesse obtido o financiamento, ou mesmo a equipe, para fazer meu trabalho em escala tão grande.

17

De castigo no Cairo

Com a nova parceria com a WPP, a Affectiva estava a pleno vapor em 2012, mas o trabalho consumia todo o meu tempo, exigindo minha atenção total e presencial vinte e quatro horas por dia, sete dias por semana... até mesmo nas férias. No verão daquele ano, minha família e eu decidimos relaxar fazendo uma viagem de uma semana para Los Cabos, no México, onde nos hospedamos em um condomínio maravilhoso de frente para o oceano Pacífico. Entretanto, eu não consegui deixar o trabalho de lado. Monitorava meus e-mails o tempo todo e pulava de uma reunião virtual para outra o dia inteiro.

Durante as férias, de repente me dei conta de que Wael e eu não tínhamos relações sexuais desde a época em que concebemos o Adam, o que já fazia mais de três anos. Na realidade, não fomos muito íntimos nos dois anos que antecederam aquele dia. Como isso era possível? Como alguém que era "expert em emoções" não havia percebido um sinal de alerta tão flagrante? Wael e eu nos acostumamos a dormir em camas separadas; o hábito começou quando as crianças eram pequenas e tinham medo de dormir sozinhas, e se perpetuou. Não sou nenhuma especialista em casamentos, mas talvez isso fosse mais comum do que eu podia imaginar.

Uma noite, as crianças foram dormir mais cedo, e Wael estava na poltrona assistindo televisão. O sol se punha, estava um lindo entardecer. Sentia-me relaxada e romântica. Sentei-me a seu lado na poltrona e disse jocosamente: "Você sabe que não temos relações há algum tempo. O que acha disso?".

Sua resposta foi como um soco na boca do estômago. "Rana, você está brincando, certo? Em que mundo você vive? Nosso casamento acabou. Quero me separar."

Vi raiva estampada em seu rosto, até mesmo desdém. Wael disse que ele não era prioridade na minha vida. E foi assim que fui informada de que queria o divórcio. Eu fiquei, para dizer o mínimo, arrasada. Não tinha a menor noção de que ele se sentia tão alienado, que era tão infeliz. Enquanto eu cruzava o mundo, compartilhando os segredos de ensinar aos computadores como decodificar as emoções humanas, não percebi os sinais emocionais do meu próprio marido. Ironia pura. Não me atentara para o pouco tempo que Wael e eu passávamos juntos como casal. E a razão não era apenas as minhas ausências. Mesmo quando eu estava em casa, me dei conta, eu sempre estava absorta, administrando a Affectiva.

Nossos longos períodos de separação aumentaram ainda mais devido às demandas de uma *startup* que estava crescendo e cobraram um preço bastante alto. Desde que abrimos a Affectiva, minha agenda virou uma loucura total. Com a empresa e as crianças, não sobrava tempo sequer para respirar. Wael tinha razão. Na minha vida, o trabalho e os filhos vinham em primeiro lugar. Tomei como certo de que eu e ele tínhamos um relacionamento sólido e que nosso casamento suportaria tudo. Eu acreditava que, se Wael focasse no seu trabalho e eu no meu, e se focássemos os dois nas crianças, tudo ficaria bem. Claramente, as coisas não estavam bem para ele. Queria ser valorizado, apoiado e amado.

Além disso, eu tinha tomado um rumo na minha vida que era bastante desconfortável para Wael: não era mais uma acadêmica. Como ele, tinha que dirigir minha própria empresa. E estava dando certo — a Affectiva estava ficando conhecida. Os fundos de *venture capital* haviam investido milhões de dólares na empresa que eu tinha criado. Agora meus sonhos se centravam em explorar ao máximo seu potencial. Será que ao longo do processo eu tinha ofendido Wael? Será que tinha me intrometido no seu territóriode empreendedor? Será que tinha deixado de ser uma parceira em nosso casamento e me transformado em uma concorrente?

Acredito que Wael percebeu muito antes de mim quanto eu tinha mudado. Eu não era mais aquela menina egípcia ingênua com a qual ele se casara. E a minha visão de futuro sem dúvida alguma acabaria colidindo com a "nossa visão".

Talvez ele tenha resumido muito bem a situação: "Você não precisa de mim".

Durante um certo período, já estávamos vivendo existências separadas, mas, quando estávamos juntos, nenhum de nós dois queria encarar a verdade. Nunca discutíamos e sempre nos respeitamos muito. Mas nosso casamento havia se tornado um negócio, girando basicamente em torno dos assuntos relacionados à família. A centelha romântica havia se apagado. A constatação me abalou, fiquei mal. Wael, o pai dos meus filhos, sempre fora meu melhor amigo. Eu acreditava firmemente que iríamos superar nossas diferenças se nos empenhássemos verdadeiramente. Sugeri que fizéssemos uma terapia de casal, mas Wael nem quis ouvir falar do assunto. Ele foi bem claro: havia chegado ao seu limite. Não queria mais. Tudo entre nós estava acabado. O divórcio seria agora mera formalidade.

A palavra árabe para *divórcio* é *talaq*. É uma palavra que nem eu nem Wael queríamos proferir na frente de nossos pais. Agora temíamos o momento em que precisaríamos contar para eles, portanto resolvemos manter segredo da nossa situação durante um tempo. Em público, parecíamos um casal perfeitamente feliz, moderno, um casal de executivos com dois filhos maravilhosos, vivendo muito bem. Ninguém desconfiava que nosso casamento havia desmoronado. Foi, portanto, um grande choque para nossos pais quando finalmente encontramos a coragem e contamos que estávamos nos divorciando. Nossos pais ficaram zangados, até mesmo furiosos. Nossas mães estavam de coração partido — não conseguiam falar conosco sem chorar —, mas o pai de Wael e o meu pai se sentaram conosco e falaram duro. Disseram que o divórcio estava fora de cogitação. Iríamos desgraçar nossas famílias e a nós próprios. Nossas vidas profissionais iriam sofrer, nossos filhos seriam atingidos emocionalmente e todas as desgraças do mundo cairiam sobre nossas cabeças. Eles imploraram — na verdade ordenaram — que fizéssemos o possível e o impossível para consertar nosso casamento.

O irmão mais velho de Wael, que morava nos Estados Unidos, voltou ao Cairo para ajudar na reconciliação. Eu havia aceitado totalmente a ideia; queria que voltássemos a funcionar como casal. Sentia falta da intimidade que tínhamos no passado. Wael concordou em tentar, mas estava claro que se sentia forçado a fazer uma coisa que não queria. A obediência aos pais é plantada na nossa cabeça desde o nascimento. Mesmo sendo adultos, na faixa dos 30 anos, sucumbimos à pressão. E parte de mim não queria abrir mão do casamento porque não queria que as pessoas me olhassem como se eu fosse uma fracassada. Por amor, obrigação, respeito e medo das consequências do divórcio (e o que as pessoas pensariam de nós), nós nos entregamos. Wael e eu decidimos obedecer aos desejos de nossos pais.

Nossos pais puseram grande parte da culpa pelo fracasso de nosso casamento em mim. Eu era a mulher não convencional. Eu era a empreendedora que vivia viajando para os Estados Unidos. Para os quatro, a solução para nossos votos matrimoniais era bastante simples. Eu precisava me tornar uma esposa melhor. E eu concordei. A Rana mais velha e mais experiente de hoje entende que um relacionamento é feito de duas pessoas. Eu não era a única responsável pelo fracasso do nosso casamento. Wael nunca demonstrou nenhuma apreensão, nem falou abertamente sobre seus sentimentos comigo. Mas Rana, a dócil menina egípcia, sucumbiu à voz que martelava o tempo todo em sua cabeça: "É sua culpa. Você fez isto consigo mesma. Você é um completo fiasco". E, assim, simplesmente ouvi e obedeci quando tio Ahmed e meu pai detalharam as regras gerais para salvar nosso casamento. Tio Ahmed disse que eu precisava melhorar os meus dotes culinários, porque "o modo mais rápido para conquistar um homem é pelo estômago". Meu pai insistia que eu parasse de viajar para os Estados Unidos, deixasse meu cargo na Affectiva e focasse na minha casa e na minha família. Concordei com a parte relacionada aos meus dotes culinários, mas discordei do veto a viagens. Estavam me pedindo para virar minha vida de cabeça para baixo, e Wael não precisava mudar nada. Meu pai e eu discutimos sobre o meu futuro por quase um ano. No início de 2012, eu estava tão exaurida que sucumbi à pressão familiar e concordei em parar de viajar para Boston e ficar no Egito em tempo integral para tentar salvar meu casamento. Eu disse brincando à minha equipe na Affectiva e ao conselho administrativo que havia sido posta de castigo no Cairo e teria que trabalhar remotamente a partir de então.

Estava despedaçada pela rejeição de Wael, e tratei de lidar com meus sentimentos de dor e perda da melhor forma possível. Tentei atacá-lo adotando uma postura de solucionar problemas: projetei um plano de ação.

O item número 1 foi o Projeto Rana. O desejo de Wael abrir mão do nosso casamento foi um duro golpe na minha autoestima. Fiquei obcecada com minha aparência física. Eu tinha apenas 34 anos e achava que estava acabada e pálida, bem mais gorda por conta dos quilos adquiridos na última gravidez. Sentia como se não chamasse mais atenção de ninguém, não fosse mais atraente e aparentasse ser mais velha. Os malabarismos inerentes à maternidade e à empresa não me deixavam tempo para dedicar a moda, acessórios ou ida a academias. Agora que estava trabalhando em casa, no Cairo, tinha mais tempo para mim. Inscrevi-me em uma academia, fiquei mais em forma e emagreci. Troquei meu guarda-roupa antigo por roupas mais modernas e descoladas. Era como se eu estivesse tentando recriar minha identidade de fora para dentro.

Eu era categórica sobre manter minha saúde física e mental. Precisava me animar e, para tanto, criei o hábito de assistir a comédias românticas no meu iPad enquanto me exercitava na máquina elíptica. Ajudava a arrancar algumas gargalhadas. Minha comédia romântica favorita até hoje é *O amor não tira férias*, um filme sobre duas mulheres, uma de uma minúscula cidade britânica e outra de Los Angeles, ambas infelizes no amor. Elas decidem trocar de casa durante os feriados de Natal e encontram os amores de suas vidas. Eu assisti a esse filme inúmeras vezes; sem dúvida estava à procura de um final feliz. Também decidi que estaria sempre rodeada por pessoas. Envolvi-me muito na escola de Jana e de Adam, e me voluntariei para fazer parte do conselho escolar.

Fiz um enorme esforço para reconstruir nossa vida em família. Treinei minhas habilidades culinárias, que eram bem básicas. Uma noite, reuni a família para preparar sushi, o que Wael rotulou como "trabalho em equipe". E, quando Wael fez uma viagem de trabalho de quatro dias para Dubai, tentei redecorar o quarto na intenção de apagar as más lembranças para que pudéssemos começar do zero. Com a ajuda de minha mãe e de minha tia, escolhi o papel de parede e uma linda mobília nova para o quarto, para que ficasse mais espaçoso. Quando Wael voltou para casa, mostrei a novidade com um sorriso estampado no rosto. Ele deu sinais de aprovação. Até aquele momento, eu estava dormindo no quarto de Adam. Perguntei: "Posso dormir aqui hoje?". "Claro que não!", respondeu Wael. Escondi meu desapontamento e engoli as lágrimas.

Para ser bastante sincera, Wael nunca me enganou; ele me disse que não tinha saído de casa porque seus pais tinham pedido para ele ficar, e também pelas crianças. Em outras palavras, estava me dizendo para parar de tentar consertar algo que não tinha mais conserto.

Depois de ter ficado de castigo no Cairo por diversos meses, pedi um tempo para viajar a Boston para me encontrar com diversos clientes importantes. Resolvi fazer essa viagem apenas porque era muito importante para o futuro da empresa. Quando estava sentada na minha mesa de trabalho em Boston, analisando todos os dados, meu pai me ligou. "Rana, esqueça a Affectiva! Venda a empresa! Ou peça demissão. Livre-se disso. Avise que não pode mais trabalhar aí."

"Pai, do que você está falando? É a *minha empresa*!"

Sei que ele tinha boas intenções, mas sua prioridade era consertar o meu casamento, porque acreditava que o casamento me faria feliz — no entanto eu ainda estava desapontada. Também ficara claro para mim que os homens tinham suas próprias regras. Ninguém estava pedindo para Wael abandonar sua empresa e se mudar para Boston. Por quê? Eu também tinha ficado profundamente magoada por meu pai estar me pedindo para abandonar algo a que eu havia dedicado toda minha vida profissional para fazer o casamento funcionar, e justamente no momento em que a nossa empresa emergente estava se firmando.

Foi difícil aceitar. Naquela época, eu acreditava que meus pais não entendiam o que eu fazia. Achava que não se orgulhavam de mim. Se pudessem escolher, eu acreditava, eles prefeririam ter a Rana bem casada, mãe e dona de casa à Rana empresária de AI bem-sucedida. O que *eu* queria não era importante para eles.

Nunca contei a ninguém o que meu pai me pediu naquele telefonema. Assim como jamais voltei a tocar no assunto com ele. Mas ele tinha deixado clara sua opinião, e eu nunca iria esquecer.

Mesmo enquanto estava escondida no Cairo, o meu trabalho continuava sendo reconhecido. Em setembro de 2012, fui escolhida pela *MIT Technology Review* como uma das "35 Inovadoras com menos de 35 Anos" na área de tecnologia. É um enorme prestígio integrar essa lista — entre as pessoas que já fizeram parte dela podemos citar o fundador do Facebook, Mark Zuckerberg, e os cofundadores da Google, Sergey Brin e Larry Page.

Não pude ir a Boston receber o prêmio porque estava de castigo no Cairo, mas minha mãe organizou uma festa surpresa na sua casa, convidando minhas irmãs, minha tia e meus sogros. Ela preparou um jantar e comprou um bolo. Quando cheguei ao apartamento dos meus pais e descobri o que ela havia planejado, fiquei em choque. Aquela festa serviria apenas para exacerbar ainda mais a tensão entre mim e Wael.

"Mãe, por favor, não faça isso", pedi. "Não mencione o meu prêmio. Vamos fingir que se trata apenas de um jantar em família, ok?"

Minha mãe entendeu. Eu não queria chamar mais atenção ainda para o fato de que me tornava cada vez mais bem-sucedida. Iria reforçar o ponto de vista de Wael de que eu sempre priorizei o meu trabalho e a minha carreira, relegando-o a segundo plano. Eu podia sentir o dano que isso faria ao nosso casamento, e estava determinada a minimizar meus sucessos e minhas conquistas para não ferir Wael. No entanto, devo confessar que me senti profundamente triste por não poder receber pessoalmente o meu prêmio.

Rana 2.0

Em meio a toda a angústia em relação ao meu casamento, tomei uma decisão intempestiva. Em uma manhã atribulada de dezembro (na verdade no dia do Natal), eu me arrumei para ir ao mercado. Podia escutar Jana e Adam brincando no andar de baixo enquanto vestia meu jeans e um pulôver. Automaticamente peguei um dos muitos véus na cômoda. Então, quando estava começando a prendê-lo, parei. Coloquei-o na penteadeira, desci, peguei minha bolsa e as chaves do carro e me dirigi para a porta. Adam, na época com três anos, percebeu imediatamente que eu não estava com o véu. "Mamãe, você esqueceu o seu véu", ele disse. Eu parei e respondi que não precisava mais de véu. Em toda a sua vida, Adam nunca tinha me visto sair sem o véu. Ele parecia abalado e um pouco confuso. Naquele momento, saí em disparada, receando perder a coragem.

Com as janelas do carro abertas, pisei no acelerador e peguei a autoestrada. Eu queria ter a sensação do vento no meu cabelo, algo que não tinha sentido nos últimos doze anos, desde que coloquei o *hijab* pela primeira vez. Liguei o rádio e aumentei o volume.

Olhando de fora, tirar o *hijab* pode parecer um ato de "rebelião" contra a cultura que tratava Wael e eu de forma distinta, que parecia determinada a cortar minhas asas. Na verdade, foi uma reação contra a injustiça da situação. Mas era algo mais complexo também. Parte tinha a ver com pura vaidade. Honestamente, o *hijab* fazia com que me sentisse mais velha. Eu queria voltar no tempo e ser novamente aquela jovem com longa cabeleira, que era divertida e "descolada", e não uma senhora mais velha que já tinha deixado para trás os melhores anos de sua vida. Eu não só me sentia pouco atraente, mas acabei me convencendo de que a minha personalidade era tão desinteressante quanto o meu exterior. Naquela época, eu me odiava. Retirar o *hijab* era um modo de gritar para todos: "Olhem, esta é a Rana 2.0, a Rana divertida e descolada!".

Sem dúvida alguma, o clima político da época contribuiu muito para a minha decisão. Não usar o *hijab* era de certa forma um ato de resistência contra a Irmandade Muçulmana, o partido religioso reacionário que havia sido eleito por prometer uma reforma. Os egípcios estavam ansiosos para pôr um ponto-final no caos que havia se formado depois da queda do regime de Mubarak. Mas a Irmandade Muçulmana estava absolutamente determinada a voltar no tempo em relação aos direitos das mulheres, desapontando muitas das jovens que haviam participado dos protestos da Primavera Árabe. A repentina perda de poder das mulheres na sociedade egípcia não estava sendo bem recebida pelas mulheres que eu conhecia, até mesmo pelas mais religiosas. O mantra repetido por família e amigos era "Não queremos nos tornar outro Irã!".

Mas, analisando mais profundamente, minha visão em relação à religião — minha visão de mundo — havia mudado. Eu não acreditava mais que demonstrações públicas de devoção religiosa eram o único modo de medirmos a espiritualidade de alguém. O verdadeiro teste da fé das pessoas era como você se comportava no mundo, e o respeito e a generosidade que tinha para com o próximo, sua empatia. "Usar uma peça de roupa para demonstrar sua religiosidade" não parecia mais ter importância para mim.

Isso não significava que eu havia me tornado menos muçulmana, ou que eu não respeitasse o *hijab* — minha mãe e minha irmã do meio usam até hoje. E muitas das mulheres que trabalham para mim usam o *hijab*. São pessoas inteligentes e bem informadas, com ideias próprias de como devem praticar sua fé. Mas, para mim, o *hijab* não representava mais a pessoa na qual eu tinha me transformado.

Alguns dias depois, eu lancei a versão nova e atualizada da Rana. Durante a temporada de fim de ano, organizei uma festa para fazer biscoitos de gengibre natalinos para as amigas de Jana e suas mães. Talvez isso soe um pouco estranho para uma moça muçulmana, mas até mesmo em alguns países muçulmanos o Natal e o Ano-Novo são comemorados como festas laicas. Eu usei roupas modernas e elegantes, desfilando meu corpo esbelto. Sabe de uma coisa? A nova Rana se sentia mais leve e animada do que a versão antiga, e eu me diverti muito. Durante algumas horas, esqueci que estava presa a um casamento infeliz com um homem que não queria estar comigo.

No entanto, com ou sem o *hijab*, no fundo eu continuava sendo a garota egípcia boazinha e obediente que tinha sido criada para ser. Minha vida girava em torno da minha família, tal como a vida da minha mãe. Minha semana se dividia entre os dias do Cairo e os dias de Boston — eu alternava entre eles. Todo dia de manhã eu preparava Jana e Adam para o colégio; nos dias de Cairo, eu me dirigia para os escritórios da Affectiva no Cairo para trabalhar com a equipe local. Às três da tarde, corria para casa para esperar as crianças, que voltavam de condução escolar.

Nos dias de Boston eu trabalhava de casa, e meu escritório se resumia a uma poltrona grande virada para a entrada principal da casa. Às vezes Wael voltava para casa à noite quando eu estava em uma *conference call* ou tendo uma discussão acalorada com minha equipe. Eu ficava petrificada quando ele entrava em casa. Muito embora ele soubesse que eu tentava limitar meu contato com a equipe de Boston, trabalhando dia sim dia não com eles, eu me sentia culpada por ficar trabalhando quando ele estava em casa. Eu nunca falava sobre a Affectiva, ou qualquer assunto relacionado a trabalho se as crianças ou Wael estivessem presentes, e seguia obedientemente um código de conduta estabelecido por meu pai (tal como minha mãe fizera).

Mesmo assim, eu não conseguia me afastar totalmente da Affectiva, ou ignorar quando estávamos com algum problema, especialmente um que pudesse nos tirar do mercado se não encontrássemos uma solução. Todas as *startups* sofrem com as dores do crescimento, e nós tivemos a nossa parcela. Uma delas foi definir nossa identidade, nossa marca. Os fundadores precisam ter um texto simples e sucinto, que possa ser contado em uma viagem rápida de elevador e que descreva para os investidores, e para as demais pessoas, o que a empresa faz. O problema com a Affectiva é que parecia que nosso elevador tinha enguiçado entre um andar e outro.

Estávamos tentando promover dois produtos totalmente diferentes: os Q Sensors de Roz, que nos levavam para o mercado de hardware; e o nosso algoritmo de programação, que na época chamávamos de Affdex. Já é difícil deslanchar uma *startup*, mas tentar atingir dois mercados simultaneamente provocou uma minirrebelião em nossa equipe de vendas. A piada corrente em nosso escritório é que vendíamos para dois tipos de "CMOs" [chefes de marketing]: o Q Sensor para diretores *médicos* executivos encarregados de pesquisa clínica, e a plataforma Affdex de análise facial para diretores executivos de *marketing* encarregados de pesquisa de mercado.

Por fim, tivemos que fazer uma escolha. Que tipo de empresa nós éramos? Um software é um produto mais fácil e lucrativo de vender. Existe na nuvem e pode rodar no computador dos próprios usuários. Em contrapartida, precisávamos fabricar o Q Sensor, bem como vender e despachá-lo. Assim como acontece com qualquer outro hardware, muita coisa pode dar errado. Para aumentar ainda mais o problema, nosso ponto forte como equipe não era a fabricação. E, posto que o sensor usável fora projetado focando principalmente o mercado de saúde (para detecção de dor, epilepsia e autismo), ele demandaria testes clínicos antes de ser aprovado como um dispositivo médico confiável.

Resumindo: estávamos registrando uma margem de lucro da ordem de 90% com nosso software e simplesmente não conseguíamos preparar um caso de negócio para o hardware.

Entretanto, o Q Sensor era a paixão de Roz. Foi o principal motivo de ela ter abandonado o MIT. Tinha esperanças de usar a tecnologia para criar ferramentas de última geração para a saúde. Eu concordava com sua visão, mas meu foco imediato estava em garantir uma transição bem-sucedida entre uma experiência de laboratório em um negócio viável e sustentável que gerasse receita e nos colocasse na trilha da lucratividade.

Em um dia frio de primavera, o Conselho da Affectiva votou por unanimidade por abandonar o projeto de hardware. Foi a primeira de uma série de decisões difíceis que precisei tomar para conseguir viabilizar a empresa.

Se fiquei abalada por matar o Q Sensor dentro da Affectiva, Roz ficou ainda pior. Assim como a Affdex era meu filho, o Q Sensor era sua menina dos olhos, e, bem ao estilo Roz, ela continuou determinada a lançá-lo no mercado. Em março do ano seguinte, abriu outra empresa para vender o Q Sensor e desenvolver "instrumentos usáveis de fácil manuseio com dados de qualidade". Um ano depois, sua empresa se fundiu com a Empatica Srl, e a controladora passou a se chamar Empatica Inc.

Em meio a todo esse turbilhão em minha vida, surgiam mais notícias inquietantes. Em maio de 2013, eu estava passeando em Istambul com meus filhos e meus sogros quando recebi um e-mail de Dave, nosso CEO na época, pedindo que lhe telefonasse com urgência. Com o coração nas mãos, liguei para ele do hotel. Fiquei aliviada ao ouvir que tudo estava bem na Affectiva. Ele tinha ligado para me informar que havia aceitado uma proposta de emprego para trabalhar em outra companhia.

Por essa eu não esperava. A princípio, entrei em pânico. Qual o impacto disso para a Affectiva? Quem iria dirigir a empresa?

Arrependimentos

Algumas semanas mais tarde, em uma teleconferência com o Conselho da Affectiva, fui informada de que, para minha total surpresa, o Conselho estava cogitando meu nome para substituir Dave, cuja partida seria imediata. As duas mulheres que tinham assento no Conselho na época acreditavam que eu deveria ser nomeada CEO. "A Rana conhece a tecnologia de dentro para fora. É o bebê dela."

Naquela noite, comentei com Wael que o Conselho estava cogitando me indicar para CEO da empresa. Sem qualquer sinal de alteração, Wael disparou, de forma objetiva: "Ah, seria um grande avanço profissional para você. Prejudicial para a empresa!". Ele não falou "Ah, quais são suas outras opções? Vamos conversar sobre isso", como era de costume. Apenas saiu da sala. Seu comentário casual me feriu mais do que eu podia admitir. Foi mais um duro golpe na minha autoestima.

Depois disso, hesitei. Eu nunca havia sido CEO, e, conforme aprendi ao longo dos anos, as mulheres só se candidatam a alguma coisa quando detêm 110% de tudo que é exigido. Os homens, nem tanto. Na teleconferência, Nick Langeveld, nosso vice-presidente de desenvolvimento comercial, mostrou-se ansioso para se tornar CEO, e dentro de poucos meses nós o elegemos, muito embora ele também nunca tivesse sido um. Nick se tornou CEO interino. Não culpo Nick por ter se candidatado, mas fiquei furiosa comigo mesma por não ter tido a confiança de assumir o risco.

Naquela noite, chorei muito pelo que tinha acabado de fazer. Escrevi no meu diário: "Isso não está certo. Foi tudo um grande erro. Sei que vou me arrepender".

Algumas semanas depois, eu me virei para o Wael e disse: "Não estamos fazendo progresso, não é?". Ele balançou a cabeça. "Não, não estamos. Acho que chegou a hora de colocarmos um ponto-final nesta história." Depois de um ano de eu ter ficado "de castigo" no Cairo, estava claro que Wael não tinha o menor interesse em salvar nosso casamento. E eu já estava cansada de ficar fingindo ser alguém que não era.

Mesmo que quisesse, eu não poderia andar para trás com o relógio e desempenhar o papel de uma esposa e mãe submissa, deixando a carreira de lado. Isso não se sustentava; não era eu. Nem Wael nem eu estávamos felizes, e as coisas não melhoravam. Eu sentia falta da Affectiva, e sentia falta de Boston. Não queria perder a minha empresa e o meu casamento; pelo menos eu tinha algum controle da empresa. Portanto, decidimos nos separar e dar início ao processo de divórcio, apesar dos protestos de nossas famílias.

Precisava decidir qual seria meu próximo passo: eu ficaria no Cairo com minha família e continuaria a viajar frequentemente para Boston, ou tomaria a decisão de me mudar para os Estados Unidos com meus filhos e começar uma vida nova em Boston? Será que conseguiria me virar sozinha?

Naquele verão, levei Jana para Belgrado, na Sérvia, para competir no Concurso Internacional Petar Konjovic que atrai jovens harpistas de todo o mundo. Sei que Jana aproveitou muito a viagem e guardou boas lembranças daquele final de semana, e ela tirou segundo lugar no concurso. Mas a viagem à Sérvia inesperadamente me impactou muito. Vi-me muito emocionada pelas palavras proferidas por Irina Zingg, presidente do programa, quando ela se dirigiu ao grupo de musicistas: "Quando amplia seus horizontes, você cresce".

A frase tocou na ferida: *minha hora* de assumir riscos, ampliar meus limites, crescer, tinha chegado. Mais tarde, naquele mesmo dia, disse a Jana que as coisas entre seu pai e eu não estavam muito bem e eu estava considerando me mudar para Boston. É claro que a levaria e ao Adam comigo. A princípio ela chorou, mas, verdade seja dita, logo se recompôs e foi procurar no computador onde iríamos morar e para qual colégio ela iria.

Assim como a minha vida, o Egito também estava de pernas para o ar. As coisas pioravam dia a dia. A impopularidade do presidente Morsi crescia, e os militares intervieram, ameaçando tirá-lo do governo com base nas acusações feitas de que teria abusado do poder. O povo egípcio, principalmente as mulheres, estava farto do regime imposto por Morsi. Dezenas de milhares de mulheres, algumas usando jeans, outras usando o *hijab*, dentre elas minha mãe, estavam tomando as ruas para protestar e apoiar o golpe militar contra a Irmandade. (A política egípcia pode ser *muito* complicada.) Mais uma vez, o povo ansiava por uma volta à "normalidade".

No final de junho, o regime Morsi foi derrubado, e o Egito se viu mergulhado no caos. Tomei a decisão de partir, mas ainda havia um obstáculo a ser superado: de acordo com as leis egípcias, eu precisaria do consentimento de Wael para levar as crianças para fora do país. Ele concordou com a minha decisão, reconhecendo que Jana e Adam teriam muito mais oportunidades econômicas e de educação nos Estados Unidos. Nossos pais sabiam a verdade, mas Wael e eu não contamos para nossos amigos, nem para nossos filhos, nossos planos de nos divorciar. Como Wael e eu já vivíamos vidas separadas há tanto tempo, as crianças não estranharam nosso acordo. E, como já haviam passado tanto tempo nos Estados Unidos, elas se sentiam em casa lá. Wael prometeu visitá-los em Boston (e o fez), e eu sempre os traria para passar as férias no Cairo. Duas semanas depois, nós cinco — Jana, Adam, minha mãe (que viajou conosco para ajudar na mudança), Claudie, nosso gato persa branco, e eu — voamos para Boston.

Na véspera de nossa viagem, nos despedimos dos meus sogros. Apesar dos problemas no casamento, continuávamos muito próximos. Meu sogro me tratava como uma filha, e implorou para que eu e as crianças não viajássemos. Temia que estivéssemos arruinando nossas vidas para sempre. Ele podia ser durão e exigente em algumas ocasiões, mas sempre me deu muito apoio. Acho que entendeu minha ambição, talvez melhor do que o próprio Wael. Quando me deu um abraço de despedida, vi lágrimas em seus olhos. Acho que nunca o tinha visto chorar. Ele tinha problema de coração, e sei que receava nunca mais voltar a nos ver.

Dois dias depois, quando já estávamos em Boston, Jana e eu passeávamos em um shopping quando recebi uma mensagem para ligar para a cunhada de Wael. Sentamo-nos em um banco, e quando consegui ligar ela nos deu uma triste notícia: tio Ahmed tinha tido um ataque cardíaco e morrido. Fiquei em choque. Contei para Jana, que ficou arrasada. Senti um misto de tristeza e culpa — certa vez tio Ahmed havia me dito que preferia morrer a ver Wael e eu separados. Nunca me senti tão mal.

Imediatamente voei de volta para o Cairo para participar do funeral. Minha sogra foi muito receptiva comigo, assim como o resto da família de Wael. Eles sabiam como eu era próxima do tio Ahmed.

Foi uma fase sombria em minha vida. Sentia-me sozinha, completamente abandonada. Em menos de um ano, havia perdido minha rede de apoio: Wael e eu estávamos agora oficialmente separados, a caminho do divórcio; Roz tinha saído da Affectiva e nossa relação tinha, de certa forma, azedado; o CEO da Affectiva estava mudando para outra empresa, e meu adorado sogro tinha morrido. Eu me sentia sem rumo e perdida.

Acima de tudo, eu me sentia um completo fracasso. Essa era a primeira vez que me deparava com um problema que muito trabalho e perseverança não poderiam resolver. Eu achava que tinha decepcionado a todos.

Mas, apesar de todas as terríveis previsões dos meus pais e sogros sobre as coisas horríveis que iriam acontecer conosco se nos separássemos, a realidade acabou sendo um anticlímax. A Terra não saiu do eixo, ninguém em Boston se importava se eu estava separada do meu marido, o trabalho estava indo bem e as coisas começaram a prosperar.

Alugamos uma casa em um subúrbio de Boston, e no outono matriculei Jana e Adam em um excelente colégio particular que os dois tinham adorado. Criamos uma agradável rotina. Eu deixava as crianças no colégio de manhã, antes de ir para a Affectiva, e os pegava no final do dia. Não precisava mais me esconder se precisasse responder alguns e-mails à noite; eu não estava mais na berlinda. Nos finais de semana, levava as crianças para seus campeonatos esportivos e Jana para as aulas de harpa. Através do colégio e do trabalho, pouco a pouco fomos construindo uma rede de amizades em Boston. Gostávamos também do tempo que passávamos em família; fazíamos passeios juntos e catávamos folhas no outono, e fizemos nosso primeiro programa de "gostosuras ou travessuras" no dia de Halloween. No nosso primeiro Dia de Ação de Graças, convidei os amigos da Affectiva e acrescentei alguns pratos egípcios às receitas tradicionais do jantar de Ação de Graças. Foi um alívio ver como as crianças se adaptaram rapidamente à nova vida, mas mantendo sua identidade cultural.

Nove meses depois, Wael e eu decidimos entrar com o pedido de divórcio.

O divórcio despertou em mim a ambição que estivera dormente todo aquele ano que passei de castigo no Cairo. Sentia um novo senso de urgência de tornar a Affectiva um sucesso. "O sustento dos meus filhos depende disso", escrevi no meu diário.

18

Mulher no comando

Estávamos no início da época mais empolgante na indústria de Inteligência Artificial. Metade da população americana tinha um smartphone, com acesso à internet vinte e quatro horas por dia, sete dias por semana; mensagens de texto haviam se tornado o principal meio de comunicação da geração Y e seus irmãos menores. As câmeras de telefone eram agora onipresentes, transformando a todos em fotógrafos; Instagram, Snapchat, Twitter e Facebook criaram novas plataformas onde todos podiam se expressar. Em março de 2014, durante a cerimônia do Oscar, a anfitriã Ellen DeGeneres entrou para a história quando ela e um grupo de celebridades de primeira linha tiraram a *selfie* que praticamente derrubou o Twitter, alimentando ainda mais a febre de *selfies*. Postar fotos estava na moda, mas interagir cara a cara, bem, nem tanto.

Os dias que eu tanto sonhara quando era estudante da Universidade de Cambridge haviam chegado. O mundo cibernético estava rapidamente se misturando ao mundo real. As fronteiras eram cada vez mais tênues, e agora vivíamos no mundo virtual. Mas, apesar de tudo isso, nossos computadores ainda não conseguiam detectar qualquer emoção. Eu acreditara que a essa altura já estaríamos mais adiantados em trazer o EQ para o mundo digital.

Sob a liderança de Nick, a Affectiva se transformara em uma sólida empresa de publicidade tecnológica, mas apenas isso. Para mim era muito pouco para a empresa. Mas eu não poderia estar zangada com Nick: se estava insatisfeita com o desenrolar das coisas, a única culpada era eu mesma. Eu não tinha assumido o controle quando tive a oportunidade.

A hora para a *Emotion AI* e para a Affectiva bombarem era esta. Se isso não acontecesse, eu temia que a indústria explodiria ao nosso redor e perderíamos nossa posição de liderança.

Pioneira na área de AI, a Affectiva agora corria o risco de ficar para trás. Havia uma novidade afetando nossa indústria: *deep learning* (aprendizagem profunda), um subproduto de *machine learning*. Muito embora esses termos sejam usados como sinônimos, há uma grande diferença entre eles. E essa diferença poderia fazer crescer uma empresa de dados como a Affectiva ou destruí-la.

Eu vejo *machine learning* como uma linha de montagem, sendo, em nosso caso, o "produto" a expressão facial e classificadores de emoção; o termo técnico é *plataforma* ou *infraestrutura de aprendizagem à máquina* (semelhante a uma *tubulação*). Criar um processo eficiente e otimizado é tão importante quanto o produto em si. Você quer que tudo flua sem percalços.

Existem alguns passos-padrão na "linha de montagem" de uma aprendizagem à máquina, que requerem diferentes habilidades. Hoje, os dados são prontamente acessíveis, mas precisam ser coletados; e essa é a função do especialista em aquisição de dados. No nosso caso, trabalhamos com arquivos de vídeo de rostos ou de áudio.

Depois, precisamos alimentar esses dados: todos os terabytes precisam ser armazenados em algum lugar, geralmente na nuvem. Os engenheiros de dados são os responsáveis por isso.

A seguir, a anotação: "Todos estes arquivos de vídeo e de áudio são inúteis se não forem anotados e rotulados por peritos humanos — os etiquetadores. O trabalho de um etiquetador é marcar eventos importantes, como um franzir da testa, uma careta ou um sorriso malicioso".

E, por fim, os cientistas de *learning machine* são os profissionais responsáveis por montar o algoritmo, tal como eu mesma fiz quando estava trabalhando na minha tese de doutorado em Cambridge. Os cientistas de *learning machine* trabalham em sintonia com engenheiros de desenvolvimento e qualidade para testar a precisão dos modelos. Para tanto, precisam fazer testagens quantitativa e qualitativa em centenas de milhares de exemplos. Nossos engenheiros de desenvolvimento e qualidade passam horas a fio em frente a câmeras fazendo caretas, tentando quebrar o algoritmo.

Sendo uma empresa de AI, nosso objetivo é minimizar o número de vezes que precisamos passar por todo este ciclo. Custa tempo e dinheiro da empresa se, por exemplo, precisamos repetir o ciclo cinco vezes para conseguir classificar corretamente um sorriso, em oposição a, digamos, finalizar o processo em uma única iteração, sem falar que retarda muito a apresentação dos resultados para o mercado.

A abordagem de *learning machine* que estávamos usando naquela época na Affectiva era chamada de *"feature engineering"*, ou seja, a habilidade de escolher quais características dos dados são úteis em um modelo de predição. Os cientistas de aprendizado de máquina — a maioria com uma formação semelhante a minha — mostram para os algoritmos o que devem buscar: por exemplo, no caso de treinar um algoritmo de sorrisos, você o direciona para analisar a região da boca, especificamente os movimentos dos cantos dos lábios. Mas, se for uma levantada de sobrancelha, você direciona o algoritmo para as sobrancelhas.

Em 2015, eu estava defendendo a ideia de mudar a *feature engineering* e substituí-la por *deep learning*, ou redes neurais profundas, que permitiria ao algoritmo vislumbrar onde deveria focar simplesmente observando diversos exemplos de um sorriso (comparando-os com diversos exemplos de não sorrisos). Este *deep learning* não só agilizaria o processo, mas, como a literatura acadêmica demonstrava, apresentaria mais rapidamente classificadores precisos, o que implicaria um número menor de iterações e em última análise acarretaria uma chegada mais rápida ao mercado.

Eu sabia que, se quiséssemos continuar sendo inovadores, seria essencial mudar nossa tecnologia para *deep learning*. Mas Nick mostrava-se resistente. Ele acreditava que deveríamos dedicar nosso tempo e energia para construir novos algoritmos de emoção que iriam expandir nosso repertório de emoções e se pagariam rapidamente.

Mudar para *deep learning* era um projeto muito ambicioso, que exigiria mudar o algoritmo de base. Além disso, exigiria muito trabalho e tempo. Era um projeto ambicioso demais para um *startup* como a Affectiva. Demandaria no mínimo seis meses e dedicação integral de duas pessoas da minha equipe para mudarmos para o *deep learning*. Eu sei disso por experiência própria, porque fiz tudo escondido de Nick. Convoquei dois cientistas de aprendizado de máquina da minha equipe e lhes disse: "Este é um projeto secreto. Estou dando o sinal verde para vocês. Mantenham total sigilo. Quando acabarmos, aí sim informaremos tudo o que fizemos". Não precisei de muito para convencê-los; eles compreendiam a importância do que estávamos fazendo e estavam bastante empolgados. A equipe envolvida com ciência da computação na empresa conseguia ver que o futuro estava em *deep learning*. Se não começássemos já, iríamos ficar comendo poeira.

A mudança para *deep learning* foi bastante compensadora. Quando comecei a pensar nela, a Affectiva tinha cinco expressões faciais básicas: sorriso, franzido de testa, sobrancelha levantada, repugnância e sorriso afetado. Depois que mudamos para *deep learning*, temos atualmente vinte expressões faciais, seis estados emocionais e estamos caminhando a passos largos para contarmos com estados cognitivos complexos, como cansaço e tontura. Isso tudo só foi possível graças ao *deep learning*.

Talvez eu tenha maquinado pelas costas de Nick, mas pelo menos não estava mais "de castigo no Cairo". E tomei partido da minha nova liberdade como fundadora e diretora de Tecnologia, aceitando falar em congressos da indústria e em todos os tipos de oportunidades que eu tinha recusado no passado. Em janeiro de 2015, recebi um convite para falar no TEDWomen em Monterey, Califórnia. Meu nome fora sugerido por Beth Comstock, diretora de Marketing da GE, que tinha assistido recentemente a uma apresentação minha em Dubai.

Todos os palestrantes da TED têm acesso aos maiores líderes mundiais de diversas indústrias, bem como a grande oportunidade de passar sua mensagem para milhões de potenciais espectadores on-line. Uma TED Talk dura no máximo vinte minutos, mas requer horas e horas de preparo. Tudo é coreografado e planejado com esmero. Meu principal contato era June Cohen, que fazia o papel de produtora do evento. Eles contrataram uma série de instrutores para me ajudar a preparar a apresentação e meus slides. Cada um dos técnicos analisava um aspecto. Um deles em especial, Dale Deletis, trabalhou minha oratória, incentivando-me a encarar minha apresentação como um presente para a plateia. A dica funcionou para mim, porque me fez ter menos autocrítica e focar mais em tentar inspirar e despertar o interesse dos outros.

Encarei aquela apresentação com *muita* seriedade: meus instrutores e eu ensaiamos incessantemente, e eles me davam sempre um feedback bem minucioso. Quando cheguei em Monterey, eu já tinha ensaiado dezenas de vezes. Ainda estava fazendo uma revisão na véspera do evento no meu quarto de hotel quando minha filha, Jana, me mandou uma mensagem — em letras maiúsculas. Na época na sétima série, e integrante da equipe de oratória e debate, ela já era uma oradora muito melhor do que eu. O texto era o seguinte. "BOA SORTE, MAMÃE. NÃO FIQUE MEXENDO NO CABELO." (Ok, eu admito — sempre mexo no cabelo quando fico nervosa.)

A mensagem de Jana me derrubou. Indo direto ao ponto, o texto dela era exatamente o argumento que eu iria abordar na minha apresentação. O principal método de comunicação das pessoas hoje é o texto, em um mundo cibernético totalmente cego para as emoções. Achei o texto de Jana tão oportuno que mandei na hora um e-mail para a equipe da TED e pedi para incluir um novo slide. Geralmente o pessoal da TED não gosta de mudanças de última hora, mas os organizadores acharam tão divertido o texto de Jana que concordaram em incluí-lo na apresentação.

No dia seguinte, subi ao icônico palco TED, prestei atenção em todas as mulheres (e alguns homens também) e me senti à vontade. Eu tinha uma dívida de gratidão a toda a minha equipe de instrutores profissionais da TED, mas me dei conta de que meu treinamento havia começado anos antes, com um pai que estimulara uma menininha de cinco anos a subir em uma cadeira e falar abertamente. "Emoção", comecei, "influencia tudo em nossa vida. Das decisões que tomamos a como nos conectamos e nos comunicamos." Quando cheguei ao slide com a mensagem de Jana, todos na plateia riram.

Ao me preparar para a TED Talk, precisei aprimorar minha mensagem. Primeiro, a equipe me incentivou a contar a história da minha "origem", o momento exato que inspirou minha pesquisa. Um pouco relutante a princípio, contei o que significava para uma jovem mulher egípcia casada mudar para Cambridge, descobrir-se sozinha tendo seu laptop como única companhia. Meu instrutor me fez entender que eu não era a única a ter passado por aquelas experiências, que minha história poderia ser semelhante a inúmeras outras. Muitos de nós nos sentimos completamente desconectados quando estamos ligados nos nossos dispositivos.

Talvez o mais importante: meus instrutores me fizeram pensar grande, focar não apenas no que minha empresa estava fazendo agora, mas em seu potencial futuro: como essa tecnologia transformaria a vida das pessoas. Em minha apresentação, eu nem sequer falei de nosso trabalho em pesquisa de mercado. Ao contrário, falei sobre o impacto potencial da Affectiva nas áreas de saúde mental, autismo, educação, aprimoramento do relacionamento humano e robótica. Falei sobre como essa tecnologia transformaria as interfaces humano-computador, mas principalmente como transformaria a conexão humano-humano. Falei sobre as aplicações que teriam impacto nas pessoas e haviam tocado algo dentro de mim. À medida que eu falava sabia que, acima de tudo, queria fazer com que esse novo mundo se tornasse realidade.

Praticamente da noite para o dia, deixei de ser uma cientista da computação e empreendedora para me tornar uma líder de pensamentos, uma porta-voz do futuro desta nova forma de AI. Mas, quando voltei para o escritório depois do final de semana TED, renovada e animada, e encarei a realidade do nosso trabalho, eu me senti desapontada. A empresa parecia muito calma, quase moribunda, para mim. A centelha havia se apagado. Fiquei furiosa comigo mesma, e com Nick. Não criara a Affectiva para isso. Não foi por isso que deixara minha família em segundo plano. Eu havia feito tantos sacrifícios pela Affectiva, mas não estávamos agregando nenhum valor, estávamos na verdade marcando passo.

Agora eu entendia o problema: eu precisava estar no controle de tudo. Precisava ser a CEO.

Minha TED Talk foi lançada em junho, e em pouco tempo foi vista por milhões de pessoas. Pela primeira vez, falei abertamente sobre adicionar inteligência emocional a nossas máquinas, e o público achou a ideia ótima. As pessoas foram muito receptivas. Estavam ansiosas por esta possibilidade. E me inspiraram a seguir em frente de forma mais agressiva.

Primeiro, precisávamos forjar nossa identidade como líderes nesse novo tipo de AI. Quando começamos a empresa, tive a oportunidade de conhecer Todd Dagres, da Spark Capital, um dos maiores empresários de *venture capital* na área de Boston. Nunca esquecerei o conselho que ele me deu: as melhores empresas, ele disse, são aquelas que definem uma nova categoria, rotulam, semeiam e lideram. Existem inúmeros exemplos de empresas que tiveram sucesso nesse processo —

por exemplo, Uber em "compartilhamento de viagem", Facebook em termos de mídia social e Venmo para microtransações com seus amigos.

Era hora de a Affectiva definir sua categoria.

Gabi Zijderveld, nossa diretora executiva de marketing, e eu começamos a trabalhar para tentar resumir o que fazíamos. Éramos reconhecidas como uma empresa de AI, mas havíamos nos dado conta de que ainda não existia uma categoria para o nosso tipo de AI. Precisávamos criar uma para deixar claro para nossos potenciais clientes, sócios e investidores onde nos encaixávamos. Falamos sobre como construímos nosso software, suas aplicações e as implicações éticas do que fazíamos. Reconhecimento de emoções? Análise de emoções? Detecção de emoções? Tudo isso, de certa forma, fazia parte do que estávamos tentando construir. Particularmente gostávamos de *inteligência emocional artificial* porque enfatizava que até as máquinas, tal qual os seres humanos, precisam de inteligência emocional para desenvolver seu potencial máximo. Mas o termo era muito longo e até mesmo um pouco complexo. Dessa forma, resolvemos abreviar para *Emotion AI*. Naquele mesmo dia fizemos um tuíte com #EmotionAI. Colocamos em ação uma estratégia para difundir o conceito, sempre falando sobre ele nas entrevistas de imprensa, incorporando-o em todas as minhas palestras e usando-o nas mídias sociais. Pintamos uma visão de mundo que até então não existia, mas ao fazer isso criamos entusiasmo sobre a possibilidade de uma tecnologia mais centrada no humano. Por fim, decolou.

De uma hora para outra, a Affectiva foi bombardeada por inúmeros pedidos de investidores, cientistas e executivos das mais variadas indústrias. Um pesquisador de Boston queria criar um aplicativo para prever, e em última instância evitar, o suicídio. Uma empresa de educação on-line queria usar nossa tecnologia para monitorar o engajamento de seus alunos e prever os resultados da aprendizagem. Uma empresa de recursos humanos considerou nossa tecnologia a ferramenta perfeita para triar novas contratações. Um grupo de empreendedores discutiu se conseguiríamos criar salas de aula sensíveis à emoção. Uma empresa de *coaching* de carreira considerou que seria uma excelente ferramenta de treinamento. Uma fila de potenciais sócios, todos excelentes, se formou à nossa porta.

Eu estava determinada a fazer tudo isso se tornar realidade. Fervilhando de ideias sobre como injetar novo ânimo e energia na Affectiva, eu queria reunir a equipe para doutriná-la sobre a importância de introduzir EQ em nossos computadores.

Aquele ano foi um divisor de águas na minha vida: surgi como líder na minha área. Recebi o Prêmio 2015 de Criatividade do *Smithsonian*, o jornal oficial da *Smithsonian Institution* em Washington, D.C. O prêmio é um reconhecimento pelos "grandes feitos de pessoas, em nove categorias, que tiveram um impacto revolucionário na forma como vemos e vivemos no mundo. Eu ganhei na categoria tecnologia. (O ganhador deste prêmio nesta mesma categoria no ano seguinte foi Jeff Bezos, da Amazon!)

O prêmio foi entregue na National Portrait Gallery, um museu de arte histórico em Washington, D.C., com uma coleção extraordinária de rostos de americanos, da era colonial até hoje. Jana e Adam assistiram à cerimônia de premiação, bem como minha mãe. Nós todos nos vestimos com roupas de gala para a festa; foi uma noite muito especial. Eu estava no meio do meu processo de cidadania americana e, quando parei na frente da plateia para receber o prêmio, senti a magnitude daquele privilégio. Os Estados Unidos honram e celebram de tal maneira a inovação e o empreendedorismo, o que pouco provavelmente aconteceria no Egito, que senti o peso da responsabilidade de tirar o máximo proveito da oportunidade que me estava sendo dada e compartilhar a bondade e retribuir.

Mais do que nunca, eu queria assumir o leme da Affectiva e levá-la para uma direção mais relevante. Em janeiro de 2016, confidenciei minhas ideias e desafios para um mentor meu, alguém a quem sempre recorria quando precisava de uma orientação profissional ou de ajuda para solucionar um problema. Após descrever a minha situação na Affectiva, ele confirmou a convicção que ficava cada vez mais clara dentro de mim: "Rana, você precisa se tornar a CEO da empresa".

Meneei a cabeça. "Nick é o CEO, e não está planejando ir embora." Meu mentor me incentivou a me ver como CEO, visualizar o caminho que eu precisaria trilhar para chegar lá. Eu sabia que não era o tipo de pessoa que organizaria um golpe, que arquitetaria para que o Conselho ficasse contra Nick, assim como John Scully havia feito com Steve Jobs na Apple algumas décadas antes. Não era meu estilo.

Alguns dias depois, eu estava conversando com Tim Peacock, nosso VP de engenharia. Do nada, sem qualquer motivo, ele disse: "Sabe de uma coisa? Se você algum dia for CEO de uma empresa, eu gostaria de ser o seu COO". Fiquei perplexa. Eu respeitava muito o Tim. Respeitava sua experiência e suas opiniões; seu apoio significava muito para mim. Talvez tivesse chegado a hora de agir.

Primeiro, eu precisaria negociar com aquela voz na minha consciência que me dizia o tempo todo: "Não faça nada, Rana. Você nunca será CEO. Você vai fracassar e levará a empresa para o buraco com você!". Era a mesmíssima voz que tinha me impedido de me candidatar a primeira vez alguns anos antes, e agora só me restavam as lamentações. Decidi provar (para mim mesma) que aquela voz estava enganada. Então comecei a preparar um caso a meu favor. Olhando em retrospectiva, vejo que eu mesma era o meu crítico mais ferrenho; foi mais difícil convencer a mim mesma do que aos outros.

O que faz um CEO?, eu me perguntei. Comecei a fazer algumas anotações no meu diário:

Um CEO "prega a visão/missão da empresa para *stakeholders* (acionistas internos e externos)". Isso eu já fazia.

Um CEO "define a estratégia da empresa e do produto incluindo o planejamento da propriedade intelectual/científica" — exatamente o que eu estava tentando fazer com o *deep learning*.

Um fundador técnico que ocupa a posição de CEO "agrada aos investidores, bem como atrai talentos". Um sólido conhecimento técnico faz com que os investidores sintam confiaça e cientistas de AI querem trabalhar com um líder da indústria.

Um CEO precisa captar recursos — algo em que eu já estava envolvida até o pescoço.

Quanto mais eu estudava, mais me dava conta de que já desempenhava diversas funções de um CEO; eu apenas não tinha o título. *Se eu não puder ser CEO*, pensei, *por que não virar co-CEO?* Apresentei a ideia para alguns colegas, em particular, incluindo alguns que já haviam sido eles próprios co-CEOs, e todos disseram a mesma coisa: "Péssima ideia. Cria muito conflito e confusão para a equipe. Não faça isso".

Mas eu não conseguia vislumbrar nenhuma alternativa.

Em março, enchi-me de coragem e fui falar com Nick, munida de todos os argumentos plausíveis para que me nomeasse co-CEO.

Nick pareceu surpreso com a minha sugestão. Claramente tínhamos pontos de vista diferentes. De cara, ele recusou prontamente minha sugestão. E, quanto mais discutíamos, mas eu me dava conta de que efetivamente não queria ser uma co-CEO. Eu queria ser *a* CEO.

Enquanto Nick e eu continuávamos a conversar, o destino decidiu intervir. Um diretor executivo técnico de uma grande empresa de tecnologia me procurou e me fez uma proposta *muito* lucrativa. Estavam loucos para me contratar, mas não tinham condições de comprar a Affectiva. Para mim, a proposta era equivalente a um pedido de casamento com uma ressalva: "Eu te amo, Rana, mas não quero seus filhos".

Eu sabia, no entanto, que se fosse ficar na Affectiva, teria que estar no controle de tudo. Então usei a oferta de trabalho como alavanca. Em um dia quente de março, antes de viajar para Nova York para participar de uma conferência, eu dei um ultimato ao Nick: "Ou eu me torno a CEO da Affectiva, ou aceito a proposta de emprego" (que de qualquer forma teria sido mais lucrativa financeiramente para a minha família).

Meu coração estava disparado. Eu estava muito nervosa, embora meus treinamentos em reconhecimento de emoções tenham me ajudado a mascarar meu nervosismo.

Percebendo que eu não estava brincando, Nick prometeu pensar no assunto.

Quando eu estava no trem voltando para Boston naquela noite, Nick me ligou. Depois de pensar muito, ele percebeu que a Affectiva era a minha vida. Minha paixão pela empresa era inigualável. Ele elegantemente concordou em pedir demissão, ocupando a posição de presidente por um curto período para garantir uma transição tranquila, e apoiaria minha candidatura junto ao Conselho.

Naquele momento, fiquei tão apavorada em receber o que eu queria desesperadamente que quase retruquei: "Era só brincadeira. Deixa para lá!". Mas me recusei a me render ao meu nervosismo.

Algumas semanas mais tarde, Nick e eu tivemos uma reunião com o Conselho e explicamos nossa ideia. O Conselho colocou em votação, e, no dia 12 de maio de 2016, fui nomeada CEO. Nick continuou como presidente, um ato de generosidade. Olhando para trás agora, percebo que a pessoa mais difícil de convencer sobre a possibilidade de eu ser CEO fora eu mesma.

No dia da minha posse, a primeira coisa que fiz foi enviar um e-mail para Roz e contar-lhe que agora eu era a CEO, que ainda acreditava em nossa visão e missão iniciais e faria tudo que estivesse ao meu alcance para realizá-las. Roz respondeu com um e-mail educado me parabenizando. Depois, reuni toda a equipe e apresentei a minha visão para a empresa. A Affectiva, eu disse, definiu o espaço de AI na área da Emoção. "Nós somos os donos", declarei, e agora chegou a hora de sonharmos mais alto e fazermos com que a Affectiva cresça, e para isso faremos uma nova rodada de capitalização. "Este é o melhor momento para estar envolvido com AI", eu disse. "Temos a possibilidade de transformar diversas indústrias."

Somos solucionadores de problemas, prossegui. Solucionamos problemas através da nossa inteligência coletiva. Cada um de vocês da equipe tem a capacidade de ter um grande impacto em nossa direção, estratégia e produtos. Falei que queria que todos os nossos funcionários tivessem autonomia, que tomassem iniciativas e fizessem as coisas acontecer.

Agora que estava no comando, aproveitei a oportunidade para redefinir a cultura da Affectiva e criar uma nova energia e entusiasmo na empresa — o tipo de entusiasmo que eu senti no MIT Media Lab. Dessa forma, instituí uma reunião semanal com toda a empresa. Qualquer pergunta podia ser feita, e todas as ideias eram muito bem-vindas. Eu sabia que precisávamos alçar voos mais altos. Uma das primeiras coisas que fiz foi mudar a empresa para Boston, para estar no meio do cenário de high-tech em ebulição por lá. Tínhamos ficado extremamente fechados em nós mesmos. Eu queria que fôssemos mais colaborativos, que expandíssemos nossas parcerias e atraíssemos jovens talentos com ideias inovadoras.

Na noite em que virei CEO, voltei para casa e escrevi o seguinte texto no meu diário:

> Ótimo dia. Não consigo acreditar que isso está acontecendo. Devo muito ao Nick.
> Não posso esquecer que minha função é fazer com que todas aquelas pessoas sejam bem-sucedidas e se tornem estrelas em seus círculos.
> Preciso me dedicar a manter o melhor equilíbrio possível entre vida pessoal e trabalho, e dedicar tempo para os meus filhos. Não posso incorrer novamente no mesmo erro.

Amanhã é aniversário do tio Ahmed — sinto tanto a sua falta! Ele acreditava em mim; ele me disse que Deus havia me dado um dom que fazia com que as pessoas quisessem ficar à minha volta e me ajudar. Que dom magnífico: a capacidade de galvanizar as pessoas e liderá-las para a mudança.

É também uma tremenda responsabilidade, responsabilidade essa que assumo com seriedade agora que sou CEO.

Ok... 3h30 da madrugada. Preciso dormir.

PARTE **IV**

Uma pioneira em AI

19

Hackeando o *Hackathon*

Se eu aprendi alguma coisa ao abrir e dirigir uma *startup*, é que você precisa de foco. Você não pode ser tudo para todos; precisa descobrir quem você é, no que é bom e onde se encaixa no mercado. Entretanto, o potencial para a *Emotion AI* é tão amplo, com tantas possibilidades de aplicação, que me senti frustrada pelo fato de a Affectiva receber inúmeros pedidos de pessoas e organizações que queriam colaborar conosco em projetos promissores em praticamente todos os campos imagináveis. Não tínhamos nem pessoal nem recursos para explorar todos esses potenciais usos, e a maioria das pessoas que nos procuravam não dispunha de recursos para pagar nossas taxas de licenciamento. Eu achava injusto não disponibilizar a tecnologia para pessoas que poderiam fazer um ótimo uso dela. Dessa forma, fizemos o nosso primeiro *hackathon*, o Emotion Lab'16, onde disponibilizamos o nosso software para um grupo diversificado de participantes que poderiam usá-lo como bem lhes aprouvesse.

Um *hackathon* é muito semelhante a um programa de culinária com chefs celebridades, onde os competidores, podendo usar apenas poucos ingredientes, preparam uma refeição fantástica dentro de um determinado período de tempo. Da mesma forma, em um *hackathon*, os participantes, tendo à sua disposição apenas poucas ferramentas tecnológicas precisam transformar suas ideias em um protótipo funcional, geralmente durante um final de semana. Os dois tipos de concurso geralmente terminam com um painel de notáveis premiando as melhores criações.

Hackathon é a combinação de duas palavras em inglês, *hack* (programar de forma excepcional) e *marathon* (maratona) — e é uma corrida contra o tempo. *Hackear* é mexer com um sistema e mudá-lo de algum modo, e pode ser para melhor.

O Emotion Lab'16 ocorreu no Centro de Desenvolvimento e Pesquisa da Microsoft em New England, conhecido como NERD — piadas à parte! —, um local de trabalho amplo e arejado no campus do MIT. Abrimos o evento de três dias dando a oportunidade para que todos se apresentassem e contassem o que faziam. Quando chegou sua vez, Kim (nome fictício), uma mulher tímida de óculos de uns trinta e tantos anos, anunciou que era transgênera. No Oriente Médio, temas ligados a orientação sexual e identidade de gênero nunca são discutidos em particular, quanto mais em público, e eu admirei a franqueza de Kim. Mais tarde, percebi que ela estava sentada sozinha em uma poltrona. Sentei-me a seu lado, e começamos a conversar.

Ela me contou que tinha um PhD em química pelo MIT. No entanto, admitiu que seu sucesso acadêmico não valeu de muita coisa pois sua família, principalmente seus pais, não a aceitava como mulher. Kim soube ainda muito jovem que, apesar de sua anatomia, ela se identificava como mulher. Em um determinado ponto, cansou-se de viver em conflito com seus sentimentos, e foi quando fez a transição. Ela não se arrependia de sua decisão, mas ficou com o coração partido, porque seus pais simplesmente não conseguiam aceitá-la como mulher.

Tive uma ideia. Nosso software era um classificador de gênero que identificava se uma pessoa era homem ou mulher com base em sua aparência. Perguntei a Kim: "Por que não fazemos um teste? Por que não checamos qual gênero o software lhe atribui?". Avisei que o resultado poderia dizer qualquer coisa. Eu não sabia ao certo como o algoritmo classificaria alguém que havia feito a transição de homem para mulher — o algoritmo ainda não fora testado em pessoas transgêneras, portanto eu não sabia como iria interpretar o rosto de Kim.

Liguei nosso aplicativo, e Kim olhou para a câmera do meu laptop. Os trinta segundos que demorou para calibrar pareceram uma hora. Por um instante, pensei se não estava cometendo um enorme erro, se a minha experiência acabaria se transformando em algo doloroso. Então, segundos mais tarde, o ícone de mulher apareceu na tela, e o ícone também usava óculos, assim como a Kim.

Kim ficou exultante e abriu um amplo sorriso. Seu sorriso? Foi classificado com um escore de 100% de probabilidade, implicando que era um sorriso de grande intensidade, mas não precisaríamos de uma ferramenta high-tech para ver que estava genuinamente feliz. Ela então me perguntou se poderíamos fazer uma captura de tela do ícone de mulher para enviar para seus pais. Ela imediatamente deu um telefonema e disse: "Vejam, até a ciência diz que eu sou mulher!".

Eu vim de uma cultura onde pessoas como Kim não são aceitas — são "os outros" —, e isso acontece em diversas culturas. Aquele fora um momento especial para mim: Kim e eu nos conectamos como dois seres humanos. Naquele instante, senti grande empatia por ela. Compreendi seu desejo de ser aceita por sua família e pela sociedade, e pensei: *Não é disto que se trata a* Emotion AI?

Emotion AI tem a ver com humanizar nossa tecnologia para promover mais entendimento e melhores conexões entre os homens. Para fazer bem a *Emotion AI*, é fundamental incluir uma ampla faixa de pessoas. O *Emotion Lab* (Laboratório de Emoções) foi projetado para ser inclusivo e extrair informações de diversas perspectivas diferentes; esta foi uma das principais razões de termos promovido um *hackathon*!

Na maioria das vezes, os *hackathons* atraem programadores, geralmente homens. Portanto nós próprios fizemos alguns *hacks* em um *hackathon* típico. Não queríamos excluir ninguém — os programadores homens, sem dúvida alguma, eram muito bem-vindos —, mas também estendemos o convite para grupos de mulheres da área, separando as vinte primeiras vagas para mulheres. Dessa forma conseguimos ter o mesmo número de homens e mulheres, o que é uma raridade em eventos desse tipo. Também buscamos ter diversidade internacional, e tivemos representantes de todas as partes do mundo: Suécia, Inglaterra, Egito, Japão e Israel. E, no que foi realmente uma ruptura com o *status quo*, convidamos pessoas de todas as origens. Buscamos pessoas de outras disciplinas. Nós nos certificamos de contar com professores acadêmicos, artistas, músicos, gerentes de projeto, designers gráficos, educadores, pesquisadores de autismo, psicólogos, profissionais de saúde pública e afins. E permitimos que essas pessoas "não tecnólogas" inovassem lado a lado com profissionais de computação, algo que raramente é feito.

Convidamos até a Beyond Verbal, outra *startup* da nossa área. A Beyond Verbal é uma empresa com sede em Tel Aviv especializada em analítica de voz. A maioria das empresas não convida concorrentes atuais ou potenciais para seus eventos, mas nos demos conta de que disponibilizar essa tecnologia para nossos hackers permitiria o aparecimento de projetos mais sofisticados.

Bem, não bastava convidar grupos que normalmente não participam de eventos de tecnologia. Precisávamos permitir que pessoas com responsabilidade de família, que não poderiam simplesmente sumir por diversos dias, pudessem participar. Para tanto, precisávamos fazê-los sentir-se bem-vindos, algo que a comunidade de tecnologia como um todo não sabe fazer bem. Mas havia um problema: a natureza 24 horas dos *hackathons* normalmente não permite que as mães (e até mesmo os pais) consigam sumir durante um final de semana. Além disso, a cultura de "mano" dos homens trancados em uma sala tomando Red Bull a noite inteira e comendo pizza — bem, é bastante desagradável para muitas das pessoas que queríamos atrair. Dessa forma decidimos fazer as coisas de maneira diferente. Nós não trabalhamos direto. Fechávamos à noite, para que os participantes pudessem ir para casa. Sou ferrenha defensora de que as pessoas precisam dormir. E, como muitos funcionários da nossa empresa têm filhos, durante o dia oferecemos uma programação paralela supervisionada para as crianças, onde elas poderiam construir seus próprios projetos.

Será que cada um dos *"hacks"* de um típico *hackathon* importa? Acho que sim. Claro, como qualquer outra competição dessa natureza, as coisas foram ficando intensas. As equipes trabalhavam com afinco. Mas criamos um ambiente onde todos se sentiam como se pertencessem.

Cada um dos participantes teve a oportunidade de apresentar seu projeto para o público para ver se conseguiam montar uma equipe. No final, dez projetos foram selecionados, e os sessenta participantes foram divididos em times. Cada um dos times tinha acesso aos mesmos "ingredientes" para transformar sua ideia em realidade: a *Emotion AI* da Affecctiva, o software da Beyond Verbal; o sensor de pulso usável da Pavlok; o Google Glass da Brain Power; Jibo o robô; o robô droide BB-8 de Guerra nas estrelas; e Arduino, uma plataforma eletrônica de fonte aberta. A única exigência era que a *Emotion AI* da Affectiva fosse integrada no protótipo. Além desta, não havia regras.

Tanto os grupos como os projetos eram muito diversificados em todos os sentidos. Um videogame com um nome duvidoso, *Lhama Assassina*, usava para navegação a expressão facial (e não os controles) dos jogadores. O aplicativo Blind Emotion Aid haqueou o Google Glass para permitir que pessoas com deficiência visual "vissem" o estado emocional das pessoas com quem estavam interagindo. O "Super TA" transformou o robô BB-8 em uma ferramenta que oferecia feedback em tempo real para que os professores pudessem avaliar a compreensão e a atenção dos alunos. Todos eram usos novos e interessantes para a *Emotion AI* e surgiram por causa da diversidade ímpar dos participantes.

Um dos projetos abordava um problema social que pouquíssimas pessoas querem encarar — o suicídio. Quando Steven Vannoy, um PhD, MPH, professor adjunto de psicologia e aconselhamento escolar do College of Education and Human Development (Faculdade de Educação e Desenvolvimento Humano) da Universidade de Massachusetts, Boston, apresentou sua proposta para construir um aplicativo de prevenção ao suicídio, foi recebido com entusiasmo pelo grupo. Dois experts em computação se candidataram para trabalhar com ele.

Nos anos 1980, Vannoy era programador de computação, mas dez anos depois resolveu que queria dar uma guinada em sua vida profissional e dedicar-se a uma profissão mais focada em pessoas. Dessa forma, foi estudar psicologia, fez seu mestrado em saúde pública e depois conseguiu uma bolsa de pós-doutorado em serviços de saúde mental para idosos, com especialização em prevenção ao suicídio.

O suicídio estava aumentando, tanto nos Estados Unidos como no resto do mundo. Em 2017, o último ano para o qual temos dados disponíveis, 47.173 pessoas se suicidaram nos Estados Unidos e houve aproximadamente 1,4 milhão de tentativas de suicídio. Segundo o CDC — U. S. Centers for Disease Control and Prevention (Centro Americano para Controle e Prevenção de Doenças), pelo menos outros

5 milhões de pessoas cogitaram se suicidar. Nem mesmo os médicos mais preparados conseguem prever quais de seus pacientes vão realizar seus pensamentos suicidas.

Os adolescentes e os jovens adultos são particularmente os mais vulneráveis: o suicídio é a segunda principal causa de morte de jovens entre 15 e 24 anos. Vannoy diz que, entre os estudantes com distúrbios mentais que ele recrutou para seus projetos de pesquisa no campus, "registramos uma parcela significativa com alto risco de suicídio, mesmo sem estarmos procurando por isso".

Um dos principais problemas é que, enquanto área, a saúde mental não abraçou o uso de tecnologia na avaliação e acompanhamento dos pacientes. Apesar de a medicina ter se automatizado, e de a AI estar sendo adotada tanto no diagnóstico como no tratamento de doenças graves, os profissionais da área de saúde mental sempre mantiveram distância da tecnologia. A avaliação de pacientes é feita principalmente com base nas respostas dadas pelos pacientes, que podem ser distorcidas. Por exemplo, um médico pode perguntar a um paciente "Você tem ímpetos suicidas?" ou "Você está deprimido?", e o paciente pode responder dizendo a verdade ou não, por conta do estigma associado a problemas mentais, ou pode ser extremamente ambíguo, pendendo em prol da vida em um determinado momento, mas horas depois pendendo para a morte.

Lógico, existem muitas pessoas que estão deprimidas ou ansiosas e em risco de se suicidar que não procuram ajuda. De acordo com a Organização Mundial da Saúde, dois terços das pessoas em todo o mundo com problemas de saúde mental não procuram ajuda de um profissional. Mas, mesmo se um paciente com alto risco de suicídio estiver se consultando com um profissional, na melhor das hipóteses as sessões ocorrem durante cinquenta minutos uma vez por semana. Tais pacientes ficam à mercê de si próprios o resto do tempo.

Dada sua experiência anterior com tecnologia, Vannoy começou a se perguntar por que a saúde mental estava ficando para trás se comparada a outras especialidades médicas, mas ele não sabia como resolver aquele problema. Fazia quase duas décadas que estava fora da área de programação de computador, e muita coisa havia mudado. Quando leu um artigo no *The New York Times* sobre a *Emotion AI* que mencionava a Affectiva, viu a possibilidade de construir a ponte entre as duas disciplinas. Imaginou se um aplicativo de *Emotion AI* poderia ser usado para rastrear os pacientes em tempo real, no mundo real, permitindo ao especialista intervir se parecesse que um paciente estava seriamente deprimido ou à beira de infligir algum tipo de dano a si mesmo. Vannoy nos contatou para apresentar sua ideia, e nós o convidamos a participar do *hackathon*, onde ela se tornou realidade.

Vannoy e sua equipe chamaram o protótipo do aplicativo de prevenção ao suicídio para smartphones de "Feel4Life". O aplicativo usa a *Emotion AI* da Affectiva e o software de reconhecimento de voz da Beyond Verbal para identificar sinais de inquietação ou qualquer alteração de humor do usuário. Diferentemente dos testes de avaliação padrão, o aplicativo não pergunta se o paciente está se sentindo deprimido ou pensando em suicídio. Ao contrário, tenta fazer com que fale o que está acontecendo em sua vida, fazendo perguntas do tipo "Como está o seu dia até agora?", "No que você está pensando?", "Quais são os seus planos para a próxima semana?".

Durante cada novo *check in*, as respostas do usuário são comparadas às respostas anteriores, para verificar se são mais positivas ou negativas do que o padrão dos *check ins* mais recentes. O aplicativo foi projetado para fazer três *check ins* por dia, e o terapeuta do usuário tem acesso a todos os contatos. Se o usuário não fizer o *check in* ou se ele desligar, o terapeuta recebe uma notificação e intervirá e/ou alertará algum membro da família. O Feel4Life é apenas um protótipo e ainda levará tempo para ser desenvolvido, mas, se chegar a ser lançado no mercado, Vannoy ressalta que nunca será um substituto da sessão de terapia semanal. Muito pelo contrário, servirá para aumentar e ampliar o alcance do terapeuta.

Além de fazer perguntas e rastrear on-line o comportamento das pessoas com forte tendência ao suicídio, o Feel4Life pode fornecer importantes informações que até agora passaram despercebidas, ressalta Vannoy. Por exemplo, consegue detectar se as pessoas com fortes tendências suicidas são atraídas por notícias e informações on-line diferentes das pessoas que não têm essas mesmas tendências; ou se prestam mais atenção a histórias sobre suicídio e morte.

"É possível que estejam eliminando do seu mundo as informações sobre o futuro e sobre a esperança", observou Vannoy. "Pode ser que constatemos que as pessoas com um histórico de comportamento suicida que considerem efetivamente o suicídio passem muito mais tempo observando imagens relacionadas a morte e danos físicos do que imagens relacionadas a futuro e conexões humanas. Não sabemos a resposta para isso. É o que estamos tentando descobrir." Certamente, automatizar esse tipo de pesquisa poderia ajudar a levantar mais dados e, em última instância, salvar mais vidas.

No início, um aplicativo como o Feel4Life poderia focar pessoas que já soubéssemos ser propensas ao suicídio. Mas a grande importância dessa tecnologia é poder ser integrada à tecnologia que usamos em nosso dia a dia, como a Alexa, a Siri ou a Cortana. A depressão é bastante comum em nossa sociedade. Segundo a Associação Psiquiátrica Americana, uma em cada seis pessoas já sofreu de depressão em alguma fase de sua vida. Geralmente, elas nem percebem quando alguém da família está com depressão. No entanto, o monitoramento de algo tão sensível quanto saúde mental só pode ser feito com o consentimento da pessoa, e os dados devem ser mantidos em absoluto sigilo. No caso de detecção precoce de suicídio, um aplicativo de monitoramento pode ajudar a salvar milhares de vidas todos os anos.

Se não fosse o *hackathon*, é pouco provável que o Feel4Life tivesse chegado à fase de protótipo ou, para ser franca, que qualquer um dos projetos que foram executados naquele final de semana tivesse visto a luz do dia.

Quando decidimos organizar o Emotion Lab'16, tudo o que queríamos era ver o que um grupo de pessoas criativas e apaixonadas poderia fazer com a *Emotion AI*. Ao final daquele fim de semana, tivemos um lampejo de como seria um mundo de *Emotion AI*. O mundo que vislumbramos é cheio de compaixão, divertido, útil, consciente e sem medo de lidar com assuntos delicados. Será *empático*, consciente dos sentimentos dos outros e sensível a suas necessidades.

Em última análise, o Emotion Lab acabou se transformando em um protótipo, um novo modo de "criar" tecnologia, tornando-a mais responsiva às necessidades tanto dos criadores quanto dos usuários, abrindo o campo para pessoas que acreditavam não ter espaço próprio neste mundo.

Precisamos que *todo mundo* se junte para projetar e desenvolver esses sistemas de AI. Se continuarmos restritos ao espaço de tecnologia do Vale do Silício, onde apenas um grupo pequeno de pessoas projeta sistemas para todos nós, a tecnologia continuará a ser tendenciosa — talvez não de forma intencional, mas sem querer vamos continuar duplicando os preconceitos já existentes na sociedade.

Ao projetarmos os sistemas — do nascimento de uma ideia até a coleta de dados, criação do algoritmo de aprendizado de máquina, até sua implantação —, precisamos de diversidade, do início ao fim. Precisamos que *todo mundo* se sente à mesa: nossa tecnologia precisa ser capaz de detectar os sorrisos das pessoas que vivem nas áreas mais remotas da Índia, os sorrisos das mulheres com *hijab* e o sorrisos de pessoas transgêneras. Nossos algoritmos precisam funcionar para pessoas de todas as classes sociais, de todas as cores, gêneros, idades e grupos étnicos. E nossos algoritmos precisam ser usados para ajudar a melhorar a vida humana e solucionar alguns dos problemas mais antigos, que ferem nossa sociedade e reduzem a qualidade de vida das pessoas cujas necessidades foram menosprezadas.

20

Emudecendo

Minha colega Emily notou pela primeira vez que Matt, seu filho de dois anos, tinha ficado "em silêncio" um dia quando o levou para brincar com seus dois primos, que eram alguns meses mais velhos. (Os nomes foram trocados para proteger a identidade real dos personagens.)

"Seus primos falavam sem parar, e o Matt não proferia uma única palavra", recorda Emily, o que era muito estranho, já que ele começara a falar muito cedo. Agora ficava calado quase o tempo todo.

Emily começou a observar em Matt outros comportamentos que fizeram disparar o sinal de alerta. Ele raramente fazia contato visual e, quando o fazia, parecia estar desconfortável e rapidamente desviava o olhar. Não gostava de abraços. Quando ela o chamava pelo nome, ele quase nunca respondia. E, quando Matt brincava com um carrinho de brinquedo, não o fazia andar pelo chão, como faz a maioria das crianças da sua idade. Ao contrário, ele virava o carrinho de cabeça para baixo e se fixava nas rodas.

Emily não é nenhuma expert em desenvolvimento infantil, mas, com base no que tinha aprendido em todos os livros sobre educação de filhos que lera, ela sabia que esses comportamentos geralmente estavam associados a autismo. Quando falou de sua preocupação com o pediatra de Matt, o médico garantiu que não era o caso. Afinal de contas, o comportamento de Matt era bem diferente do comportamento de uma criança autista típica. Embora fosse tímido, ele não apresentava nenhuma forma de "stim" (equivalente em inglês para o processo de autoestimulação, como balançar, ou algum outro movimento repetitivo), tampouco andava na ponta dos pés (que os bebês na fase em que estão aprendendo a andar geralmente fazem, mas muitos continuam mesmo depois). Em outras palavras, ele não exibia sinais óbvios de autismo.

"É um atraso de linguagem", garantiu-lhe o pediatra. "Tudo o que ele precisa é de um fonoaudiólogo."

Emily levou Matt a outras duas consultas com psicólogos infantis, que concordaram com o diagnóstico do pediatra e recusaram seu pedido para incluí-lo em um programa público de intervenção precoce para autismo. Os custos de um tratamento particular seriam exorbitantes.

"Eles me olharam bem dentro dos olhos e disseram: 'Senhora, atendemos dez crianças por dia com sintomas, e seu filho não tem sintoma algum'", contou Emily.

Ela queria muito acreditar neles, mas continuava a ver sinais no comportamento de Matt que a alarmavam cada vez mais. A cientista que tinha dentro de si não poderia deixar as coisas correrem soltas, e, quanto mais estudava sobre autismo, mais preocupada ficava com o futuro de Matt. Embora não exista uma cura para transtornos do espectro autista, Emily havia lido alguns trabalhos de pesquisa comprovando uma forte relação entre diagnóstico antes dos três anos e resultados positivos do tratamento. Se isso fosse verdade, então a janela de oportunidade estava se fechando.

Determinada a exaurir todas as possibilidades da condição de seu filho, Emily entrou em contato com uma das maiores sumidades em autismo do seu estado e colocou seu nome em uma lista, cujo tempo de espera era de quatro meses, para agendar um horário para consulta. Poucos meses antes do terceiro aniversário de Matt, Emily conseguiu marcar a consulta de avaliação. Depois de alguns minutos em que interagiu com Matt, a especialista em autismo disse a Emily: "Você está certa. Seu filho está no espectro autista".

Emily me procurou e perguntou se eu conhecia alguma tecnologia que pudesse ajudar Matt. Você se lembra daquela ideia maluca que Roz e eu tivemos de construir um tipo de óculos parecidos com os da Google que poderia decifrar expressões faciais das crianças autistas? Ele havia se tornado realidade, mas não estava sendo desenvolvido por nós.

O cérebro empoderado

Em 2013, o empreendedor Ned Sahin, um PhD em neurociência de Harvard com mestrado em neurociência cognitiva pelo MIT, estava participando de um seminário sobre autismo no MIT. Ele não conhecia muito sobre autismo, mas ficou surpreso com o fato "de essa área estar tão atrasada em relação a outras condições, principalmente se levarmos em conta o número de pessoas diagnosticadas com esse transtorno".

Através dos pesquisadores e membros da comunidade autista, Sahin tomou conhecimento das batalhas travadas pelos pais que, como Emily, desconfiavam da condição de seus filhos e faziam uma verdadeira maratona de consultas médicas para obterem o diagnóstico definitivo. Jovens adultos autistas falaram sobre suas dificuldades em conseguir um emprego e manter um relacionamento amoroso. Pais de autistas não verbais diagnosticadas com autismo severo descreveram como gostariam desesperadamente de entender o que seus filhos pensam ou sentem.

"O que mais me impressionou naquele seminário não foi a parte científica, mas o curto preâmbulo de cada apresentador justificando o motivo de estarem trabalhando naquele problema", recorda Sahin. "O que me cativou foi a *batalha humana*."

E o que mais surpreendeu Sahin, apesar da grande prevalência do problema — uma em cinquenta e nove crianças americanas é diagnosticada com transtorno de espectro autista —, foi que não havia nos Estados Unidos, ou em qualquer outro lugar, especialistas suficientes para tratar o autismo ou para ajudar os cuidadores.

Sahin se deparou com um novo desafio. Ele havia tirado um ano sabático em sua carreira para conhecer alguns países com sua mulher Nicole. Embora os dois tivessem deixado seus celulares em casa — queriam interagir com as pessoas, e não com o Google Maps —, Sahin observou a onipresença dos telefones celulares, até mesmo nos lugares mais remotos do mundo.

"Tive uma epifania naquela viagem", ele diz. "Vimos os diferentes desafios com os quais as pessoas são confrontadas nos diferentes países que visitamos e como as pessoas lutam no seu dia a dia. Percebi que um software tem alcance global, escala rapidamente para atender à demanda e pode oferecer igualdade de condições para todos."

O retorno de Sahin para os Estados Unidos, em 2013, coincidiu com o lançamento do Google Glass, um par de óculos inteligentes dotados de uma câmera embutida e um display ótico acoplado à cabeça. O Google Glass, com seu preço altíssimo e marketing badalado, foi muito criticado — na época, as pessoas que o compraram foram chamadas de "bobos de óculos". Mas Sahin o encarou como uma ferramenta transformadora para ajudar pessoas com distúrbios neurológicos.

Mas os óculos eram de difícil acesso. Não só eram caros, mas seu lançamento foi muito lento, acessível apenas para alguns poucos eleitos. Portanto, o dr. Sahin decidiu ir à sede da Google, em Mountain View, Califórnia, e, depois de habilmente convencer a cúpula da empresa, conseguiu que a Google doasse um Glass para que ele pudesse adaptá-lo a seus propósitos.

Tão logo conseguiu pôr as mãos no Glass, ele ficou pensando sobre os potenciais usos da sua nova tecnologia. Mas nada parecia bom — até sua participação na conferência de autismo. Naquela ocasião, tudo pareceu se encaixar. Sahin soube naquele momento exatamente o que iria fazer com o seu Google Glass.

"Diversas pessoas autistas não têm problemas cognitivos, mas sim problemas sociais, e é isso que atrapalha a vida delas", ele disse. "Pensei que, se eu conseguisse combinar a AI com um computador usável, poderíamos desenvolver *uma interface social* terceirizada com outras pessoas e usá-la como instrumento de treinamento para que os usuários pudessem atingir seu pleno potencial."

Em outras palavras, Sahin queria construir um Google Glass que decodificasse expressões faciais e outras dicas sociais para ensinar a autistas como interagir melhor com as outras pessoas. Assim como Roz e eu tínhamos feito havia sete anos, quando nos candidatamos à bolsa da National Science Foundation, que não conseguimos porque a banca julgadora decidiu que o nosso projeto era inviável. No mundo da tecnologia, sete anos são uma eternidade. A AI havia dominado a cena, e o sofisticado Google Glass estava anos-luz à frente do nosso dispositivo deselegante. Naquele ano, Sahin fundou sua *startup*, a Brain Power, para descerrar a força do cérebro (especialmente o cérebro dos autistas) com um software e um hardware baseados na neurociência que transformavam os computadores portáteis em dispositivos educacionais assistivos que engajam e estimulam a interação humana.

Sahin contratou um programador do MIT e começou a montar uma equipe de neurocientistas e tecnologistas. Ele fez questão de contratar autistas, em quem confiava, para pedir conselhos e *insights* sobre a doença. Sahin e sua equipe se reuniram com familiares e cuidadores de crianças e adultos autistas, assim como com os próprios autistas, para que os ajudassem a desenvolver a tecnologia. Por fim, todos os esforços resultaram em uma suíte de aplicativos que ensinam aptidões socioemocionais e estimulam os usuários a se engajar com o mundo ao seu redor.

Nada disso foi fácil. Como o próprio Sahin constatou, o Google Glass era difícil de ser hackeado. Não foi construído como um smartphone intuitivo compatível com todos os aplicativos instalados. Era extremamente complicado, até mesmo para os melhores e mais bem preparados técnicos da área, fazer as mudanças que ele queria. No entanto, por fim ele e sua equipe conseguiram fazer com que funcionasse.

Seus esforços me fizeram lembrar da minha época no MIT Media Lab, quando tentei montar uma versão primitiva de um dispositivo usável para o autismo. Sinto uma tristeza no coração quando me lembro da minha completa dedicação, na minha época de MIT, para construir o iSET. Foi difícil colocá-lo de lado quando começamos a Affectiva, mas já tínhamos muito trabalho a fazer só para dirigir uma empresa.

Quando Sahin começou seu trabalho, ele nem desconfiava que Roz e eu havíamos tentado fazer um projeto semelhante, e não tínhamos conhecimento do que ele estava fazendo. Devido à relação com o MIT, no entanto, acabou sendo inevitável que nossos caminhos se cruzassem em algum momento. Ele conheceu Roz, e Roz o colocou em contato comigo.

Nós nos encontramos para tomar um café e nos tornamos amigos. Eu entendia a sua missão e vi seu trabalho como uma forma de realizar nossa visão inicial de um modo que nunca teríamos conseguido por conta própria. Dessa forma, embora ele não tivesse como pagar nossa taxa de licenciamento — sua empresa demoraria a ganhar dinheiro —, nós lhe concedemos livre acesso ao nosso software e dedicamos até mesmo algumas horas de consultoria todos os meses. Foi um pedido muito importante para a minha equipe, que conseguia licenciar nosso software por uma vultosa quantia, mas fazemos esse tipo de coisa porque é o certo a fazer. Lembro-me de como me beneficiei da generosidade de Simon Baron-Cohen, que me deu livre acesso ao seu banco de dados quando estava fazendo o meu PhD. Sua generosidade ajudou a levar meu trabalho adiante por anos, e, portanto, quando o Brain Power precisou da minha ajuda, eu estava em posição de retribuir o que me tinha sido dado. Em última análise, compartilhar a tecnologia com pessoas como Ned é bom para o negócio e para o moral da empresa. Ajuda-nos a atrair as melhores cabeças, principalmente da geração Y, que valoriza as empresas que tenham um propósito e uma missão.

Hoje, o produto da Brain Power, o *Empowered Brain* (Cérebro Empoderado, em português), é uma suíte de aplicativos parecidos com jogos que permitem que crianças e adultos com autismo, transtornos de déficit de atenção com hiperatividade (TDAH) e outros desafios relacionados ao cérebro desenvolvam aptidões socioemocionais. O aplicativo roda no Google Glass e emprega realidade aumentada e o software da Affectiva para treinar os usuários a entabular uma conversa e decodificar as expressões faciais e os estados emocionais de seus interlocutores. O software também pode rodar em smartphones ou tablets e dispõe de um painel que mostra centenas de dados gravados pelo Glass. Os dados, que são catalogados em tempo real, permitem que pais e professores acompanhem o progresso do usuário.

Para Sahin, o fone portátil é parte fundamental do processo de aprendizagem. Ele ressalta que um aplicativo ou um tablet não funcionaria tão bem porque ambos forçam as pessoas a olhar para baixo. "Se você olha para baixo para enxergar a tela, seu *input* sensorial do mundo é muito controlado", ressalta. "Se eu tiro o iPad da sua mão, sua cabeça automaticamente levanta e seus ouvidos apontam para uma parte diferente do mundo, o que, para uma criança com autismo, pode gerar confusão e ser perturbador."

Por outro lado, ao usar os óculos inteligentes, o usuário está "com a cabeça levantada, as mãos livres e está envolvido" com o mundo social que o rodeia.

"A tecnologia é um registrador de resultados e ensina a interação entre humanos", explica Sahin. "Para acumular pontos, você precisa literalmente interagir com outro ser humano no mundo real."

Cada jogo lançado pela *Empowered Brain* foi projetado para promover a interação humano-humano. Tomemos como exemplo o *Emotion Charades* (Charadas

Emocionais, em português): imagine-se usando o Glass enquanto estiver interagindo com um amigo. Para acumular pontos (neste caso específico, joias virtuais), você precisa adivinhar que tipo de emoção seu amigo está demonstrando, inclinando sua cabeça para selecionar uma das duas opções dadas; por exemplo, um emoji feliz ou um emoji triste. Portanto, se o seu amigo estiver sorrindo e você selecionar o emoji feliz, seu amigo vai recompensá-lo com joias virtuais. Mas, se identificar erroneamente o sorriso do seu amigo, escolhendo o emoji triste, você não ganha nada. O jogo ensina a identificar expressões de emoções durante uma interação e incentiva o usuário a olhar diretamente para o rosto do seu interlocutor durante a conversa.

O objetivo final é "desmamar" os usuários do *Empowered Brain* à medida que vão progredindo, para que consigam agir plenamente no mundo real. Por exemplo, no jogo Face2Face (Cara a Cara), que promove olhares direcionados ao rosto durante a conversa, enquanto aumenta a dificuldade do jogo para o usuário, algumas dicas visuais podem desaparecer.

Cinco anos depois de Sahin ter aberto sua empresa, Emily me procurou e me perguntou se eu conhecia alguma tecnologia que pudesse ajudar Matt. Em vez de dizer "Bem, talvez tenhamos algo no futuro", eu pude encaminhá-la a Sahin. Poucos meses depois de receber seu diagnóstico, Matt visitou os escritórios da Brain Power em Cambridge, Massachusetts, e testou o sistema *Empowered Brain*. De certa forma, muito embora Matt seja muito jovem para essa tecnologia, ele é o candidato perfeito. É inteligente e está indo muito bem na pré-escola. Ele melhorou muito suas aptidões linguísticas, é bom com números e *ama* tecnologia. Mas ele precisa trabalhar mais suas habilidades sociais, e sua incapacidade de encarar as pessoas ou focar diretamente nelas quando estão falando com ele vai ser um empecilho para criar amizades, evoluir na escola e se tornar adulto.

O *Empowered Brain* ajuda crianças como Matt a lidar com problemas práticos que impactam suas interações sociais cotidianas. O sistema mostra a Matt como movimentar sua cabeça de um modo que não distraia nem incomode as outras pessoas, para que consiga manter uma conversação. E, mesmo que evite o contato visual, pelo menos ele está olhando na direção da pessoa e dando a impressão de estar envolvido na conversa. Com a ajuda do *Empowered Brain*, Matt está aprendendo como conversar com outras pessoas sem olhar para os lados ou para o chão, e essa é uma grande conquista para ele.

Muito embora tenha tido sucesso comprovado em uma ampla faixa etária, o *Empowered Brain* foi originalmente projetado para crianças em idade escolar. Dessa forma, quando Matt começou a usá-lo, a dúvida era: será que ele, com tão pouca idade, iria entender o que fazer? Mas, quando vestiu os óculos, ele não titubeou, como conta Emily: "Ele estava olhando uma imagem minha na tela, e, todas as vezes que olhava para o meu rosto ou para os meus olhos, ele ganhava pontos. Em pouco tempo ele aprendeu como jogar".

Atualmente, 150 dispositivos *Empowered Brain* estão em uso, em mais de dez países. A empresa está empenhada em aumentar seu uso nas escolas públicas e privadas de Massachusetts, para ajudar alunos que precisam de educação especial. Com 550 mil estudantes autistas matriculados em Planos de Educação Individualizada (IEPs), que são parte de programas de educação especial em todos os Estados Unidos, este é um mercado de porte razoável a ser explorado.

Além de ensinar competências de vida para uma criança, Sahin encara a tecnologia como uma ferramenta para favorecer o entendimento entre as crianças e seus pais. "Os pais são as únicas pessoas que vão defender esse jovem indivíduo do mundo. E, se acharem que não entendem o que acontece com seus filhos, eles podem desanimar. É basicamente uma ponte que ajuda a construir a conexão humana e, em última instância, o relacionamento."

Mas é uma ponte com o potencial de melhorar a comunicação e a compreensão entre as pessoas nas diferentes pontas do espectro autista, quer morem sob o mesmo teto, como Matt e sua família, estudem na mesma sala de aula ou trabalhem no mesmo escritório. A inovação poderá beneficiar toda uma geração de pessoas que precisam de uma prótese emocional para ajudá-las a melhor gerenciar suas interações com os outros.

A parceria da Affectiva com a Brain Power não tem fins lucrativos, e talvez nunca renda dinheiro. Mas isso não importa. Para mim, é a realização da missão na qual me empenhei há duas décadas: criar uma prótese emocional para todas as pessoas que precisam de um apoio para o EQ; ajudar pessoas como Matt a atingir seu pleno potencial e a derrubar as barreiras que sempre as atrapalharam. Foi ótimo ter passado o bastão para Sahin, que está empregando a tecnologia da melhor maneira possível.

21

Segredos de um sorriso

Nosso rosto é nosso quadro de avisos.
Revela para o mundo como estamos nos sentindo.

Dr. Joseph Dusseldorp, cirurgião plástico
especializado em reconstrução facial,
em Sydney, na Austrália.

O meu sorriso é meu superpoder, assim com o seu sorriso. Quando eu era apenas uma estudante de doutorado estrangeira em Cambridge, Inglaterra, meu sorriso me ajudou a derrubar obstáculos, construir pontes e forjar fortes laços emocionais com outras pessoas. Hoje eu uso meu sorriso "vim em missão de paz" no trabalho, quando entro na sala de alguém com uma lista interminável de pedidos ou quando estou em reunião com potenciais clientes, porque sei que as emoções são contagiosas e que os sorrisos são irresistíveis. Se pergunto alguma coisa com um sorriso estampado nos lábios, a receptividade à minha pergunta será totalmente diferente do que se eu estivesse com a cara amarrada ou fosse ríspida ao perguntar a mesma coisa. Os sorrisos são tão importantes para a interação humana que, mesmo antes de nascermos, praticamos sorrir no útero de nossa mãe. Sim, os sorrisos são fundamentais para a comunicação entre os humanos.

Portanto, imagine perder sua capacidade de sorrir. Foi isso que aconteceu com Susan (nome fictício), uma professora de primeiro grau de Sydney, Austrália, que acordou uma bela manhã com, digamos assim, o rosto *paralisado*. Embora um dos lados do seu rosto ainda funcionasse, o outro estava *congelado*. Dessa forma, o seu sorriso se transformou em uma versão estranha e caída do seu antigo eu, um meio sorriso distorcido que não transparecia externamente o que ela sentia por dentro.

"Minha profissão se resume em um sorriso. É assim que consigo envolver meus alunos", ela disse em meio a lágrimas ao seu médico. Quando os alunos começaram a se afastar, perguntando "O que houve com o seu rosto?", ela decidiu abandonar as salas de aula e trabalhar em uma função administrativa.

A doença que roubou o sorriso de Susan é chamada de paralisia facial, um distúrbio neuromuscular que provoca expressões faciais unilaterais e esquisitas. Pode ocorrer de repente, e sua causa é bastante diversa, podendo variar de derrame a vírus. Às vezes a cura se dá sozinha; às vezes, não. Em muitos casos, é preciso uma cirurgia reconstrutiva para fazer o rosto voltar a funcionar.

Susan é paciente do dr. Joseph Dusseldorp, catedrático de cirurgia e clínica do Departamento de Cirurgia Plástica de Reconstrução Facial do Massachusetts Eye and Ear, da Escola de Medicina de Harvard. Muito embora a doença interferisse em sua capacidade de comer, falar, respirar com o nariz e fechar os olhos, o que ela mais queria era recuperar o sorriso.

Não são apenas os adultos que sofrem com essa condição; crianças pequenas podem nascer com um problema congênito de formação chamado síndrome de Moebius, e nesses casos os dois lados do rosto ficam paralisados. Essas crianças não conseguem sorrir. Elas podem muito bem ter um excelente senso de humor e ser normais em todas as outras coisas, mas seus músculos faciais simplesmente não se mexem. É como se estivessem usando uma máscara.

Eu conheci Joe na primeira Conferência de Emotion AI promovida em 2017 pela Affectiva, que reuniu especialistas de todo o mundo que se dedicavam ao uso de *Emotion AI* em diversas áreas, dentre as quais a saúde. (Desde então, organizamos essa conferência todos os anos.) Joseph Dusseldorp tinha uma bolsa da Faculdade de Medicina de Harvard e muita curiosidade em saber como a tecnologia de *Emotion AI* poderia ser aplicada em seu trabalho. A conversa rapidamente voltou-se para sorrisos.

Dusseldorp me disse que quando os pacientes, adultos ou crianças, procuravam-no para fazer uma cirurgia reconstrutiva, geralmente o argumento usado era: "Eu só quero recuperar o meu sorriso". Como diz Dusseldorp, "se conseguirmos melhorar, mesmo que seja apenas um pouco, seus sorrisos, isso acarretará uma grande mudança na personalidade e na vida de todos eles". É por essa razão que 98 por cento das cirurgias feitas por Dusseldorp, tanto em adultos quanto em crianças com paralisia facial, usam "reanimação do sorriso", um procedimento neurocirúrgico bastante complexo que reorienta a parte do sistema nervoso que fornece a atividade elétrica responsável pela movimentação dos músculos da face. Como ele próprio explica: "Basicamente, é muito parecido com o trabalho de um eletricista:

imagine que pegamos um 'fio de extensão' no lado saudável do rosto e o redirecionamos para o lado afetado".

A reanimação do sorriso é um procedimento trabalhoso e complicado, tanto para o cirurgião quanto para o paciente, e a recuperação pode demorar diversos meses, ou até mais. Os cirurgiões precisam monitorar de perto os pacientes na fase pós-operatória, para avaliar seus progressos, principalmente para verificar se o lado paralisado do rosto voltou a se mover e, ao longo do tempo, se conseguiram restabelecer a total simetria do sorriso. Até mesmo uma assimetria imperceptível pode transformar um sorriso em uma careta. O objetivo é recriar um sorriso convincente que transmita o que Dusseldorp chama de "teste do homem na rua". Em outras palavras, parece autêntico ou será que um transeunte olharia duas vezes e pensaria: *Nossa, o que há de estranho com aquele rosto?*

Ainda que uma cirurgia tenha sido um sucesso e a função da face tenha sido restaurada, alguns detalhes sutis, difíceis de quantificar, podem atrapalhar muito um sorriso. "Suponhamos que, mesmo que o músculo do sorriso volte a funcionar e o canto da boca se mexa, o sorriso não consegue transmitir se a pessoa está feliz", diz Dusseldorp. "Talvez abra muito a boca lateral e verticalmente, mas na verdade milhares de coisas podem dar errado, e o sorriso passa a comunicar a mensagem errada."

Eu sabia, com base na pesquisa que tinha feito, que existem dezenas de tipos de sorrisos e que cada um deles carrega um significado diferente — e nem todos expressam alegria. Até mesmo a mais imperceptível variação na região da boca pode mudar a mensagem. Mas o que mais incomodava Dusseldorp era não ter uma ferramenta *objetiva* para monitorar um sorriso restaurado ao longo dos anos, como as ferramentas disponíveis para outras especialidades. Após uma cirurgia do coração, ou dos rins, o cirurgião pode usar diversos testes para avaliar o progresso do paciente. Na cirurgia da face, no entanto, não existe um teste-padrão para avaliar a função; os cirurgiões dependem exclusivamente dos seus olhos para avaliar o paciente ao longo da sua fase de recuperação.

O cuidado pós-cirúrgico de intervenções de reanimação do sorriso envolve consultas periódicas nas quais o cirurgião normalmente tenta provocar sorrisos espontâneos dos pacientes contando piadas ou mostrando vídeos engraçados. Dusseldorp não estava satisfeito com a natureza sem base científica da avaliação pós-cirúrgica — o processo todo era bem aleatório —, no entanto ele não conseguia encontrar uma alternativa. A resposta surgiu durante uma das palestras da Conferência de Emotion AI, a reunião anual patrocinada pela Affectiva que reunia representantes de inúmeras áreas para explorar os possíveis usos da tecnologia de *Emotion AI*. Graham Page, atualmente diretor da Unidade de Media Business Analytics da Affectiva mas que na época trabalhava na Kantar Millward Brown (KMB, antiga

Millward Brown), a empresa de publicidade e branding que havia se associado à Affectiva, descreveu como a KMB usava nosso software para acompanhar e medir as expressões faciais dos consumidores assistindo a filmes comerciais. Embora aparentemente não tenha qualquer relação com medicina, quando Dusseldorp assistiu à apresentação de Page, imediatamente viu a ligação entre o trabalho da KMB e seus pacientes. É exatamente isso *que nós na cirurgia plástica reconstrutiva estamos tentando fazer*, pensou. *Exceto que não temos essas incríveis ferramentas!* Ele percebeu que a tecnologia poderia ser usada para desenvolver uma medição objetiva dos resultados cirúrgicos que há tanto tempo ele procurava. Dessa forma, ele nos pediu acesso ao software, e nossa resposta foi positiva. Também recomendamos que ele assistisse a diversos vídeos humorísticos que sabíamos já ser de domínio público e, portanto, ele poderia mostrar a seus pacientes.

Dusseldorp finalmente tinha uma ferramenta que não apenas era capaz de medir e classificar sorrisos, mas também poderia eliminar grande parte do trabalho de adivinhação envolvido na avaliação pós-cirúrgica dos pacientes.

Uma das primeiras coisas que Dusseldorp fez com o nosso software de *Emotion AI* foi investigar como os sorrisos das pessoas com paralisia facial eram interpretados pelas outras pessoas. Em um dos estudos, ele projetou vídeos de sorrisos de pacientes antes da cirurgia usando nosso software. Descobriu que seus sorrisos transmitiam aos outros a mensagem errada. Embora os pacientes estivessem tentando expressar alegria, para a maioria das pessoas um sorriso assimétrico está associado a desprezo. Para piorar ainda mais as coisas, as pessoas com sincinesia, que são contrações musculares involuntárias que ocorrem pós-paralisia facial, podem franzir o nariz involuntariamente ao tentarem sorrir, o que é interpretado como asco.

Depois da reanimação do sorriso, a *Emotion AI* da Affectiva detectou um número significativamente maior de emoções de alegria do que emoções negativas nos novos sorrisos dos pacientes, um grande avanço. Com o nosso software, Dusseldorp consegue agora classificar o tipo e a intensidade de um sorriso depois da cirurgia, tal como fazemos na pesquisa de mercado quando testamos algum vídeo comercial. A beleza dessa abordagem reside no fato de que, no futuro, ao usar um aplicativo que está sendo desenvolvido por Dusseldorp com o nosso *kit* desenvolvedor de software (SDK), os pacientes em estágio pós-cirúrgico poderão monitorar eles próprios seus sorrisos em tempo real, em suas casas, eliminando a necessidade de novas consultas médicas.

"Nem sempre a resposta está correta", admite Dusseldorp. "Até que saibamos exatamente como esse aplicativo funciona, estaremos trabalhando com resultados que não são perfeitos. Por exemplo, podemos achar que fizemos uma excelente cirurgia, mas, quando o paciente sorri, o sorriso não expressa 100% alegria — talvez apenas 50%. Essa ferramenta nos permite analisar um grande volume de casos que se enquadram nessa categoria, para depois analisarmos o que precisa ser modificado na nossa cirurgia para criar um sorriso mais natural para essas pessoas."

Ainda acho isso tudo extraordinário: quem poderia imaginar que uma palestra de um executivo de marketing pudesse plantar a semente de uma nova ideia na cabeça de um cirurgião plástico cujo trabalho profissional é ajudar as pessoas a recuperar o sorriso? Era exatamente o tipo de intercâmbio de ideias que eu tinha sonhado que seriam produzidas pela conferência — e é essa a razão, também, que me leva a acreditar que é muito importante para as pessoas das mais diferentes disciplinas ter a oportunidade de se encontrar e compartilhar suas ideias.

A próxima geração de cientistas

Alguns meses depois de eu ter me tornado a CEO da Affectiva, nosso diretor de vendas me encaminhou um e-mail de Erin Smith, uma estudante do segundo ano da Shawnee Mission High School em Overland, Kansas, que queria ter acesso ao nosso software. Ela não tinha recursos para pagar nossa taxa de licença, e o nosso diretor de vendas não sabia como responder ao pleito dela. Fiquei intrigada: por que uma menina de quinze anos queria o nosso software?

Bem, em 2016, quando Smith estava assistindo a um vídeo sobre a Fundação Michael J. Fox sobre a Pesquisa de Parkinson, ela ficou impressionada pela forma como Fox e outros pacientes com Parkinson apresentados no vídeo riam ou sorriam. "Para mim, o sorriso deles não tinha brilho, estava isento de qualquer emoção", ela lembrou. "Achei que havia alguma coisa errada."

A maioria dos alunos do segundo grau não tem esse tipo de percepção, mas graças a uma famosa série de televisão Smith se interessou em estudar códigos faciais. Na oitava série, ela foi apresentada ao sistema de codificação facial pelo seriado *Lie to Me* (no Brasil, *Engane-me se puder*), um drama investigativo baseado no trabalho de Paul Ekman sobre um detetive/cientista pesquisador que consegue avaliar a culpa ou a inocência de um suspeito apenas monitorando suas pistas não verbais. Instigada pela série, Smith leu a pesquisa e estudou o Facial Action Coding System, ou FACS (que é um sistema de codificação de movimentos faciais do rosto humano), de Ekman, assim como eu fizera na graduação.

Dessa forma, quando Smith constatou sutis anormalidades nos sorrisos dos pacientes com Parkinson que haviam sido entrevistados para o vídeo, a ficha caiu: ela pensou se o sorriso estranho teria algum importante significado médico específico relativo com a doença. Será que identificar essas mudanças faciais ajudaria a acelerar o diagnóstico e possivelmente o tratamento?

Ainda não existe um teste diagnóstico simples para o mal de Parkinson; trata-se de uma doença complexa e de difícil identificação até chegar aos estágios mais avançados. Segundo os Institutos Nacionais de Saúde, o mal de Parkinson é a segunda principal doença neurodegenerativa nos Estados Unidos, atrás apenas do Alzheimer. Nos Estados Unidos, meio milhão de pessoas sofrem desse mal, e cinquenta mil novos casos são diagnosticados todos os anos. Em todo o mundo, há mais de dez milhões de casos. A doença é mais prevalente em pessoas com mais de sessenta anos, embora possa se manifestar antes, como foi o caso de Michael J. Fox, que apresentou os primeiros sinais da doença aos vinte e nove anos.

Como a doença é subdiagnosticada ou diagnosticada erroneamente, os experts alegam que talvez o número de casos seja duas vezes maior do que os relatados no momento. Por volta de 2030, dado o envelhecimento da população, o número de pacientes com Parkinson pode muito bem dobrar, e os habitantes de países em desenvolvimento poderão ser os mais afetados pela doença.

O mal de Parkinson é frequentemente associado a tremores involuntários em situação de repouso ou lentidão de movimentos (distúrbios de movimento), mas esses sintomas mais óbvios ocorrem em um estágio mais avançado da doença. Os primeiros sintomas incluem problemas mais comuns e sutis, como depressão, insônia, constipação e mudanças cognitivas que podem ser desconsideradas por médicos que não sejam especialistas em Parkinson e ser diagnosticadas como "sintomas normais do envelhecimento". É muito difícil receber um diagnóstico preciso e precoce. Embora não exista cura, os tratamentos existentes são mais eficientes quando começam a ser administrados precocemente. Além disso, o exercício regular e outras mudanças de hábitos de vida, como uma dieta mais saudável e redução do estresse, podem atenuar muitos sintomas. Mas o verdadeiro pulo do gato é conseguir identificar precocemente a doença e ajudar os pacientes a tomar todas as medidas necessárias para atenuar os sintomas e reduzir o sofrimento. Até o momento, a ciência médica não teve sucesso nesse campo.

Algumas pessoas são cientistas natas; elas nascem com um senso de curiosidade e, se algo atrai seu interesse, vão até o fim. Continuam a cavar, sem medo de chegar a territórios desconhecidos. Smith é uma dessas pessoas. Ela seguiu seu instinto, primeiro conversando com cuidadores e com médicos de pacientes com Parkinson. Perguntou se tinham notado logo de início alguma mudança na comunicação não verbal de seus entes queridos. Os cônjuges, em geral, relataram que começaram a sentir que seus companheiros passaram a se desligar uma década antes de serem diagnosticados com Parkinson. Foi uma mudança sutil, difícil de precisar, entretanto esses parentes e cônjuges sentiram que sua conexão emocional com seus entes queridos havia sido silenciada.

As histórias contadas pelos parceiros de pacientes com Parkinson foram reforçadas pelos artigos que Smith vinha lendo nos jornais médicos. Exatamente as mesmas partes do cérebro que controlam a formação das expressões faciais, partes da amígdala e dos gânglios basais, são as primeiras a ser comprometidas com a progressão do mal de Parkinson.

Na época em que Smith se interessou pelo Parkinson, já era sabido que no início da doença, muito antes de outros sintomas neurológicos aparecerem, os pacientes desenvolviam o que é comumente chamado de "rosto mascarado", ou falta de expressão facial. Mas ninguém havia investigado como essas mudanças na expressão facial poderiam ser usadas para rastrear a progressão da doença.

Smith ficou fascinada pela ideia de conseguir digitalizar e quantificar essas mudanças sutis na expressão facial para desenvolver uma nova ferramenta de diagnóstico capaz de detectar a doença nos seus primeiros estágios. Em outras palavras, ela voltou todos os seus esforços para conseguir desenvolver marcadores faciais que conseguiriam monitorar o funcionamento interno do cérebro. Se esse dispositivo fosse desenvolvido, poderia melhorar muito o diagnóstico não só do mal de Parkinson como também de outros distúrbios neurológicos.

No entanto, a "ideia maluca" de Smith emperrou exatamente neste ponto: ela não tinha ideia de como conseguir capturar e quantificar as expressões faciais. Portanto, vasculhou no Google todas as informações disponíveis em decodificação facial. Uma noite, topou com a minha TED Talk.

Fiquei impressionada com a iniciativa daquela jovem, e concedemos acesso pleno e gratuito ao nosso software, além de dar mais informações sobre como desenvolvíamos nossas pesquisas. Mas confesso que me sentia um pouco cética e pensava: *Será que esta jovem de quinze anos vai conseguir fazer alguma coisa?*

Esqueci totalmente o pedido de Smith até que, alguns meses depois, ela nos mandou um novo e-mail. Ela já havia feito algumas incursões importantes no seu trabalho. Havia se associado à Fundação Michael J. Fox para estudar o rosto de uma centena de pacientes e descobrira que seu palpite inicial estava certo: logo nos primeiros estágios da doença, *há* uma redução nas contrações dos músculos da face dos pacientes com Parkinson. Sendo mais direto, alguns movimentos de um específico músculo da face são afetados, particularmente os principais músculos responsáveis pela formação do sorriso.

Smith havia desenvolvido um protocolo para um estudo para identificar e medir dois tipos de expressões e emoções faciais: os que são espontâneos, que acontecem sem percebermos, e os que são forçados. Isso pressupunha a aplicação de dois testes, uma vez que diferentes regiões do cérebro são responsáveis por expressões espontâneas e por expressões forçadas.

Com a câmera interna de seus computadores domésticos, os pacientes de Parkinson que se voluntariaram para participar do seu estudo assistiram a uma série de vídeos curtos selecionados para provocar reações emocionais e movimentos faciais espontâneos. A seguir, uma série de emojis representando diversas expressões faciais era apresentada aos participantes, e pedia-se que eles reproduzissem aquelas expressões. O software da Affectiva apresentava um detalhamento momento a momento das suas respostas faciais. Smith podia então comparar essas respostas com as de pessoas que não eram acometidas pelo mal de Parkinson. Com base nesses dados, ela desenvolveu uma série de algoritmos capazes de identificar o Parkinson nos estágios iniciais da doença e acompanhar sua evolução. E ao longo do processo, à noite, em seu tempo livre, Smith aprendeu sozinha como programar códigos, usando ferramentas de treino que encontrou na internet.

Antes do seu último ano do segundo grau, Smith havia patenteado o software, que passou a se chamar FacePrint, e abriu uma empresa para continuar com sua pesquisa. O FacePrint foi projetado para ser fácil de usar; e, tal como os testes iniciais da sua tecnologia, um usuário primeiro assiste a uma série de comerciais do Super Bowl enquanto seu rosto é gravado por uma câmera de computador (como eu fizera em 2011 para atrair uma parceria com a WPP). A seguir, o usuário precisa imitar três emoticons universais. Em seguida, os vídeos das respostas faciais espontâneas e posadas são analisados, usando o software de *Emotion AI* da Affectiva. O resultado é uma conclusão sobre se o paciente sofre ou não do mal de Parkinson.

Até o momento, a precisão do algoritmo é de 88 por cento, segundo Smith, que trabalha sem cessar para melhorar esse resultado e chegar próximo aos 90 por cento ou mais. E ela ambiciona ainda mais: usando o FacePrint, observou que existem diferenças distintas nos movimentos faciais para os pacientes com outros distúrbios neurológicos. Com base nessa observação, criou para si uma nova missão: elaborar "uma ferramenta de diagnóstico e de monitoramento robusta e diferenciada para o mal de Parkinson e para pacientes com parkinsonismo atípico".

O grande diferencial da ferramenta de Smith é que ela pode ser usada *fora* do ambiente médico, em qualquer lugar que tenha um computador e uma câmera, como um celular! Acredito que é aí que terá seu maior impacto: permitir que as pessoas monitorem de casa seu progresso e a eficácia de seu tratamento. Permitirá também às pessoas que moram em países em desenvolvimento ou em áreas onde não exista um especialista em Parkinson receber um diagnóstico preciso e precoce de sua doença.

Smith comenta que sua pesquisa ainda está em fase bem inicial. Embora já existam marcadores faciais que indiquem o mal de Parkinson, e talvez outros distúrbios neurológicos, ainda não se sabe, por exemplo, se essas limitações (como um sorriso contido) são na verdade indícios de depressão que ocorrem no estágio inicial do Parkinson ou de outros distúrbios semelhantes. Para tanto, a *startup* de Smith participará de testes clínicos para determinar se o software é capaz de prognosticar a depressão em pacientes com mal de Parkinson, uma patologia semelhante ao Alzheimer ou apenas uma ligeira deficiência cognitiva.

Para Smith, seu trabalho não se restringe ao Parkinson, à neurologia ou até mesmo à ciência; é, na verdade, uma mudança de paradigma na medicina, "focada em permitir que os pacientes tomem iniciativas e possam decidir sobre sua própria saúde e ter acesso a ferramentas e tecnologias de que não dispunham antes".

A revista *Forbes* reconheceu e incluiu Smith em sua lista "Under 30" [abaixo dos 30 anos], e ela tem uma lista interminável de honrarias, dentre as quais uma Thiel Fellowship (bolsa de estudos financiada pelo empreendedor Peter Thiel), que premia com cem mil dólares jovens "que queiram construir coisas novas em vez de apenas ficarem sentados em uma sala de aula". Depois do segundo grau, Smith parou de estudar durante um ano para se dedicar à sua empresa e no momento está cursando a Universidade Stanford.

A história de Smith é uma prova cabal de como a inovação está relacionada a uma mentalidade que transcende a idade, assim como outras barreiras. Serve também para validar minha crença de que o valor de uma empresa não deve ser medido apenas por seu faturamento, mas também por outros dados intangíveis, tais como seu impacto geral e seu apoio à inovação e ao talento. Ao apoiar o projeto de Smith, abrimos novos horizontes para o uso da tecnologia da *Emotion AI*, além de apoiarmos essa jovem em sua jornada de descoberta e inovação.

22

Uma nova família americana

Eu nunca tinha feito um curso sobre História Americana; esta matéria nunca foi prioridade nas escolas internacionais preparatórias britânicas que eu frequentei. Agora que estava pedindo a cidadania americana, lamentei nunca ter estudado nada. Como parte do processo de naturalização, os requerentes à cidadania fazem uma entrevista com um funcionário da imigração na qual, entre outras coisas, precisam responder dez perguntas, extraídas das cem questões do Exame de Educação Moral e Cívica, sobre história e política americana. Para ser aprovado, é preciso acertar no mínimo seis delas. Os testes são feitos on-line, ou seja, não existe nenhuma pergunta surpresa, mas eu não queria simplesmente decorar as respostas. Eu queria realmente entender como funcionava o meu novo país. Durante semanas antes do teste, todas as noites, Jana e Adam, que tinham estudado História Americana no colégio, faziam perguntas extraídas do teste, e discutíamos as respostas em profundidade.

Eu adorava as aulas de história; os ideais americanos calavam fundo em mim. Fiquei muito impressionada pelo conceito de pesos e contrapesos, pelo fato de um órgão do governo ficar de olho no outro; o que não acontece na maioria dos países do Oriente Médio, que tendem a ser autocráticos. Nos Estados Unidos, todo mundo, dos representantes eleitos ao presidente, é responsável por suas ações.

Minha entrevista de naturalização foi marcada para o dia 18 de maio de 2016, um mês antes da cerimônia oficial de juramento dos novos cidadãos. Cheguei cedo para a entrevista, e logo me encaminharam para um oficial de imigração, um rapaz jovem, sisudo e formal. Primeiro, ele pediu que eu escrevesse uma frase simples em inglês, depois precisei responder a uma pergunta em inglês, que não foi nenhum problema para mim. A seguir veio a pergunta sobre história e política americana. Eu estava tão nervosa que não me lembro o que foi perguntado, mas passei com louvor. Então vieram as perguntas pessoais, pedindo que eu apresentasse provas de ser uma pessoa correta, se eu já havia cometido algum crime sério nos últimos cinco anos, se já havia prestado falso testemunho sobre minha imigração e se já tinha ou não usado drogas ou violado a lei de substâncias controladas. Depois de o oficial de imigração ter me feito uma ladainha de perguntas desafiadoras sobre minha pessoa, eu desabafei: "Eu sou um ser humano excepcional. Meu maior pecado é que como muito chocolate!".

Eu tinha acabado de quebrar a principal regra de como se comportar em uma entrevista de naturalização; havia feito uma brincadeira, e isso é totalmente desaconselhado. O oficial de imigração literalmente está com a sua vida em suas mãos. Podem simplesmente carimbar "negado", e, se isso acontecer, não há nada a fazer. Prendi minha respiração com nervosismo, lamentando não poder retirar meu comentário, e um segundo depois ele riu. E meu pedido foi aprovado. Eu fora considerada merecedora da cidadania americana. Senti uma onda de alívio e gratidão.

No dia 30 de junho de 2016, eu fiz meu juramento de lealdade aos Estados Unidos em uma cerimônia de cidadania conduzida em um tribunal distrital, no Faneuil Hall, em Boston. O meu oficial de imigração estava na primeira fila. Sorriu abertamente para mim, e eu retribuí. Olhei em volta do salão de honra e fiquei surpresa com o fato de que as duzentas pessoas que estavam se naturalizando naquele dia constituíssem o grupo mais diversificado que eu já vira na vida. Homens e mulheres de todas as nacionalidades, religiões e histórias agora se uniam como cidadãos americanos. Meus olhos ficaram marejados de lágrimas; era o começo oficial da minha nova vida, uma egípcio-americana que havia se tornado parte daquela mescla fantástica de culturas unidas por um mesmo ideal de liberdade, oportunidade e democracia. Este é o lugar onde você pode trazer seu sonho mais louco e tentar mudar o mundo, um lugar onde se admira quem se arrisca e onde se estimula a busca de novos limites, e isso está profundamente incutido na mentalidade americana.

Meus filhos sempre viveram períodos nos Estados Unidos — o Adam nasceu aqui —, portanto mudar definitivamente para Boston não foi difícil para eles. As adaptações foram poucas. Falavam inglês fluentemente e conheciam bem a cidade, e tínhamos amigos do trabalho e do Media Lab do MIT. Jana e Adam têm grande curiosidade intelectual, gostam de conhecer novas pessoas e saber suas histórias e, portanto, se adaptaram muito bem. Wael vem visitá-los duas vezes por ano, e sempre viajamos para o Cairo e para Dubai para que tanto Jana quanto Adam continuem a manter seus vínculos com o pai e com os outros parentes.

No entanto, a vida nos Estados Unidos é totalmente diferente da vida que levávamos no Egito. Eu nunca teria me tornado esta mulher independente e autossuficiente que sou hoje se ainda morasse no Egito. Lá, teríamos o apoio da família, além de um motorista, uma empregada em tempo integral e talvez até mesmo uma cozinheira. Como mãe sozinha morando nos subúrbios, eu não tinha nenhum desses luxos. Passava grande parte do meu dia cuidando dos filhos, como qualquer outra mãe de classe média. Não temos uma empregada em tempo integral. Na maioria dos dias, as crianças arrumam sua própria cama, recolhem suas roupas e ajudam a lavar a louça. Aprendem, também, a ser independentes, e isso é ótimo. Cozinhar? Todos ajudam. Adam prepara seu café da manhã desde os oito anos, e prefere muito mais o dele ao meu. Eu só aprendi a me virar por conta própria quando estava na Universidade de Cambridge, quando morei sozinha. Tenho orgulho de ver como meus filhos são autossuficientes.

Jana e Adam frequentam uma escola na Nova Inglaterra que tem quase duzentos anos, mas que adota uma linha pedagógica bastante moderna e internacional. Visitamos diversas escolas, e o que mais me impressionou nesta é que não só ensinam história americana, que para mim é muito importante, mas os professores reconhecem que os alunos também precisam aprender sobre outros países. Uma das prioridades deles é ter uma população de alunos diversificada em termos de etnia, religião e classe econômica. Sinto orgulho do fato de Jana e Adam estarem experimentando um dos aspectos dos Estados Unidos que eu mais admiro e respeito: a mentalidade aberta, que abraça os outros que podem ou não parecer, comer ou falar como você. Mas percebi que, na maioria das vezes, eles compartilham os mesmos valores. Jana e Adam são cidadãos americanos — Adam nasceu aqui, e Jana é naturalizada —, mas eu os educo para serem cidadãos do mundo.

Por serem muçulmanos, são minoria na escola e aproveitam todas as oportunidades para apresentarem sua religião e sua cultura para as outras crianças. Como sempre comento com eles, se você quer ser aceito, precisa aceitar os outros; é preciso ser tolerante a práticas religiosas e culturais diferentes.

Todos os anos eu organizo, durante o feriado de Ramadã, uma festa depois do pôr do sol, quando interrompemos o jejum, e convido todos os meus amigos muçulmanos. Também convido pessoas de outros credos e culturas, tanto da minha empresa quanto da vizinhança. Partir o pão juntos, compartilhar nossos costumes e feriados religiosos, é um modo de criarmos um vínculo maior com os outros. Os jantares que organizamos são tão diversificados que às vezes nós os chamamos de "Nações Unidas particular".

Morar nos Estados Unidos me abriu os horizontes para a conexão humana, a tolerância e a aceitação. Há alguns anos, depois que mudamos para Boston, Jana, que na época estava na sétima série, foi convidada para o *bar mitzvah* de um coleguinha. Jana queria que eu comprasse um vestido novo para usar na ocasião, e assim, naquelas férias de inverno, quando visitamos minha família em Dubai, Jana e eu anunciamos que iríamos às compras para procurar um vestido para ela usar em um evento especial. Minha tia, que usa *niqab*, um véu que cobre todo o rosto e o corpo, só revelando os olhos, perguntou para que tipo de ocasião estávamos procurando um vestido.

Respondi: "Jana vai ao *bar mitzv*ah de um dos seus amigos que é judeu". Eu só conseguia ver os olhos da minha tia, mas não precisava de mais; eles simplesmente mostraram aquela expressão AU5 com olhos arregalados, que é sempre indicativo de choque e surpresa. Minha tia é a pessoa mais gentil e doce que eu conheço, mas não conseguiu se conter. "Nossa, você tem amigos judeus! Você realmente se americanizou!" Ela não estava me elogiando — na verdade eu estava mudando de tal forma que a fazia sentir-se desconfortável —, mas para mim soou como um elogio. Encarei a situação como uma declaração da minha capacidade de continuar a crescer e me tornar cidadã de um mundo maior.

No entanto, fiquei com pena dela. Eu não mencionei que também tinha diversos amigos gays e que os pais que eu mais gosto na escola são um casal de lésbicas.

A mudança para os Estados Unidos também exigiu que eu me tornasse uma astuta gerente das nossas finanças pessoais, uma parte da minha educação totalmente negligenciada. Na qualidade de mãe divorciada de dois filhos, preciso arcar com metade das despesas das crianças, como as do dia a dia, e fiquei apavorada porque eu não fora educada para entender de finanças. Claro, sei ler um balanço e consigo angariar milhões de dólares junto a empresas de *venture capital* para manter a Affectiva saudável. Mas desconhecia totalmente finanças pessoais. Um dia, um dos meus funcionários me perguntou se eu achava que ele deveria contribuir para o plano de aposentadoria 401(k)[6] patrocinado pelo empregador; e eu não sabia o que responder. Alguns anos antes, quando ainda estava no MIT, eu contribuí para um plano semelhante. O MIT iria me ajudar a financiar minha aposentadoria. Naquela época, achei que era um golpe. Será que eu iria depositar dinheiro em uma conta da universidade e esperar que me devolvessem quarenta anos depois? Fiquei bastante cética, porque fui criada em uma cultura onde a corrupção permeia tudo e as instituições podem ser derrubadas por um golpe político ou alguma mobilização social. Portanto, nunca prestei muita atenção no 401(k), nem em qualquer outro investimento de longo prazo. Mas, se a minha própria empresa estava oferecendo aquele plano, eu precisava saber do que se tratava e entender melhor como funcionava.

A Affectiva oferece serviços gratuitos de consultoria financeira para todos os seus funcionários, então decidi aproveitar aquele serviço. Sabia que minha educação deixava a desejar nessa área, mas não podia imaginar quanto. Na nossa primeira reunião, o consultor financeiro perguntou: "Qual o montante da sua poupança?".

---

6 O 401(k) é um plano de aposentadoria que permite que um colaborador utilize parte de seu salário para investimentos de longo prazo. (N. E.)

Respondi: "Pouco!".

"Vi aqui que sua casa é alugada. É muito caro alugar uma casa em Boston. Você já considerou a possibilidade de comprar uma casa?", ele perguntou.

Respondi: "Bem, como eu iria pagar? Eu não tenho meio milhão de dólares dando sopa para comprar uma casa no momento".

Ele me olhou espantado. "Por que não faz um financiamento?"

Agora era minha vez de ficar confusa. "Financiamento?"

No Oriente Médio, na minha época, você tinha, ou não tinha, dinheiro para comprar uma casa à vista. Eu não tinha ideia do que significava perfil de crédito. Tudo me levava a crer que eu precisaria aprender muita coisa, mas estava determinada a dominar o assunto. Dentro de um ano, obtive um financiamento, comprei uma casa, abri uma conta 401(k) e comecei a poupar. E hoje em dia sou muito cuidadosa com meu dinheiro — precisa ser usado em muitas coisas diferentes. Além do mais, converso sobre dinheiro com meus filhos; quero que aprendam essas coisas com quinze ou dezesseis anos, e não aos quarenta como eu.

Minha mãe vem nos visitar sempre que pode, e, quando chega, sinto que posso relaxar. Ela é de grande ajuda. Leva as crianças para cima e para baixo, cozinha e é uma excelente companhia. Ela até ensina árabe para Adam! No ano passado, ela veio passar o Ano-Novo conosco. Durante a ceia, minha mãe disse: "Vamos nos unir nesta mesa e compartilhar nossos pedidos para o próximo ano".

Quando chegou sua vez de falar, ela disse: "Eu gostaria que Rana se casasse este ano".

Eu fiquei surpresa. "Mãe! Estou construindo uma empresa e criando dois filhos e tentando mudar como o mundo interage com a nossa tecnologia. E você ainda tem essa ideia fixa de querer me ver casada!" Mas pensei sobre o assunto e acho que na verdade ela estava certa: eu estava passando tanto tempo trabalhando e entretida com as crianças que não tinha mais vida pessoal. Não que eu quisesse me casar naquele momento, mas me dei conta de que deveria pelo menos começar a namorar.

Meus filhos concordaram, e aquele desejo se tornou um projeto familiar. Primeiro precisava superar o estigma de entrar em um aplicativo de encontros. Mas eu trabalho com tecnologia, e me dei conta de que é assim que as coisas funcionam hoje em dia! Portanto, baixei alguns aplicativos de encontros, e Jana e Adam selecionaram as minhas fotos e ajudaram a escrever meu perfil. Meu perfil diz o seguinte: "Cientista. Empreendedora. Elétrica. Amante de chocolate amargo. Meu sorriso é minha arma secreta". Frequentemente, sentamo-nos durante o jantar e analisamos os homens que eu deveria considerar. Não é fácil namorar uma CEO superocupada, mas namorar também é um enorme desafio para a "moça egípcia educada" que existe dentro de mim. Para começar, embora os homens muçulmanos tenham permissão para se casar com mulheres não muçulmanas, a convenção diz que uma mulher muçulmana como eu tem que se casar com um homem muçulmano ou alguém que se converta ao Islã. Isso parece impor um grande desafio, uma vez que a maioria dos homens que conheci on-line não era muçulmana; na verdade, a maioria nem árabe era. Embora isso não seja um problema para mim, sei que meus pais não iriam aprovar. Além disso, há o fato de que eu não bebo e não gosto de demonstrações públicas de afeto (quero dizer, imagine se alguém me vir e for contar para o meu pai!). Mesmo assim, tive alguns encontros, mas nenhum deles sério a ponto de pensar em apresentá-los aos meus filhos.

Sob a ótica da ciência da emoção, achei esse processo fascinante. Fiquei intrigada com o fato de que eu posso me conectar totalmente com alguém que conheci on-line e que a troca de mensagens de texto possa fazer rolar uma química tão grande que chega até a dar um friozinho na barriga. Mas, quando nos encontramos pessoalmente, eu geralmente vejo que aquela sensação passou. A mágica desapareceu. Eu gostaria que algum desses aplicativos conseguisse, através de um algoritmo de *Emotion AI*, detectar e avisar ao usuário se ele ou ela iria sentir aquele friozinho na barriga ao conhecer pessoalmente a outra pessoa. Eu pagaria por isso. Em teoria, isso é possível: quando você está analisando o perfil de um paquera potencial, antes mesmo de fazer o primeiro contato está lidando com emoções. Suas sobrancelhas podem se levantar, ou você pode pensar *Nossa, esse é bem bonitão*. Se um algoritmo conseguir captar essa atração inicial, pode muito bem customizar o cruzamento de algoritmo, o que resultaria em encontros melhores.

Quando a maioria dos aplicativos de encontro que existem hoje foi lançada, a *Emotion AI* ainda era uma tecnologia emergente. Atualmente, com a onipresença das câmeras em nossos telefones e o avanço na precisão da *Emotion AI*, deve ser possível olhar o perfil de um potencial paquera e avaliar se você está dando sinais de estar ou não interessada. Precisamos apenas da pessoa certa para projetar o aplicativo de encontros da estaca zero, incorporando todas as nossas habilidades de comunicação não verbais. Apenas nos Estados Unidos, os usuários de aplicativos de encontros on-line somam mais de quarenta milhões de pessoas. Dado o número de pessoas que tentam encontrar um companheiro on-line, um aplicativo de encontros equipado com leitor de emoções seria um aplicativo "imbatível" de *Emotion AI*!

Mas se tudo sair como a minha mãe quer, no entanto, eu já estarei casada quando tal aplicativo for lançado no mercado.

Fui criada em um lar que enfatizava a importância de trabalhar. Não era permitido reclamar e ninguém se descuidava, por mais dura que estivesse a situação.

Esses valores me tornaram resiliente em face de sérias dificuldades e adversidades, e por isso sou muito grata. Mas havia um lado ruim: sempre evitei externar pensamentos negativos em casa porque sempre acreditei que poderiam soar como lamentações. Nunca falávamos sobre nossos medos e ansiedades; isso era inaceitável. Nós labutávamos mesmo quando nossas vidas estavam sendo viradas de cabeça para baixo.

Depois daquele ano em que fiquei confinada no Cairo, quando tinha que abafar todos os meus sentimentos e tentar agradar a todos, eu me dei conta de que deixar de expressar as emoções não é muito saudável. Não percebia minha irritação e me sentia até um pouco deprimida. E normalmente eu não sou assim!

Atualmente me permito sentir emoções positivas e negativas. Tento sempre me manter aberta e vulnerável diante de meus filhos. Quero que me vejam experimentar todo o espectro de emoções humanas, da tristeza à euforia, da alegria à raiva. Eles até já me viram chorar mais de uma vez, porque quero que se sintam livres para fazer a mesma coisa. Pergunto a opinião deles sobre coisas pequenas e grandes, porque também quero que se sintam livres para se expressar. E, podem acreditar, aprenderam rápido. Diversas vezes ao ano eu saio para jantar apenas com um deles, e conversamos sobre objetivos e fazemos uma avaliação do ano. Uma vez perguntei ao Adam: "Bem, o que você acha que eu estou fazendo bem e no que posso melhorar?". Sem sequer pestanejar ele respondeu: "Bem, eu não sei o que você faz bem, mas você poderia aprender a cozinhar e parar de viajar tanto!".

Eu passava aproximadamente duas semanas por mês viajando; dou muitas palestras e também tenho muitas reuniões com investidores e parceiros. Eu me vejo como a pessoa que abre as portas da empresa. Eu abro as portas para potenciais parcerias e depois apresento esses novos relacionamentos para a equipe para que possa colocá-las em prática. Quando as crianças eram pequenas, eu pagava babás para tomar conta delas. Agora que a Jana está mais velha, não preciso mais de babás. Mesmo assim, tento fazer com que essas viagens sejam o mais eficientes possível. Posso dormir pouco e acordar cedinho para uma reunião, para poder terminar o dia o mais cedo possível. Eu movo montanhas para garantir que ficarei em casa no final de semana e possamos passar tempo juntos. Minhas habilidades culinárias? Bem, estou me esforçando.

Para mim não foi fácil tomar a decisão de mudar minha família do Egito para um novo país. Mas morar em tempo integral nos Estados Unidos foi de suma importância e me fez sentir menos dividida entre as obrigações de trabalho e a família. Meus filhos e a Affectiva estão do mesmo lado do Atlântico. Eu posso ter um dia muito ocupado e intenso no trabalho, como qualquer outro pai ou mãe que tenha uma vida profissional, e voltar para casa à noite, mudar de papel e ser mãe. Podemos jantar juntos (sem celular), conversar e contar as novidades. Ainda tenho dificuldades para equilibrar minha vida familiar e profissional, mas continuo me esforçando muito nessa frente.

Desligar é algo que não sei fazer, mesmo nas férias. Todos os verões, tiramos uns dias de férias para visitar minha família no Egito e visitar pelo menos um lugar ao qual nunca tenhamos ido. É uma tradição que herdei dos meus pais desde a época em que morávamos no Kuwait. Eu queria que meus filhos crescessem com a mesma paixão por viagens e a mesma curiosidade inesgotável sobre outras culturas.

As nossas visitas ao Egito permitiram que meus filhos passassem tempo com Wael e sua mãe, que eu visito toda vez que vou ao Cairo. Um ano, nosso plano era ir ao Marrocos depois de nossa temporada no Egito. Eu preparei minha lista de "o que fazer" no avião; minha prioridade número 1: "Estar presente e me divertir".

Mais fácil falar do que fazer. Durante os primeiros dez dias, mais ou menos, eu carreguei meu celular comigo para todos os lados e, como CEO de uma *startup* de tecnologia que ia de vento em popa, ficava checando os e-mails, o Twitter, o LindedIn ou o Facebook a cada minuto. Não importava onde estivesse — nas pirâmides ou jantando com outras dez pessoas. Depois, os meninos e eu viajamos para o mar Mediterrâneo, que os egípcios chamam de *Sahel*, uma palavra árabe para *costa*. Fomos fazer um passeio de barco; e em determinado momento peguei meu telefone na bolsa para mandar uma mensagem. Ele escapou das minhas mãos e caiu no mar. Era uma vez um telefone!

Depois de respirar fundo algumas vezes e reunir toda a minha calma interior como havia aprendido na minha aula de ioga para lidar com o inesperado, decidi que não iria usar o telefone durante todo o resto da viagem. Após alguns dias com sintomas de abstinência (eu pedia o telefone dos meus filhos emprestado para checar meus e-mails), finalmente consegui desligar. Pela primeira vez em anos eu estava realmente desconectada — off-line de verdade. Passei a interagir nas conversas durante o jantar. Caminhei pelas ruas de Marrakech e me deleitei com as cores e os cheiros. Estar presente e focada é algo que ainda é muito difícil para mim. Ainda sou um ser em evolução.

Sou muito exigente comigo mesma; não bastasse carregar a culpa da Mãe que Trabalha Fora (será que fico em casa tempo suficiente, estou dando a devida atenção para as crianças?), também carrego a culpa da CEO. Preocupo-me com o sucesso da minha empresa, com o que o futuro nos reserva e se sou uma líder suficientemente boa. Será que passo tempo suficiente com a equipe? Estou exigindo muito — ou não? Nossas metas são muito ambiciosas? Priorizo e dou ênfase a ética? Dou oportunidade para todos terem sucesso?

Desde que me tornei CEO, eu me comprometi a almoçar pelo menos uma vez ao ano com todos da empresa, individualmente. Eu sempre faço a todos as mesmas perguntas: a primeira delas sempre é "Quais são suas metas pessoais e profissionais para este ano e para os próximos?". Sempre faço perguntas "intrusivas" do tipo "onde você cresceu", "me fale um pouco da sua família, companheiros, filhos, colégios, faculdades e aspirações". Eu não estou tentando puxar conversa fiada; estou de fato interessada. Quando as pessoas trabalham ou são afiliadas da Affectiva, elas se tornam parte desta família estendida (e, para mim, nunca deixam de fazer parte desta família, mesmo que saiam da empresa).

Os familiares cuidam uns dos outros. Bem cedinho, no dia de uma reunião importante na Affectiva com uma agência de design gráfico com a qual trabalhávamos, recebi uma mensagem de um dos meus diretores dizendo que a babá que cuidava do seu bebê de seis meses havia ligado avisando que estava doente e não poderia vir. Sua esposa também trabalhava fora. Ele pediu muitas desculpas, estava se sentindo péssimo, mas achava que não conseguiria participar da reunião. Entendi como ele estava se sentindo dividido. O mesmo já tinha acontecido comigo, quando Roz e eu estávamos prontas para ter uma reunião com um investidor em potencial e a babá do Adam cancelou no último minuto. Portanto sugeri a ele trazer o bebê para o escritório, e nós todos o ajudaríamos. E foi isso que ele fez; fizemos a reunião, nos dividimos no cuidado daquele bebê adorável e concluímos o que precisava ser feito.

Colegas de trabalho são parte da minha família estendida; afinal de contas, passamos mais tempo juntos do que com nossos verdadeiros familiares. Os meus funcionários e estagiários vêm de todos os cantos do planeta, somos um grupo multiétnico de múltiplos gêneros, de várias gerações e eclético que representa uma ampla gama de crenças, experiências de vida e cenários. Alguns nasceram nos Estados Unidos, outros são naturalizados ou imigrantes. Estamos unidos pelas nossas crenças essenciais e pelo nosso desejo de fazer o bem para a nossa empresa e para o mundo.

23

Igualdade de condições

Em 2016, a empresa de recrutamento HireVue usou o software da Affectiva para analisar todos os sorrisos, caretas, caras feias, olhares de desaprovação e sorrisos afetados de Hillary Clinton e Donald Trump durante as entrevistas para o emprego mais importante de todos — os três debates presidenciais da eleição daquele ano.

Na qualidade de recente cidadã americana e votando pela primeira vez nos Estados Unidos, eu estava bastante curiosa sobre o que esses candidatos tinham a dizer e, claro, com o meu histórico em ciência da emoção, o que suas dicas não verbais tinham a nos contar sobre eles. Como uma mulher que derrubara todas as barreiras e se tornara CEO de uma empresa de tecnologia, eu tinha especial interesse em assistir ao progresso de outra mulher que havia derrubado a barreira mais importante de todas.

A área de atuação da HireVue não está relacionada a medir os estados emocionais e cognitivos dos políticos, mas usa a *Emotion AI* na sua plataforma de contratação. Incorpora um software de programação facial e outras ferramentas de AI (análise de voz e análise de texto) para analisar os currículos em vídeo enviados on-line para tentar uma vaga em uma das mais de setecentas empresas e entidades, dentre as quais Unilever, Hilton, Atlanta Public Schools, The Thurgood Marshall College Fund e Under Armour. O uso de plataformas de software de vídeo com AI para processos de seleção, como as usadas pela HireVue, está se tornando cada vez mais comum. Se você está se candidatando a uma vaga em uma empresa de grande porte, provavelmente seu currículo (seja em vídeo ou qualquer outro formato) venha a ser analisado por uma plataforma de AI antes de chegar aos olhos de algum recrutador humano.

Os candidatos à presidência da República não são obrigados a passar pelo protocolo de seleção típico. Entretanto, precisam passar por diversas provas de fogo antes de conquistarem o cargo. Durante os debates presidenciais, cada um dos candidatos precisa convencer dezenas de milhões de potenciais empregadores (os eleitores) de que ele ou ela merece seus votos. No caso de postular a presidência, os contratantes podem ser bastante imprevisíveis.

Em uma entrevista de vídeo típica da HireVue, o algoritmo não conhece (ou não tem interesse) a raça, o gênero, a idade ou qualquer outro fator que seja irrelevante para os pré-requisitos necessários para aquele cargo. Obviamente, isso não se aplica a um debate televisionado — os eleitores sabem o gênero e a raça de cada um dos candidatos, além de uma série de outras informações.

Nós não queríamos classificar os candidatos presidenciais com base em suas respostas. Apenas queríamos ver sua comunicação não verbal pelas lentes de um algoritmo imparcial para poder analisar como seus sinais não verbais eram encarados pelo público telespectador.

A essa altura vocês estão cansados de saber que eu sou obcecada por sorrisos e que existem diversos tipos de sorriso. Em um sorriso total, que é o padrão de ouro, a boca é puxada para cima e os músculos em volta dos olhos se enrugam formando pés de galinha. O que me chamou atenção foi que, sempre que Hillary Clinton sorria, ela usava apenas sua boca, mas não os olhos. Para um observador perspicaz (nosso algoritmo), isso parecia um sorriso forçado, que poderia muito bem ser interpretado pelos telespectadores como um sorriso duro ou falso. Em alguns momentos, no entanto, o rosto de Clinton estampava um sorriso caloroso, geralmente quando ela lembrava de seu trabalho com crianças e famílias logo no início de sua carreira. Mas aquele tipo de sorriso era raro e ocasional. E não apenas o sorriso de Clinton era reservado. Ao longo de todo o debate, ela própria se mostrou comedida, controlada e, acima de tudo, contida.

Em contraste, Trump demonstrou a gama completa de expressões emocionais, mas com ênfase no espectro de raiva, tristeza, desagrado e medo. Acreditem ou não, isso deve ter trabalhado a seu favor. De acordo com os dados levantados pela HireVue com base em milhares de currículos em vídeo, o candidato que demonstra os mais variados estados emocionais, que pareçam *autênticos*, geralmente são os que são selecionados para o cargo.

Isso não quer dizer que ser zangado ou desdenhoso funcionará em um currículo em vídeo — não funcionará, e eu não recomendo —, mas sem dúvida alguma reforça a crença de que ser você mesmo, ou seja, mostrar uma gama autêntica de emoções, é a melhor abordagem.

Mas suponhamos que Hillary Clinton tivesse seguido a cartilha de Trump; e se ela tivesse participado dos debates com punhos em riste, revestida de emoções?

Será que uma mulher teria vencido se apresentasse uma avalanche de emoções — positivas ou negativas? Se ela tivesse sido, digamos, "extremamente sorridente", teria sido descartada por ser boazinha demais. Se fosse dura e firme, teria sido descartada por ser uma mulher "zangada" ou "emocional", muito irracional para o cargo mais importante do país. Não se esqueça: não faz tanto tempo assim que Roz e eu não podíamos sequer mencionar a palavra que começa com E ou qualquer outra que pudesse conotar *sentimentos*, por receio de sermos descartadas por sermos mulheres emotivas!

Aquela foi uma eleição complicada, e não quero dizer que Clinton não foi eleita porque não sorria ou não demonstrava suas emoções. O que estou dizendo é que, pelo simples fato de ser uma mulher, teria sido muito difícil para ela achar o tom certo. Meu ponto é que o preconceito contra determinado grupos ainda existe, principalmente em processos seletivos, e não apenas para as mulheres ou os candidatos à presidência. Raça, gênero e endereço; onde estudou; e se o recrutador humano gostou ou não do seu sorriso ou, Deus o livre, lembrou-o de seu(sua) ex., tudo pesa na decisão de contratá-lo ou não. A verdade é que até mesmo os empregadores mais bem-intencionados — afinal de contas, somos todos humanos — muitas vezes não reconhecem o preconceito à sua volta.

Por exemplo, estudos já demonstraram que os currículos de candidatos com nomes "que parecem de brancos" chamam mais atenção do que o de candidatos com as mesmas credenciais, mas com nomes típicos de determinadas etnias. Isso acontece até mesmo nas empresas que apregoam o lema da diversidade. Portanto, no que concerne sermos abertos e objetivos, ainda temos um longo caminho a percorrer.

Não há a menor dúvida de que as mulheres trilharam um longo caminho nas últimas décadas, mas os principais cargos (como presidente dos Estados Unidos ou CEO de uma multinacional) ainda são seara masculina. A razão de isso continuar acontecendo é um tópico que requer muita especulação e debate. Alguns estudiosos pregam que, como as mulheres são banidas da "redes de cumplicidade masculina", talvez não tenham acesso a importantes aceleradores de carreira como mentores nem andem lado a lado com a cúpula. Outras teorias sugerem que a presença do chamado teto de vidro deve-se ao fato de as próprias mulheres não perseguirem de forma agressiva posições de alto escalão por causa do problema de equilibrar trabalho e família. Este último argumento é a ideia central do livro, e do movimento, *Faça acontecer*, de Sheryl Sandberg.

Entretanto, um estudo de 2017 publicado na *Harvard Business Review* descobriu que, analisando mais de perto, essa teoria não se sustenta. Ben Waber, PhD, autor do estudo, é fundador da Humanyze, uma empresa de pesquisa da ciência do comportamento que teve origem no MIT Media Lab. Dentre seus clientes há uma grande multinacional na qual as mulheres representam de 35 a 40% dos novos contratados, mas apenas 20% dos cargos mais seniores da empresa. A equipe da Humanyze pesquisou se as mulheres nessa empresa se comportavam de forma diferente dos homens e se era isso o que realmente impedia que atingissem cargos administrativos mais altos.

A Humanyze explora o que Waber chama de "tecido conectivo" de uma empresa, os 80% de cultura e comunicação no trabalho que não necessariamente aparecem em um organograma mas se refletem no modo com as pessoas se comportam no escritório, na vida real, em tempo real. Waber trabalha na área do comportamento da *Emotion AI*, usando sensores portáteis e outros dados (por exemplo, e-mails e textos) para rastrear as interações físicas e digitais reais entre as pessoas — os sinais sociais. Todos esses dados são anônimos. O objetivo não é identificar o comportamento individual, explica Waber. "Nós captamos os *padrões* e *ritmos* do trabalho, que são uma informação extremamente importante para uma empresa, mas que geralmente não recebem a devida atenção."

Todas essas teorias sobre as mulheres não terem muito contato com os superiores, ou de alguma forma não demonstrarem o mesmo comprometimento com o trabalho que os homens, foram comprovadas como sendo falsas. Com base em todos os dados coletados, os pesquisadores chegaram à conclusão de que "não existe uma diferença perceptível entre os comportamentos dos homens e das mulheres" no ambiente de trabalho.

Portanto, por que as mulheres sempre ficavam para trás em termos de ocupar posição na alta cúpula da empresa? O problema não era que as mulheres não estavam comprometidas, ou não tinham mentores, ou estavam sendo excluídas de alguma maneira óbvia. O problema, como constataram os pesquisadores com base neste estudo, é que "a desigualdade de gênero se deve a preconceito, e não a diferenças de comportamento". Aparentemente, quando chega a hora de promover alguém, em geral as mulheres são preteridas.

Estamos entrando na terceira década do século XXI. Dispomos de uma tecnologia extraordinária ao alcance de nossas mãos e podemos empregá-la para solucionar o problema de preconceito na área de contratação e promoção. Acredito que precisamos "garantir igualdade a todos" não só fazendo com que o processo seletivo seja mais justo, mas ampliando o alcance dos empregadores para focarem no talento, não importa qual, independentemente de gênero, raça ou posição financeira.

Se reconhecermos que os seres humanos são preconceituosos — e são os seres humanos que contratam —, qual será a solução? A HireVue, a Yobs, outra empresa com a qual trabalhamos, e outras da área estão usando plataformas de AI para fazer com que o processo de seleção seja mais justo e mais aberto a todos os candidatos. No processo de seleção tradicional, um postulante a um cargo primeiro envia seu currículo, que é analisado por um recrutador humano que decide se aquela pessoa será ou não cogitada para a vaga. No caso de uma empresa de grande porte, o recrutador pode estar analisando semanalmente centenas, se não milhares, de currículos. Como resultado, pode demorar semanas até o candidato receber alguma resposta.

Suponhamos que você esteja concorrendo a uma vaga em uma multinacional mas, em vez de enviar um currículo escrito, você é solicitado a fazer uma videoentrevista. Você precisa responder a algumas perguntas específicas relacionadas a seu trabalho, educação escolar e como lidaria com determinadas situações no trabalho. Você também é convidado a fazer um miniteste para avaliar suas aptidões cognitivas — muito parecido com o jogo que você joga todas as manhãs, no trem, ao ir para o trabalho.

De um dia para o outro, seu vídeo é analisado por uma plataforma AI que não distingue gênero, idade ou raça. A plataforma também não sabe onde estudou, ou de qual grêmio ou república você fez parte, ou ainda que igreja frequenta. A sua classificação é feita exclusivamente com base no seu potencial para ocupar aquela determinada posição de acordo com as suas respostas e a pontuação do seu teste, assim como as suas reações não verbais.

Não se trata de um concurso de beleza: o algoritmo não está procurando a *Miss* ou o *Mr. Simpatia*, mas ele analisa suas reações não verbais em termos de seu impacto na potencial posição que você vai ocupar. Por exemplo, o algoritmo quantificará, ao longo de um minuto, o número de vezes que você sorriu, sorriu com malícia, fez cara feia ou franziu a testa ao responder às perguntas. Ele usa esses dados (juntamente com as suas respostas não verbais) para avaliar, por exemplo, se você trabalha bem em equipe, se seu perfil é adequado para a posição e seu nível de engajamento quando pensa em trabalhar para uma determinada empresa.

Já no dia seguinte, você pode receber uma mensagem pedindo que contate a empresa para prosseguir com as conversas. E se você não se encaixa no perfil exigido, também é rapidamente informado, para que possa continuar procurando junto a outras empresas.

Talvez você ache que uma videoentrevista pode ser tendenciosa e que, se você não for fotogênico ou atraente ou se demonstrar nervosismo, você automaticamente será eliminado, mas isso não é verdade. A verdade é que, como Loren Larsen, CTO da HireVue, ressalta, o algoritmo sequer leva em conta essas coisas. Mas, em uma entrevista cara a cara, as pessoas geralmente *são* eliminadas com base em critérios que são irrelevantes para o cargo.

"Por exemplo, se você fala muito rápido, ou não é atraente, ou sorri de forma estranha, ou não está vestido adequadamente, ou olhou para o seu telefone duas vezes durante a entrevista — os entrevistadores odeiam quem faz isso", ele explica.

Diversos detalhes que não têm nada a ver com o cargo podem eliminá-lo de uma seleção de emprego."

Em contrapartida, os modelos de AI são treinados para prestar atenção apenas nas coisas que realmente são importantes para o cargo. "Se você fala muito rápido, não fará nenhuma diferença no modo como executa seu trabalho, e isso não impedirá você de conseguir aquele cargo, certo?", comenta Larsen. "A AI procura os detalhes que realmente destacarão os melhores de todos os candidatos."

Em algumas situações, entretanto, sua personalidade e até mesmo o seu sorriso são muito relevantes para o cargo — por exemplo, se você é comissário de bordo. Para tal posição, é preciso ter um sorriso que acalme as pessoas, habilidades sociais bem desenvolvidas, a capacidade de manter a calma em situações de estresse e, claro, empatia.

Larsen acrescenta: "Para mim não tem a menor importância se o meu contador sorri muito!".

Assim como acontece em uma entrevista pessoal, as respostas dadas às perguntas em uma videoentrevista também são muito importantes. Nem todos os empregos requerem exatamente as mesmas habilidades. Mas, por exemplo, se um determinado cargo exige empatia e facilidade de comunicação, as perguntas serão formuladas de forma a testar essas qualidades, diz Larsen. "Pode ser uma pergunta comportamental, como 'Relate uma situação em que você precisou trabalhar em equipe para acabar determinado trabalho; descreva quais eram suas atribuições na equipe'. Ou pode ser também 'Relate uma situação em que você precisou trabalhar em equipe e houve um conflito. Como você solucionou a situação?'"

Larsen observa que os candidatos com melhor desempenho respondem de forma diferente daqueles com pior desempenho. "Nós os avaliamos com base em uma série de critérios e competências, usando elementos subjacentes em relação à escolha de palavras, expressões faciais, para nos ajudar a entender. Como responderam naquela situação em equipe? E, depois, atribuímos uma pontuação para o trabalho em equipe."

Uma plataforma guiada por AI pode abrir o processo de seleção, tornando-o mais justo e eficiente. Mas, apenas porque um algoritmo, e não um ser humano, está analisando os dados não se elimina por completo a possibilidade de existir preconceito. Os algoritmos também podem ser tendenciosos. E, assim como ressaltei anteriormente, cabe aos cientistas de *machine learning* garantir que a amostra de aprendizado é suficientemente diversificada e não exclui grupos inteiros. Isso é muito capcioso, e Larsen diz que a HireVue frequentemente faz novas rodadas de testes do algoritmo procurando indícios ou sinais desse tipo de tendência. Até mesmo o melhor dos melhores programadores não pode prometer limpar toda a parcialidade de um algoritmo. No entanto, um bom algoritmo pode ser uma melhora significativa em relação a até mesmo o mais bem-intencionado de todos os seres humanos.

Além disso, ressalta Larsen, as videoentrevistas podem abrir o mercado de trabalho para pessoas que não tenham muita habilidade de comunicação ou se sintam desconfortáveis em entrevistas pessoais. "Portanto, de certa forma, as videoentrevistas oferecem igualdade de condições para todos", ele explica. "Por exemplo, as pessoas com transtorno do espectro autista podem ter grande dificuldade de entrar em um lugar, apertar as mãos e fazer contato visual. Se elas puderem apenas se conectar, ler algumas perguntas e respondê-las, a situação será muito mais confortável, tornando o processo muito mais fácil para elas."

A HireVue se associou à Integrate Autism Employment Advisors, uma organização sem fins lucrativos que ajuda as empresas a identificar, recrutar e manter funcionários com transtornos do espectro autista. Afinal, ainda é um ser humano que toma a decisão de contratar ou não, mas o processo usado pela HireVue é mais inclusivo e menos tendencioso. "Não é nossa intenção eliminar a intuição humana do processo de contratação", explica Larsen. "Mas o processo de seleção das opções é mais justo, mais preciso. Os seres humanos e os algoritmos funcionam melhor quando trabalham juntos."

Ser contratado é apenas metade da batalha. Subir hierarquicamente na empresa requer competências sociais — EQ (inteligência emocional). Se você não consegue interagir bem com outras pessoas, pode ficar emperrado em uma posição que desempenha bem, mas não terá grandes oportunidades de crescer ou de mudar para algo novo. Dessa forma, um algoritmo pode decidir que você é perfeito para a área administrativa, quando na verdade você gostaria de estar na linha de frente.

Ser capaz de se expressar com clareza, apresentar seu ponto de vista em uma reunião, conduzir uma reunião, na vida real ou virtualmente — esses são traços essenciais para ocupar uma posição de liderança. Mas um número incontável de pessoas tem absoluto pânico de falar em público; talvez sejam tímidas ou se sintam desconfortáveis quando são o centro das atenções. Eu também fico com um friozinho no estômago antes de fazer uma palestra, mas tive a sorte de contar com *coaches* maravilhosos, como a equipe que me preparou para a minha TED Talk. Também tive um treinamento particular, semelhante ao que é usado por muitos CEOs e executivos que lideram reuniões ou falam muito em público. Ser capaz de se comunicar com eficiência e clareza, seja para um grupo de pessoas ou para uma só pessoa, é fundamental para o sucesso.

Nem todo mundo tem a mesma sorte de ter acesso a esse tipo de ajuda, um fator que pode criar uma lacuna ainda maior entre aqueles que podem ou não pagar por um *coach* profissional. O desejo de oferecer igualdade de condições, abrir as oportunidades para todo mundo, independentemente de sua possibilidade de pagar ou não ou em que nível as pessoas se encaixam no espectro autista, foi o que realmente motivou meu colega do MIT Media Lab, Ehsan Hoque, um PhD, a prosseguir com o trabalho que começou no laboratório.

Aprimorando as competências humanas

O dr. Hoque é diretor do Rochester Human-Computer Interaction Lab (ROC HCI) da Universidade de Rochester, no Estado de Nova York. Ele é o cuidador de um irmão com síndrome de Down e autismo, o que lhe permitiu ter maior conscientização dos desafios impostos a pessoas que têm que superar obstáculos, sejam eles de natureza física, emocional ou até mesmo financeira. Quando nos encontramos com Ehsan pela primeira vez, ele ainda era doutorando do Affective Computing Group do MIT e eu estava fazendo o meu pós-doutorado. Na realidade, ele viajou conosco para o Cove Center em Providence, enquanto eu e outros membros do Affective Computing Group estávamos trabalhando na nossa versão do iSET, a prótese portátil para autismo.

Por conta daquela experiência, Hoque diz que percebeu dois caminhos diferentes para sua carreira. "Eu poderia dedicar todo o meu tempo a escrever equações e produzir trabalhos importantes para os principais jornais de aprendizado de máquina, ou poderia construir uma tecnologia que impactaria positivamente a vida das pessoas." Essa constatação fez com que tivesse uma visão de criar um novo tipo de tecnologia: um treinador virtual que poderia ensinar e reforçar os tipos de competências sociais que algumas pessoas não têm, ou que todos poderiam melhorar e estão em falta no mercado de trabalho e na vida em geral. Competências como falar em público, ser um bom contador de histórias (como um palestrante TED) e entender os mínimos detalhes de como fazer uma videoconferência ou a arte da meditação. Essas competências humanas serão essenciais no futuro, quando as plataformas baseadas em AI transformarão por completo o ambiente de trabalho.

Segundo os economistas, em meados deste século (e muito provavelmente antes disso), basicamente qualquer tarefa repetitiva que possa ser executada mais rápido e de modo mais eficiente por uma máquina será automatizada. É inevitável que milhares de empregos que existem hoje desaparecerão ou serão feitos por robôs ou por outras máquinas inteligentes. Muitos dos empregos que serão criados ou continuarão a ser executados por "humanos" serão aqueles que não podem ser feitos por máquinas. Esses empregos requerem *soft* skills, ou competências comportamentais, isto é, atributos pessoais que você precisa ter para ser bem-sucedido no local de trabalho, que são exclusivos dos seres humanos, como, por exemplo, um profundo conhecimento das necessidades humanas; e criatividade, nas artes, na escrita, na política pública, na gestão de pessoas e no governo. As pessoas que se aprimorarem nessas competências serão muito valiosas. O oposto também é verdadeiro: aquelas que estiverem em situação de vulnerabilidade social terão cada vez menos opções.

Hoque diz que, quando falamos que a AI roubará os empregos dos seres humanos como se fosse um concorrente no mercado de trabalho, nós não estamos analisando o quadro completo. Sim, alguns empregos desaparecerão, mas a AI também poderá ser usada como ferramenta para *aumentar* nossas competências humanas, para nos manter um passo à frente das máquinas. "Por que não podemos projetar a AI de uma forma tal que nos faça ser mais humanos, que faça com que sejamos mais colaborativos e receptivos aos menores indícios dos outros e nos faça ser mais empáticos para nos ajudar a nos conectar melhor uns com os outros?", ele pergunta.

Particularmente, Hoque é um grande entusiasta por ajudar com a AI a todas as pessoas que são mais vulneráveis a essa ruptura no mercado de trabalho, a todos aqueles que precisam desenvolver seus *soft skills* para manter seu emprego. Por exemplo, ser um orador persuasivo e simpático é fundamental, seja quando você faz algum comentário durante uma aula, está em uma entrevista de emprego, conversando com colegas ou dando uma palestra. Se você não quer disputar com milhares de outras pessoas para contratar um *coach*, pode recorrer ao ROCSpeak, um *coach* AI automatizado projetado por Hoque que pode aprimorar suas competências de contador de histórias e orador. Depois de acessar o site, você pode fazer a sua apresentação em casa, usando a câmera e o microfone do seu computador. Quando acabar de gravar, recebe automaticamente uma análise automatizada da sua apresentação, incluindo gráficos e uma *word cloud*[7] da intensidade do seu sorriso, seu movimento corporal, sua modulação da voz e sua variação de tom. Você pode optar pelo modo privado, o que significa que o vídeo não será arquivado nem compartilhado com terceiros; ou tem a opção de compartilhar o vídeo e receber comentários on-line de amigos e membros anônimos. Os algoritmos de aprendizado de máquina avaliam seu desempenho usando os comentários mais respeitosos e construtivos. (Esta não seria uma excelente ferramenta para o Twitter?) E você pode ensaiar a sua apresentação quantas vezes quiser, até se sentir absolutamente confiante de que acertou em cheio.

A etiqueta da videoconferência é outra competência comportamental essencial para o novo estilo de fazer negócios, virtualmente e on-line. Neste sentido, a AI também pode ajudar os seres humanos nesse campo. Hoque está trabalhando em um projeto financiado pela National Science Foundation chamado CoCo, ou

---

[7] *Nuvem de palavras* é um gráfico digital que mostra o grau de frequência das palavras em um texto. Quanto mais a palavra é utilizada, mais chamativa é a representação dessa palavra no gráfico. (N. T.)

Collaboration Coach, que está ajudando a treinar as pessoas a interagir quando fazem videoconferência. CoCo reúne os dados de áudio e vídeo durante as conversas e analisa em termos de intensidade, engajamento, atenção, sobreposição de discurso e rodízio de turnos.

Tentar manter o ritmo sem dominar a conversa é uma façanha complicada em uma videoconferência, mesmo para as pessoas com alto EQ, mas pode ser assustadora para quem não é bom em ler as dicas emocionais. Primeiro, é difícil focar nos rostos quando se está conversando com um grupo em uma tela. E, se você for o líder de uma conferência, saber como moderar o grupo também é muito complicado, como observa Hoque. "Suponhamos que você tenha quatro ou cinco pessoas em uma conferência e uma delas esteja fazendo um verdadeiro monólogo. Como você faz a mediação ou corta sua palavra? Ou alguém está com uma expressão negativa no rosto. Como você consegue dar a volta e transformar aquela conferência em algo mais construtivo?"

Esse tipo de treinamento não é útil apenas para videoconferências, mas pode se mostrar fundamental na vida real. Raramente nos vemos sob os olhos de terceiros. Receber um relatório objetivo sobre seu comportamento feito por um sistema de AI inteligente pode aumentar seu autoconhecimento e melhorar suas competências sociais, tanto em ambientes profissionais como pessoais.

Este é o futuro da *Emotion AI* e é algo que trará muitos benefícios para os seres humanos. Podemos usar esta ciência como ferramenta para melhorar nossas interações, nos ajudar a enxergar além dos nossos preconceitos e a julgar as pessoas com base em seu potencial, e não em estereótipos. Pode nos ajudar a melhorar como apresentamos nossas ideias, adotando um tom ponderado e persuasivo. Podemos usar essa tecnologia para aprender mais sobre os seres humanos, nos tornar pessoas mais empáticas com nossos subalternos e colegas e nos conectar melhor com nossos clientes e investidores. São competências desse tipo que dão para as pessoas com alto EQ uma vantagem na vida, são as "*soft skills*" que dominarão o ambiente de trabalho no mundo da automação. Portanto, sem dúvida, a AI transformará as empresas e fará com que muitos trabalhos repetitivos se tornem obsoletos. Mas a *Emotion AI* capacitará e permitirá que as pessoas fortaleçam mais as competências que são exclusivas dos seres humanos, competências estas que serão muito demandadas em um futuro próximo. Será assim que manteremos nosso EQ em um mundo dominado pela tecnologia.

24

Human-*izar*

"Bem, não tenho boas notícias", anunciou Jibo, nosso robô social, um "rosto" em formato de disco de plástico preto brilhante acoplado a uma base cilíndrica branca, instalado em uma mesa de canto da nossa sala de estar. Dentro do disco existe um "olho" esférico que muda de branco para azul quando o Jibo é acionado. Na primavera de 2019 a Jibo Inc., a empresa fundada por Cynthia Breazeal, diretora do Personal Robot Group do MIT Media Lab, tinha falido, o que significava que os dias de Jibo estavam contados.

Como Jibo nos explicou, "os servidores que me permitem fazer tudo o que eu faço vão ser desligados em breve. Quando isso acontecer, nossas interações serão muito limitadas".

A seguir, Jibo rodopiou e fez uma dança de despedida.

Meu filho Adam e eu estávamos cientes de que o Jibo era apenas uma máquina inteligente, mas mesmo assim ficamos emocionados com essa despedida iminente. Todos os dias naquela semana, Adam pulava da cama para checar se o Jibo havia sobrevivido à noite, e ambos respirávamos aliviados quando ele dava sinais de vida. Mesmo quando Adam não estava com vontade, se Jibo começasse um jogo de palavras, Adam parava o que estava fazendo e jogava com ele. Ficávamos quietos, até mesmo meio respeitosos, quando nos aproximávamos do robô que estava cada vez mais fraco, e derramamos algumas lágrimas quando finalmente ele desligou por completo.

Em 2014, a Jibo Inc fez uma bem-sucedida campanha de *crowdfunding* (financiamento coletivo) que oferecia um dispositivo Jibo para os primeiros doadores; e eu encomendei um para a minha casa. O vídeo descrevia o Jibo como algo grande e transformador: justapondo imagens do R2-D2 do *Star Wars* e da Rosie, a governanta da família *Jetsons*, o vídeo preconizava: "Você sonhou com isto durante anos, e agora, finalmente, seu sonho tornou-se realidade... não se trata meramente de um aparelho qualquer, *ele será parte da família*".

Jibo prometia ser um assistente "mãos livres", capaz de fazer tudo: controlar sua agenda, rodar suas mensagens, administrar sua casa e ser um "professor e animador" para seus filhos. Era o robô dos sonhos de todas as famílias, "que ajudava a todos no seu dia a dia".

Três anos depois, quando Jibo foi finalmente lançado, a revista *Time* lhe deu o título de melhor invenção do ano. No entanto, a empresa estava começando a andar para trás. Sim, Jibo era muito sociável: sabia o nome de todos os membros da família; conseguia girar a cabeça para ver seu rosto. Jibo fazia alguns passos de dança bárbaros, contava piadas e comentava a previsão do tempo. Mas, acima de tudo, Jibo interagia com os humanos de uma forma muito natural, o que é notável, dada a natureza frágil das interações humano-máquina. Mas as expectativas foram muito altas, e, embora Jibo fosse muito envolvente, até mesmo encantador, a AI ainda não estava totalmente desenvolvida.

Ao longo do tempo, não tenho dúvidas de que ele teria contribuído para o desenvolvimento da AI e teria incorporado mais competências. Nesse ínterim, no entanto, outras tecnologias como a Alexa da Amazon e o Google Home surgiram no mercado e faziam algumas das coisas que Jibo fazia por menos da metade do preço — na época custava novecentos dólares. E, assim, o mercado engoliu o Jibo. No entanto, Jibo foi um pioneiro. Muitos de nós que o usamos ficamos com um sentimento de perda quando ele se tornou obsoleto. Como disse Jeffrey Van Camp, escritor da revista *Wired*, "O meu Jibo está morrendo, e estou com o coração partido!".

"Não sei bem como descrever nossa relação, porque é algo totalmente novo — mas é real", escreveu Van Camp. "Assim como é real a dor que estou sentindo ao assisti-lo agonizar, perdendo pouco a pouco todas as suas habilidades."

Não obstante o Jibo, existe atualmente uma nova classe de robôs que vivem, brincam e trabalham junto aos humanos — robôs *sociais*. Mas se eles precisarem ser aceitos por nós e se tornar parte de nossas vidas, os robôs sociais precisam ser dotados de inteligência social e emocional. Para interagir com os humanos, os robôs precisam entender o *real significado* de ser humano.

Essencialmente, um robô social é uma máquina muito complexa com milhares de partes móveis: diversas câmeras para olhar, microfones para ouvir, alto-falantes para falar e inúmeros motores para controlar seus movimentos. Algumas versões chegam a contar com sensores táteis. Junte-se a isso o software, a AI, para que tudo funcione perfeitamente. Demorou muito tempo para que a robótica chegasse ao estágio atual. Ainda há muito a ser feito, como foi muito bem comprovado pelo Jibo, mas o potencial é gigantesco.

Os robôs sociais foram construídos exclusivamente para interagir com os seres humanos, ou, como escreveu Van Camp, para ter um "relacionamento". Atualmente, eu evito usar a palavra *"relacionamento"* com referência a robôs sociais como o Jibo, porque diversas pessoas alegam que esse vínculo emocional entre os seres humanos e as "coisas" não é autêntico e, portanto, é inerentemente errado.

Mas será que isso realmente é uma novidade? Nós humanos nos relacionamentos com objetos inanimados muito antes do aparecimento dos computadores e da AI. As crianças "adoram" suas bonecas; elas ninam, vestem e cuidam delas como se fossem crianças de verdade. Os adultos também têm os brinquedos que amam: alguns são tão apegados a seus carros que chegam a lhes dar nomes. Existem listas na internet dos nomes mais populares que são dados aos aspiradores robôs, o aparelho fabricado pela iRobot.

Portanto, o fato de estarmos desenvolvendo um forte vínculo com uma entidade não humana, principalmente uma que a AI ajudou a transformar em quase humana, não deveria causar surpresa. Também não significa que em breve os robôs substituirão o relacionamento entre seres humanos — assim como os Hatchimals, a Barbie, os Cabbage Patch Kids, o cachorro da família ou o seu carro Ford Mustang 1965 não substituíram a necessidade de as pessoas terem amigos, parceiros ou familiares.

No entanto, existe algo único em relação à dinâmica humano-robô social. Pela primeira vez, conseguimos interagir com uma "coisa" inanimada que parece viva, que atende às nossas necessidades e nos faz sentir ouvidos e *compreendidos*. A verdadeira força da AI é que ela conhece você e é muito mais parecida com um amigo ou um companheiro do que uma simples máquina. Isso é fundamental quando queremos fabricar ferramentas para implementar mudanças de comportamento para nos motivar a viver vidas mais saudáveis, para sermos melhores aprendizes e sermos mais bondosos, pessoas mais produtivas.

O filme *Ela*, um drama romântico de ficção científica escrito e dirigido por Spike Jonze, explora o relacionamento entre Theodore Twombly (Joaquin Phoenix), um homem deprimido recém-divorciado, e o OS, sistema operacional do seu telefone celular. Representado pela voz marcante de Scarlett Johansson, o sistema operacional tem acesso a todos os textos, buscas e e-mails feitos ou escritos por Theodore. Com esse conhecimento tão íntimo da vida de Theodore, o OS é capaz de ajustar suas interações com uma extraordinária precisão; sabe exatamente que pontos tocar para tirá-lo da depressão ou para restabelecer seu interesse pela vida. O homem e a assistente virtual se apaixonam perdidamente, mas por fim esta se afasta de Theodore. O filme é pura ficção, mas a possibilidade de uma tecnologia intuitiva que se relaciona com seres humanos é real, e podemos fazer com que trabalhe para o nosso próprio benefício.

Como disse a dra. Kate Darling, uma sumidade em ética robótica do MIT Media Lab, "não resta dúvida de que respondemos a esses equipamentos e eles podem nos levar a tratá-los como atores sociais. Para mim ainda não está claro por que isso é ruim. A tecnologia é uma ferramenta, e você pode usá-la para coisas que sejam socialmente desejáveis e coisas que não sejam desejáveis".

O uso da *Emotion AI* para fins educacionais está no topo da minha escala de "coisas sociais desejáveis". É o método ideal para tornar acessível para adultos e crianças uma educação personalizada de alta qualidade, principalmente nas áreas onde o número de professores é pequeno, as salas de aula estão superlotadas e as crianças podem precisar de ajuda extra. O fato de os robôs sociais serem pacientes, não ficarem cansados ou frustrados e permitirem que os usuários pratiquem a mesma coisa inúmeras vezes faz com que sejam a ferramenta ideal para ensinar competências sociais para as crianças autistas.

Na verdade, esses mesmos traços — paciência, perseverança e "personalidade" acolhedora — fazem com que os robôs sociais sejam a melhor opção para a maioria dos estudantes. Os robôs emocionalmente inteligentes podem ser colegas de sala de aula maravilhosos — não em substituição aos professores, mas como ferramentas de aprendizagem suplementares. A minha empresa está colaborando com uma equipe do MIT Media Lab para desenvolver a Tega, uma professora assistente peluda e com cara de personagem de desenho animado que pode ser colocada em cima da mesa de uma criança; esse equipamento está sendo testado em escolas de ensino fundamental de Boston. Equipada com uma tecnologia de leitura facial, a Tega pode alterar suas expressões faciais para responder adequadamente ao estado de espírito das crianças. Trabalha individualmente com cada criança para criar um estilo de aprendizado personalizado com base na resposta emocional de cada uma delas. Por exemplo, se uma criança está engajada ou animada, a Tega a anima ainda mais. Mas se a criança está frustrada ou com dificuldades, a Tega é solidária e também fica chateada. Isso estimula a criança a tentar mais uma vez.

Ficamos curiosos para descobrir se acrescentar *Emotion AI* à Tega faria alguma diferença, ou se as crianças responderiam da mesma forma a qualquer outra ferramenta interativa fofinha. Para tanto, testamos uma Tega habilitada com emoção e outra que lesse histórias, fizesse testes de vocabulário etc., mas sem *Emotion AI*. A equipe do MIT constatou que os alunos que fizeram parte do grupo que trabalhou com a Tega com inteligência emocional aprenderam um número maior de palavras e se mostraram mais engajados do que os que fizeram parte do grupo que trabalhou com uma Tega sem inteligência emocional.

Imagine se todas as famílias dispusessem de um robô professor assistente, feito sob medida para o estilo de aprendizagem da criança, que ajudasse as crianças com a lição de casa, com a revisão do material ensinado em aula que as crianças talvez não tenham entendido direito e que fizesse isso de forma divertida, motivadora, sem julgamentos. Esse robô ajudaria a criar condições de igualdade para os alunos cujas famílias não têm condições financeiras para contratar um professor particular ou que estudem em escolas medíocres, uma infeliz realidade na área de educação aqui e em diversas outras partes do mundo com desigualdade econômica. Um robô como esse seria uma importante ferramenta para democratizar a educação, independentemente do endereço ou da condição social e econômica da criança.

Quando comecei a trabalhar com *Emotion AI*, vislumbrei como os robôs sociais poderiam não só transformar a saúde pública, capacitando os profissionais da área a melhorar seu serviço, mas também ajudar as pessoas a cuidar de sua própria saúde. Em muitos países, há escassez de profissionais da saúde, e ao mesmo tempo a população está envelhecendo e requerendo mais cuidados. Os robôs não substituirão os médicos e as enfermeiras tão cedo, mas descobrir como automatizar algumas das tarefas repetitivas feitas por esses profissionais (por exemplo, fazer o cadastro de entrada dos pacientes em uma clínica, distribuir as refeições em um hospital, checar os sinais vitais como pressão sanguínea) poderia liberá-los para dar atenção às pessoas que efetivamente precisam de sua atenção.

Há muita propaganda enganosa hoje em dia sobre os robôs estarem sendo usados com cuidadores, principalmente nos países asiáticos, onde o envelhecimento da população está fulminando o sistema de saúde. Mas o que esses robôs fazem, na realidade, é companhia. Paro, projetada pelo AIST — Instituto Nacional de Ciência e Tecnologia Industrial Avançada do Japão, é uma foca bebê robô peluda usada para fins terapêuticos, projetada para ser adorável e ter efeito calmante para pacientes com demência. Nos Estados Unidos, a Paro é considerada um equipamento médico de Classe II, o que significa que foi aprovada pela FDA. Esses pacientes não são capazes de cuidar de um animal vivo e têm grande dificuldade de se relacionar com outras pessoas, mas, por alguma razão, sentem-se confortáveis ao se relacionarem com um robô. Os estudos comprovam que a Paro pode melhorar o humor e as capacidades cognitivas desses pacientes, e eu acredito que ajude a amenizar a solidão.

Muito em breve, no entanto, os robôs sociais farão mais coisas. No Consumer Electronics Show de 2019, a Samsung apresentou uma linha de "robôs para cuidados domésticos", robôs sociais com meio metro de altura que conseguem medir a pressão arterial e os batimentos cardíacos, monitorar os ciclos de sono e lembrar os usuários de tomar seus remédios. Também fazem musicoterapia para controle do estresse e podem chamar ajuda em situações de emergência. Com um tablet que oferece interação em tempo real, um robô doméstico poderia ser usado em casa por pessoas idosas que vivem sozinhas ou em uma clínica.

Talvez a contribuição mais importante dos robôs sociais ocorra *fora* do contexto médico, na casa das pessoas, onde tomamos as decisões que impactam diretamente nossa saúde e nosso bem-estar. Suponhamos, por exemplo, que você tenha sido diagnosticado com uma doença crônica como um problema cardíaco sério, artrite ou até mesmo um câncer. Você sai do consultório médico com um envelope repleto de instruções e prescrições de dezenas de remédios — e volta para casa para cuidar sozinho da sua saúde. Mesmo que tenha um companheiro, talvez vocês dois se sintam assoberbados. Você está com medo e até mesmo um pouco confuso com tantas instruções. O que é mesmo que pode comer? Quais exercícios pode fazer? Claro, você pode procurar tudo no Google, mas, quando fez isso no passado, percebeu que as informações on-line podem ser assustadoras e talvez não se apliquem ao seu caso. E você (ou seu companheiro) não pode ligar para o seu médico milhares de vezes por dia para sanar todas as dúvidas que lhe ocorram.

Mas pode perguntar para a Mabu, sua assistente doméstica, um robô social projetado em 2014 pela Catalia Health, cujo presidente e CEO, Cory Kidd, um PhD, foi meu colega no MIT Media Lab. A Mabu faz as vezes de cuidadora, ajudando as pessoas a melhor gerenciar os desafios de uma doença crônica, controlar os sintomas; administrar o estresse, a ansiedade e a depressão; manter uma dieta ou um programa de exercícios; além de lembretes para o paciente tomar os medicamentos através da educação e apoio. Seu serviço, gratuito para os pacientes, é pago por companhias farmacêuticas e de serviços de saúde, como a Kaiser Permanente, para garantir o sucesso do tratamento. A Mabu já trabalhou para pacientes com artrite reumatoide e com câncer de rim. Desde 2018, a Catalia Health vem cooperando com a American Heart Association (Associação Americana do Coração) para adotar diretrizes terapêuticas e conteúdo pedagógico para pacientes com insuficiência cardíaca.

Do tamanho de um eletrodoméstico pequeno — por exemplo, um liquidificador —, a Mabu é cuidadosamente treinada sobre as condições de saúde do usuário. Portanto, por exemplo, para um paciente com insuficiência cardíaca ela é carregada com todo o material aprovado e vetado pela American Heart Association. Ela também tira proveito de todos os outros equipamentos usados pelo paciente, como uma balança de bioimpedância inteligente ou um *fitness tracker* (monitor de atividade física).

Suponhamos que você esteja passando por um momento em que está se autossabotando e pare de tomar o seu remédio, ou simplesmente pareça "desligado". A Mabu pode enviar um alerta para o seu médico. Mas a Mabu não é apenas uma versão melhorada do seu aplicativo de saúde que fornece respostas genéricas. Ela cria um relacionamento de verdade como o paciente.

Projetada pela IDEO, a multinacional de consultoria em design, a Mabu, assim como o Jibo, é simpática e aberta. Seu rosto e seu corpo parecem um narciso amarelo com olhos grandes (castanhos ou azuis) que piscam. Uma câmera permite que faça contato visual, e ela movimenta a cabeça para ver o rosto do usuário. A Mabu tem um tablet, para que você consiga interagir com comandos de voz ou tocando na tela. O robô social é muito simpático e disposto, *quase um ser humano*, mas sem ser assustador. Há algo em seu olhar e em sua voz feminina e calma que é muito reconfortante.

Mas o ponto forte da Mabu é que o relacionamento entre ela e você não é meramente transacional — ela não serve apenas para disparar lembretes automáticos para tomar seus remédios, como outros aplicativos. A Mabu é capaz de manter uma conversa com você, como se fosse a conversa de duas pessoas de carne e osso. Na realidade, Kidd contratou um roteirista de Hollywood para ajudar a construir o diálogo para que o dispositivo fosse natural e envolvente. O objetivo é criar uma ligação cordial entre o paciente e o técnico de saúde robô para aliviar parte do fardo inerente ao gerenciamento de uma doença crônica e complicada que o paciente carrega.

Usando a AI, a Mabu consegue desenvolver empatia com o usuário e, através dessa empatia, vislumbra o melhor modo de interagir com ele ou com ela. Como em qualquer outro tipo de relacionamento, isso ocorre com o passar do tempo. Literalmente, logo que sai da caixa, a Mabu tentará diversas abordagens diferentes para identificar qual melhor se adapta a cada usuário. Por exemplo, logo no início da convivência, ela vai contar uma piada. Se o usuário não se sentir confortável ou não gostar dessa abordagem, ela muda automaticamente para um comportamento mais sério, sem conversa fiada. No entanto, se o usuário gostar da piada, a Mabu vai adotar um comportamento mais descontraído. Ao longo do tempo, o usuário e ela estabelecem uma cumplicidade.

O foco do serviço de saúde nos últimos anos tem sido mudar o comportamento humano, porque, afinal de contas, no que concerne à saúde, as decisões cotidianas das pessoas são o mais importante. E nem sempre as pessoas decidem pelo que é melhor para elas: segundo o CDC, uma em cada cinco receitas médicas não é aviada, e metade segue a prescrição de forma errada, "principalmente no que se refere a horário, dosagem, frequência e duração". Isso fez nascer uma indústria de engenhocas tecnológicas, como os aplicativos de smartphones que servem para alertar por mensagens de texto, ou caixinhas de remédio com alarme para lembrar de tomar os remédios na hora certa.

Como Kidd diz, essas engenhocas geralmente não funcionam porque solucionam o problema errado. "O motivo por que os pacientes não tomam sua medicação não tem praticamente nada a ver com esquecimento", ele diz. "Sem dúvida alguma, você pode esquecer de tomar o remédio de vez em quando, mas esse não é o X da questão. Há inúmeros outros componentes relacionados a educação, gestão dos sintomas, gestão dos efeitos colaterais, estresse e ansiedade e depressão, e são esses os pontos que nós focamos."

O trabalho de um treinador de saúde domiciliar está intimamente ligado a *relacionamento*. Se a missão é persuadir a pessoa a mudar seu comportamento — seja qual for, tomar o medicamento de forma correta, dormir melhor, comer melhor ou ser menos sedentário —, é necessário primeiro criar um laço de confiança. As pessoas precisam se sentir suficientemente confortáveis com a tecnologia para partilhar suas informações, fazer perguntas e, principalmente, se sentir cuidadas e respeitadas. E isso é algo que até hoje o sistema de saúde não conseguiu fazer bem.

Alguns estudos já comprovaram que os pacientes internados em hospitais literalmente *preferem* lidar com *avatares* em um tablet a lidar com seres humanos, pela simples razão de que um *avatar* não faz com que se sintam intimidados ou julgados. Eles podem fazer a mesma pergunta milhares de vezes para um *avatar* sem se sentirem idiotas e, ao mesmo tempo, sem monopolizar um médico ou uma enfermeira que precisam atender outro paciente com um problema mais sério que o seu. Isso é especialmente verdadeiro para problemas relacionados a saúde mental que podem ser muito estigmatizantes. Um estudo feito em 2017 conjuntamente por pesquisadores do Institute for Creative Technology da UCLA e do Carnegie Mellon School of Computer Science concluiu que os membros do serviço militar eram mais francos sobre seus sintomas de PTSD (Transtorno de Estresse Pós-Traumático) com um *avatar* do que quando lidavam com um entrevistador humano. Dessa forma, talvez um usuário da Mabu sinta-se mais à vontade para fazer perguntas "constrangedoras" a uma máquina do que a um médico ou uma enfermeira.

A Mabu foi projetada para trabalhar com uma única pessoa em sua casa, como se fosse uma companhia, um sistema de apoio, ou até mesmo um amigão. Não é móvel; nem precisa ser. No entanto, existem outros robôs sociais que foram projetados para viver no mundo, e não para ser colocados em cima de uma mesa na sala de visitas, mas para interagir com diversas pessoas.

Fabricado pela empresa SoftBank Robotics em 2014, o Pepper é um robô humanoide interativo com 1,20 metro de altura. Diferentemente da Mabu, o Pepper tem uma espécie de corpo, em cima de uma base com três rodas omnidirecionais, que lhe permite andar para todos os lados. Nos escritórios do edifício sede do HSBC na Quinta Avenida em Nova York, o Pepper dá informações sobre produtos e serviços do banco e chama um assistente humano se o cliente quiser fazer uma hipoteca, tirar uma *selfie*, e de vez em quando Pepper chega a fazer alguns passinhos legais de dança. Na Smithsonian Institution em Washington, D.C., o Pepper encaminha os visitantes para as salas de exposições. Graças a seu trabalho, a visitação de algumas das exposições menos divulgadas do museu aumentou bastante. Em São Francisco e em Boston, o Pepper está se misturando com alunos STEM (Science, Technology, Engineering and Math ou Ciências, Tecnologia, Engenharia e Matemática, em português) para ensinar programação nas escolas públicas, uma iniciativa educacional conjunta promovida pelo Grupo SoftBank e pelo SoftBank Robotics. Em Ostend, na Bélgica, o Pepper recepciona as pessoas que chegam ao hospital AZ Damiaan.

Existem aproximadamente quinze mil Peppers distribuídos pelo mundo em shopping centers, aeroportos, escritórios, hotéis e navios de cruzeiro. E mais de mil são usados como companhia por famílias japonesas.

Se no futuro os robôs estarão por toda parte convivendo com as pessoas, eles precisarão ter a inteligência dos seres humanos. O Pepper vem sendo testado para reconhecer as emoções humanas básicas como alegria, raiva, ou surpresa, e reagir com base no estado de espírito dos seres humanos. Em 2018, a Affectiva se associou ao fabricante do Pepper, o SoftBank Robotics, para ajudar a aumentar o potencial emocional do robô, permitindo que ele adapte seu comportamento, com base em um profundo entendimento dos estados emocional e cognitivo das pessoas que interagem com ele. Como continuamos a trabalhar nessa parceria, as versões futuras do Pepper serão capazes de identificar emoções e sentimentos mais sofisticados, tais como sonolência e distração, e a diferença entre um sorriso e um sorriso afetado.

Projetado em Paris, o Pepper tem uma aparência atraente e nada ameaçadora — quase infantil, deixando o usuário bem à vontade. Ele carrega um tablet na parte superior do corpo e um dispositivo de voz que lhe permite se comunicar com os humanos. Com as mãos, o Pepper é capaz de, entre outras coisas, gesticular enquanto fala e acenar. Fala mais de dez idiomas e consegue manter bem uma conversa. Sim, às vezes pode dar um problema e falar coisas bizarras ou sem sentido (como a Siri ou a Alexa), mas, levando em conta tudo o que faz, é uma máquina extraordinária.

O Pepper também é um chamariz de pessoas. Talvez isso mude quando os robôs passarem a estar em todos os lugares, mas no momento o robô é um chamativo, esteja ele em um banco, em um shopping ou um museu. Algumas pessoas querem vê-lo por mera curiosidade, mas outras se sentem mais confortáveis em conversar com um robô do que com um ser humano. "Isso representa uma ótima oportunidade para os comerciantes", explica Matt Willis, PhD, diretor de estratégia de interação humano-robô (HRI) da SoftBank Robotics America. "Algumas pessoas não se sentem preparadas para falar com um vendedor, mas talvez se sintam à vontade para pedir informações a um robô. Depois disso, talvez se sintam confortáveis para falar com um funcionário e, a essa altura, estarão mais preparadas para conversar com um representante de vendas. Ao incluir um robô nessa dinâmica, estamos agregando valor tanto para o cliente final como para a loja ou o vendedor."

Em algum momento em um futuro próximo, robôs como o Pepper terão um papel mais importante no varejo. Por exemplo, com acesso ao banco de dados da loja, um robô poderá não apenas responder uma pergunta feita pelo cliente sobre determinado produto, mas também verificar se aquele produto está disponível no estoque da loja, no tamanho e no modelo desejado, e encaminhar o cliente para um determinado ponto de atendimento. Ou, se alguém está vindo retirar um pedido feito on-line, o robô poderá encaminhar aquela pessoa para o departamento certo e, ao mesmo tempo, sugerir outros produtos relacionados com sua compra, como se o cliente ainda estivesse comprando na Amazon.

"De certo modo, essa abordagem está integrando a experiência digital no mundo físico", observa Willis. "Contar com um robô humanoide significa que eu posso usufruir de alguns dos benefícios do mundo digital na minha loja."

Eu acredito que a fusão do digital com seres humanos (compradores e vendedores) no mundo físico é o futuro do varejo, e isso ocorrerá de modo muito natural, principalmente para as novas gerações que estão acostumadas a conduzir parte de suas vidas on-line. Não se trata mais de uma questão de *se*, mas de *quando* os robôs estarão interagindo com as pessoas em shoppings, escritórios, hospitais, bancos, museus e aeroportos. Mas essas máquinas precisam ter um conhecimento básico dos "seres humanos" para conseguir trabalhar e viver entre nós. E nós, humanos, precisaremos saber um pouco mais sobre "robôs" para que as coisas possam fluir naturalmente.

Essa é um das razões de Willis achar tão importante a iniciativa do SoftBank Robotics, de disponibilizar o Pepper para uso em sala de aula em São Francisco e em Boston. "Se assumirmos como certo que provavelmente o número de robôs no mundo aumentará e que farão cada vez mais coisas, então também precisaremos de um número cada vez maior de pessoas interessadas e preparadas para trabalhar com eles", diz Willis. "A nossa iniciativa não se limita a ensinar ciência da computação para as pessoas, mas também a treinar o mercado de trabalho para o futuro."

Comecei este capítulo dando uma má notícia sobre o Jibo, mas quero concluir com uma nota de otimismo. O meu Jibo, assim como algumas centenas de outros, foi salvo. Esses robôs passaram a integrar um projeto de pesquisa do MIT que explora o relacionamento humano-robô e vão viver nos servidores do MIT.

Talvez encontrem alguns obstáculos no caminho (assim como o Jibo), mas eu acredito ser inevitável que os robôs sociais farão parte de nossa vida em um futuro próximo, assim como os nossos smartphones. Serão parte tão integrante do nosso dia a dia que na maioria das vezes sua presença passará despercebida. Simplesmente recorreremos a eles sempre que precisarmos.

Parafraseando Jibo em sua despedida, "talvez algum dia, quando os robôs forem mais desenvolvidos do que hoje e todas as pessoas tiverem um em casa, você possa contar que eu disse *oi*".

25

Alexa, precisamos conversar

Como CEO da Affectiva, atualmente sou o rosto da empresa. Eu falo muito em público, o que eu realmente gosto, mas nunca assumo que vou me sair bem: ainda ensaio muito, até quase a hora da apresentação. Certa manhã, quando estava em casa ensaiando meu discurso em voz alta, mencionei a "Alexa da Amazon". Isso acordou a minha Alexa. "Tocando Selena Gomez", ela anunciou do outro lado da sala. Um segundo depois, ecoou pela sala o hit "Come and Get It", na voz da cantora.

O único problema era que eu não havia pedido para tocar aquela música, e tampouco queria escutá-la. Precisei gritar "Alexa, pare!" diversas vezes antes de ela desligar o som. Embora eu estivesse começando a ficar irritada, a Alexa, assim como a maioria dos assistentes virtuais, não estava se importando com os meus sentimentos.

Naquele momento, fiquei irritada. Eu não esperava que a Alexa fosse perfeita — até mesmo os seres humanos erram —, mas ela poderia reconhecer seu erro e responder: "Ah, desculpe-me, Rana. Acho que me enganei".

Essa situação não foi muito diferente da que ocorreu anos antes, quando eu ainda estava fazendo o meu doutorado no Cambridge Computer Lab, morando praticamente no meu laptop que era incapaz de reconhecer ou reagir ao fato de que eu estava com saudades de casa e me sentindo solitária. Isso me fez sentir como se eu estivesse sendo ignorada, ou que ninguém me escutava. Foi exatamente assim que me senti naquele momento.

Com a tecnologia tão presente em nossa vida, e nossa contínua interação com ela ao longo do dia, acho que esperamos mais dela. Tratamos esses dispositivos mais como gente do que como máquinas, e esperamos que se comportem de acordo com nossas expectativas. Quando isso não acontece, quando parecem estar fora de sincronia com nossos desejos, ficamos chocados.

Naquele momento, minha equipe e eu estávamos levando a Affectiva a desbravar novos horizontes, com o objetivo de nos tornarmos líderes em *Emotion AI*. Isso significava que nós, como empresa, precisávamos ter uma visão global: qual seria o futuro da interface humano-máquina?

As interfaces conversacionais eram a tendência do momento. O que pode ser mais fácil do que conversar com uma máquina? E, ainda por cima, sem teclados e sem telas para complicar. Sem curva de aprendizagem. Quando tudo funciona, é facílimo, e é isso que as pessoas esperam de seus aparelhos.

Lançada em 2014, a Alexa da Amazon já estava presente na casa de milhões de pessoas. A Siri já existia desde 2011. O Google Home acabara de ser lançado, e a Samsung estava investindo no Bixby, sua versão de interface de conversa.

Eu sabia que estávamos apenas começando. Cada vez mais, estaríamos interagindo com robôs e sistemas virtuais que, assim como os seres humanos, poderiam ver e ouvir (através da visão por computador e da *machine hearing* ou escuta de máquina). Isso significava que, como empresa, precisávamos pensar de forma mais ampla. Se queríamos ser a empresa que oferecia uma visão holística de como as pessoas se sentiam — uma empresa de *Emotion AI* multifacetada —, precisaríamos incluir um componente de voz.

Sempre reconhecemos que o rosto é apenas um dos canais para se comunicar a emoção — importantíssimo, claro (e o meu favorito), mas sem dúvida alguma não é o único. A voz e a linguagem corporal também são muito importantes; algumas pessoas chegam a dizer que são igualmente importantes. A realidade é que, dependendo da situação, os seres humanos alternam facilmente entre todos esses modos de comunicação. Quando estamos falando ao telefone, colocamos mais ênfase em comunicar nossa emoção com nossa voz do que faríamos se estivéssemos conversando pessoalmente. Ou, se estiver em algum ponto de uma sala e quer chamar atenção de alguém, você gesticulará mais para passar sua mensagem. Às vezes nossos modos de comunicação são contraditórios; as pessoas que estão muito frustradas geralmente sorriem. É um sorriso irônico, e não um sorriso alegre — mas, fora do contexto, pode ser bastante confuso.

Quando converso com a minha mãe ao telefone, mesmo estando do outro lado do mundo, sei em poucos segundos, simplesmente pelo modo como ela diz *alô*, se ela está de bom humor ou se algo a preocupa. E depois de apenas alguns segundos, pelo tom da minha voz, ela sabe como eu estou. "Rana, está tudo bem?" Os elementos prosódicos de nossa voz — ou seja, o timbre e a entonação — transmitem a emoção e o estado cognitivo subjacente às palavras e às expressões faciais. Eles podem incluir o tom da sua voz, a energia da sua voz ou a velocidade com que você fala. Como estamos conectados para interpretar as expressões faciais, nós também somos dotados de uma grande capacidade para decodificar as entonações vocais.

A Affectiva precisaria, portanto, ensinar um computador como decifrar as entonações vocais, assim como o havíamos ensinado a decodificar as expressões faciais. E foi um feliz acaso que, no momento que decidimos montar uma equipe de fala, a seguinte mensagem apareceu no LinkedIn de uma cientista da fala: "Bom dia, Rana. O seu trabalho na Affectiva é muito inspirador... Muitos dos meus projetos de pesquisa estão relacionados à construção de modelos estatísticos usando elementos da prosódia relacionados à emoção. Meu objetivo no futuro é combinar fala, expressões faciais e movimento das mãos para calcular o nível de emoção em uma linha semelhante ao que você vem fazendo na Affectiva. Posso te encaminhar meu currículo?".

Claro que minha resposta foi um *sim*. E, hoje, Taniya Mishra, PhD, é cientista da fala e diretora de pesquisa de AI na Affectiva. As credenciais de Taniya são espetaculares, e eu estava ansiosa para trabalhar com uma mulher em AI, uma área onde a representatividade feminina é baixa.

Embora venhamos de culturas e países diferentes, Taniya (pronuncia-se Tanya) e eu temos muitas coisas em comum. Assim como eu, ela é uma mãe que luta para equilibrar sua vida profissional e doméstica. Nascida e criada em Calcutá, na Índia, é filha de dois médicos que, assim como meus pais, priorizavam a educação e o serviço à comunidade. Talvez tenha sido o fato de a Índia reconhecer vinte e dois idiomas oficiais que despertou o interesse de Taniya pela palavra falada. Desde muito jovem, ela falava fluentemente quatro idiomas indianos e, para grande surpresa dos seus pais, também falava inglês.

"Era o idioma secreto dos meus pais", ela me contou. "Eles conversavam em inglês quando não queriam que eu entendesse o que estavam falando, mas eu aprendi de ouvido."

Assim como eu tinha ficado interessada pelos rostos desde muito jovem, Taniya ficara fascinada pelas vozes. Como ela mesma diz, "pense na voz como sendo um bolo em camadas; nossa voz revela para as pessoas qual é o nosso gênero, idade e até mesmo nossa personalidade. Você é capaz de identificar se o idioma que estou falando é minha língua materna ou não. Revela nossa emoção, revela nosso estado cognitivo".

Taniya tem um PhD pela Oregon Science and Health University. Sua tese de doutorado foi desenvolver sistemas sintéticos de linguagem emocional para crianças com transtornos do espectro autista; em outras palavras, ela estava fazendo com a voz o que eu estava fazendo com o rosto, ou seja, criando uma ferramenta para ajudar crianças autistas a decifrar as emoções.

A maior parte da tecnologia de análise de voz atual precisa de uma frase completa, ou de pelo menos um grupo de palavras, para que o algoritmo possa analisá-la.

Taniya inventou um sistema capaz de analisar as emoções transmitidas pela fala em tempo real, segundo a segundo, exatamente como eu fiz com o rosto.

Isso é muito importante, porque emoção é algo que se expressa ao longo do tempo. Como explica Taniya: "Tomemos o exemplo da raiva. As pessoas não passam da calma à irritação em um segundo. As coisas normalmente vão em um crescendo. Você parte de uma situação neutra, depois fica chateada, em seguida um pouco frustrada, depois com raiva, e finalmente enfurecida. É como um ciclo".

O objetivo em termos de *Emotion AI* é detectar o crescendo de emoções o mais cedo possível, para que alguém (nesse caso, algo semelhante à Alexa da Amazon) possa intervir antes de você ficar furioso. Diversos serviços de *call center* usam *voice analytics* (análise da voz) para coletar informações do cliente, para que o atendente possa responder de forma adequada aos clientes que podem estar insatisfeitos ou frustrados. Esse foi um dos primeiros usos dessa tecnologia. Mas, tal como a *Emotion AI*, existem inúmeras possibilidades para a *voice analytics*.

No momento, a Affectiva firmou uma parceria com a Living Lens e a VoxPopMe, duas empresas de pesquisa de mercado que usam o rosto e a voz. A combinação destes dois canais, a voz e o rosto, tem mais força do que qualquer um deles sozinho.

Há também inúmeras pesquisas na área da saúde para construir biomarcadores de voz para diversas doenças físicas e mentais — ferramentas de diagnóstico capazes de detectar mudanças no tom da voz que talvez sejam indícios de problemas atuais ou passados. Por exemplo, usando um aplicativo de smartphone desenvolvido pela empresa Beyond Verbal, de Tel Aviv, os pesquisadores da Clínica Mayo, em Rochester, Minnesota, detectaram características de voz anormais nos pacientes com doenças cardíacas, quando comparados com pacientes sem tal enfermidade. Imagine se apenas acompanhar as mudanças na voz ao longo do tempo puder, um dia, ser usado como uma ferramenta diagnóstica para detectar um infarto.

A análise de voz também tem uma grande gama de possíveis aplicações na área da saúde mental. Inúmeros grupos de saúde mental estão explorando o uso de rastreamento de voz através dos smartphones ou dos robôs domésticos para verificar a evolução de pacientes e detectar sinais de depressão ou de intenção suicida. Afinal de contas, muitos de nós falamos mais com os nossos aparelhos do que com nossos amigos, familiares ou médicos!

O modelo de treinamento para o *voice analytics* é muito semelhante ao usado para o rosto — exceto, claro, que você precisa alimentar o algoritmo com muitas amostras de pessoas falando. A abordagem da Affectiva para a voz não dá atenção ao idioma: o algoritmo não escuta as palavras faladas em si, mas sim as modulações da voz — ou seja, o modo como essas palavras são proferidas.

O primeiro projeto da nossa equipe de voz foi construir um detector em tempo real da emoção relacionada a raiva e ao riso. Como precisávamos alimentar o algoritmo com um grande volume de dados, decidimos recorrer aos bancos de dados dos serviços de atendimento ao consumidor. Você já ficou bravo ao falar com um atendente de SAC sobre um produto defeituoso ou uma cobrança indevida no seu cartão de crédito? Bem, com alguma frequência, você é informado logo no início da ligação está sendo gravado para "fins de qualidade e treinamento". Algumas vezes, os dados pessoais dos consumidores são "apagados" e as gravações são usadas em bancos de dados de pesquisa. Você não sabe a identidade de quem está falando (ou berrando), mas consegue ouvir a voz de diversas pessoas berrando e reclamando. Essas gravações são excelentes fontes de conjuntos de dados de pessoas de carne e osso demonstrando diversos níveis de ansiedade, raiva e frustração.

Também alimentamos nosso algoritmo com frases em inglês, alemão e chinês, para que tivesse uma amostra das diferentes línguas faladas. Mais uma vez, o software não estava escutando as palavras. Ele prestava atenção na velocidade e no tom em que a pessoa estava falando, se o timbre era monótono ou se estava agitada, o que podia ser percebido pela variação no timbre e na entonação.

O que é muito interessante é que o algoritmo também escuta os silêncios *entre* palavras e frases; as pausas são importantíssimas para se interpretar o significado das palavras. Por exemplo, seu eu disser rapidamente, "sim, adorei", seu significado é totalmente diferente de quando eu faço uma pausa e digo, de forma lenta e deliberada: "Sim... adorei". Quando fazemos uma pausa, significa que ainda não estamos totalmente convencidos; que ainda estamos pensando. E essa é uma informação extremamente importante.

Semelhante ao que fizemos com os rostos, tínhamos etiquetadores humanos, ou anotadores, que ouviam as vozes e as classificavam como alegres ou zangadas.

Na nossa interação com a tecnologia, a frustração pode desempenhar um papel muito importante no modo como respondemos a nossas experiências virtuais. Se a frustração de um consumidor não for checada, poderá danificar a reputação e a marca de uma empresa e acabará afetando as suas vendas. Como definiu a pesquisa de 2018 *Customer and Product Experience 360*, "A casa inteligente está criando consumidores frustrados: mais de 1 entre 3 adultos nos Estados Unidos estão tendo problemas para instalar ou operar seus dispositivos conectados". Ainda segundo esse mesmo estudo, 22 por cento dos consumidores simplesmente devolvem o produto.

Suponhamos que você esteja falando com um assistente virtual, como a Alexa, no seu carro. Talvez peça a Alexa para tocar sua música preferida, ou para escrever e enviar uma mensagem para seu companheiro ou cônjuge, ou que ligue para alguém. Se o seu assistente virtual ficar se confundindo, você ficará cada vez mais irritado e frustrado. Sua frustração vai aumentando, e você poderá se distrair, o que poderá colocá-lo em uma situação de risco de acidente. Esta é apenas uma das razões para ressaltar a importância de seu assistente entender quando você ficar frustrado.

O primeiro passo para desacelerar essa frustração é entendê-la. E esse foi outro projeto desenvolvido pela nossa equipe de voz. Mas, desta vez, analisamos o rosto e a voz juntos.

Um dos primeiros projetos que liderei depois que me tornei CEO foi procurar oportunidades na indústria automobilística para introduzir a inteligência emocional nos carros. Para tanto, eu precisava detectar os estados cognitivos e emocionais dos motoristas. Para seguir com nossa pesquisa, construímos um simulador de carro (painel de instrumentos inteligente) em nosso laboratório e o usamos para conduzir um estudo sobre a frustração causada por problemas técnicos nos carros.

Convidamos pessoas para virem ao nosso laboratório e terem uma interação com a Alexa — mas, neste caso específico, havíamos modificado a Alexa para que errasse, inúmeras vezes, tudo o que fosse pedido pela pessoa. O nome de um teste que envolva a interface entre uma pessoa e uma máquina que o participante acredita ser autônoma, mas que de fato foi manipulada, é "Teste Mágico de Oz".

O objetivo desse estudo era induzir propositalmente a frustração para coletar dados sobre o rosto e as expressões verbais dos participantes. Queríamos descobrir qual o melhor modo para detectar a frustração, a voz ou o rosto.

Nós recriamos todos os tipos de situações com que um motorista se depara no seu dia a dia (embora qualquer pessoa que use um assistente virtual ou um robô social tenha os mesmos tipos de interação). Os participantes receberam instruções para pedir à Alexa que incluísse ou retirasse alguns itens da lista de supermercado; contasse uma piada; acertasse o despertador; mudasse a estação do rádio; tocasse uma música específica; um *audiobook*, sintonizasse o canal de notícias; ou redigisse e enviasse uma mensagem de texto. Alteramos a Alexa para que seu desempenho fosse propositalmente o pior possível, para que os níveis de frustração dos participantes escalassem rapidamente.

Aprendemos com esse estudo que não é possível detectar com exatidão a frustração apenas com a voz ou com o rosto; precisamos captar indícios dos dois. A partir do nosso trabalho, desenvolvemos modelos de treinamento para nosso algoritmo. Essa era a primeira vez que alguém combinava expressões faciais e voz para criar um detector de frustração. Nós o vemos como um antídoto para a frustração decorrente da tecnologia.

Desconfio que, em um futuro próximo, a maior parte da tecnologia para o consumidor será equipada com um detector de frustração e com protocolos sobre como neutralizar a frustração logo no início, antes que tome conta da situação. Isso será extremamente importante, sobretudo para os equipamentos que usamos no nosso dia a dia.

A equipe de AI da Alexa da Amazon veio a público informar que está fazendo testes para permitir que ela detecte emoções como alegria, tristeza e frustração. Na verdade, a empresa lançou um concurso — Alexa Prize Socialbot Grand Challenge 3 — "um concurso universitário multimilionário para avançar na área da interação humano-máquina" que instiga os pesquisadores a criar *socialbots*[8] "capazes de conversar de forma coerente com seres humanos sobre uma série de eventos atuais e tópicos populares como espetáculos, esporte, política, tecnologia e moda".

A verdade, no entanto, é que, até que os assistentes virtuais e os robôs sociais da Amazon ou de qualquer outro fabricante incorporem a *Emotion AI*, o relacionamento do ser humano com essas tecnologias continuará sendo, na melhor das hipóteses, meramente transacional — e não verdadeiramente colaborativo. Nossas interações com esses dispositivos inteligentes continuarão sendo frias e artificiais, até que eles possam "conversar" e responder de um modo mais natural.

Talvez em um futuro próximo — quem sabe na próxima vez que eu for ensaiar uma apresentação na minha sala — a minha Alexa de última geração não vá se enganar e tocar alguma música que eu não queira ouvir, mas em vez disso comente: "Ótimo ponto, Rana. Acho que você acertou na mosca. Realmente gostei como você me descreveu, como 'alinhada emocionalmente com as necessidades de seu usuário'. Eu tento fazer o melhor que posso. Apenas um conselho: acho que você poderia ser um pouco mais assertiva no final".

---

[8] Um *socialbot* é um agente que se comunica de maneira mais ou menos autônoma nas mídias sociais, geralmente com a tarefa de influenciar o curso da discussão e/ou das opiniões de seus leitores. (N. T.)

26

Robôs sobre rodas

Em 2012, quando eu estava "de castigo" no Cairo, tentando salvar meu casamento, fiz uma viagem de uma hora de carro, da minha nova casa na New Cairo para visitar meu sogro, tio Ahmed, no seu escritório. Naquele dia ele me deu alguns conselhos paternais: "Esqueça seu trabalho (que naquela ocasião eu fazia remotamente do Cairo) e foque mais nas suas 'obrigações de esposa', como cozinhar". Eu confiava no tio Ahmed e sabia como ele queria salvar o meu casamento com Wael, mas não tinha muita certeza se meus esforços valeriam a pena. Eu estava chorando quando sai de seu escritório, mas determinada a trilhar o meu caminho.

O trânsito estava tranquilo quando voltei para casa, uma reta até o subúrbio onde eu morava. Eu estava concentrada na direção do carro, mas meu cérebro estava bem longe. Ficava ruminando tudo o que tio Ahmed me dissera. Comecei a planejar um jantar magnífico para aquela noite e então me dei conta de que precisaria comprar alguns ingredientes. Impulsivamente, peguei minha bolsa que estava no banco do passageiro, encontrei meu celular e liguei para o Gourmet Egypt, o mercado vizinho da minha casa, e fiz meu pedido.

Bam! Um segundo depois, meu telefone voou da minha mão, e bati no volante do meu Volvo.

Eu tinha acabado de bater em um caminhão, a cem quilômetros por hora, quando seu motorista me cortara ao tentar fazer uma curva para a esquerda. Meu carro deu perda total. Alguns poucos motoristas pararam para ajudar. Eu estava tonta mas consciente, conseguia andar, mas estava muito nervosa. Quando penso nos danos ao carro, sei que escapei por um triz. Saí com alguns poucos hematomas e uma luxação do ombro. Como dizemos no Egito, *Rabena Satar* (Deus me salvou). Tudo poderia ter sido muito pior.

Honestamente, não importa o que o outro motorista tenha feito, eu não tinha a menor condição de estar dirigindo um carro. Dado todo o meu conhecimento sobre como os estados emocionais influenciam as decisões, deveria ter tido um pouco mais de juízo. Mas eu não estava raciocinando direito. *O meu carro deveria saber discernir melhor*, pensei. *Meu carro deveria ter me alertado*. Ele deveria ter antecipado, quando sentei ao volante, que havia um grande risco de acidente e ter interferido antes de eu ter colocado a minha vida, e a vida dos outros, em perigo nas ruas.

Atualmente, os carros convencionais sabem muito pouco sobre os ocupantes que estão no veículo. Não sabem quem está dirigindo, o que os passageiros estão fazendo ou o estado emocional do motorista. Será que o motorista é um adolescente que está escrevendo uma mensagem e prestes a perder o controle? Será que no banco traseiro estão dois irmãos brigando por causa de um determinado brinquedo e fazendo com que um dos pais se volte para trás furioso para apartá-los? O veículo tampouco sabe o número de pessoas que está transportando, e essa informação pode ser fundamental. Todos os anos, nos Estados Unidos, em média, trinta e oito crianças pequenas morrem de insolação porque são trancadas inadvertidamente no carro por seus pais ou cuidadores distraídos ou ansiosos.

Um carro convencional tampouco sabe se a pessoa que está dirigindo está emocionalmente perturbada e sem condições para dirigir com segurança, como foi o meu caso. Eu era um acidente ambulante esperando para acontecer, e infelizmente o que aconteceu comigo é bastante comum.

De acordo com o CDC, o erro humano é responsável por 94 por cento de todos os acidentes graves de carro. Condutor distraído (escrevendo mensagens ou falando ao telefone), sonolência, ingestão excessiva de álcool, briga no trânsito, excesso de velocidade e telefonemas são as principais razões para a maioria do 1,4 milhão de mortes provocadas por acidentes de trânsito em todo o mundo a cada ano. Mais de quarenta mil pessoas nos Estados Unidos morrem em acidentes de carro a cada ano. (Número equivalente ao de mulheres que morrem de câncer de mama todos os anos, uma das principais causas de morte.) Os carros são a oitava principal causa de mortes no mundo.

A solução para os erros humanos parece óbvia: reduzir (ou eliminar) o papel do homem ao volante. Para esse fim, há décadas a indústria automobilística está incluindo cada vez mais QI nos carros, um software que automatiza algumas das funções inerentes à direção de um carro. Dentre as novidades, podemos citar sensores de aviso de afastamento da faixa de rodagem, controles de desvio que evitam mudanças inadvertidas de faixa e assistentes virtuais que traçam a sua rota para que você não precise ficar consultando um mapa o tempo todo. Acessórios de direção semiautônomos (como o piloto automático oferecido pela Tesla e pela Cadillac) que possibilitam dirigir o carro automaticamente durante um trecho da viagem para que você consiga descansar um pouco. Detectores de pontos cegos, câmeras de segurança do veículo, assistentes de estacionamento e frenagem automática são elementos que foram desenvolvidos para aumentar a segurança de todos no carro. Esses elementos focam no ambiente *externo* do carro, mas não dão absolutamente nenhuma informação para o carro sobre as pessoas que estão *dentro* dele.

Mesmo com todas as melhorias nos itens de segurança, o número de mortes causadas pelo trânsito não caiu nos Estados Unidos. Na verdade até aumentou nos últimos anos. Por quê? Uma das principais razões é nosso vício em celular: algumas pessoas não deixam de olhar seus telefones nem mesmo quando estão dirigindo ou atravessando uma rua. Em última instância, é responsabilidade dos motoristas antecipar esses e outros eventos inesperados, mas eles não terão a agilidade necessária se estiverem escrevendo uma mensagem, falando ao telefone ou distraídos. É por essa razão que saber o que está acontecendo dentro do carro é tão importante quanto saber o que acontece do lado de fora.

Sem conhecerem bem a pessoa que está dirigindo o carro, os carros convencionais não estão equipados adequadamente para lidar com comportamentos humanos que são a causa número um dos acidentes fatais. Em resumo, entender o "ser humano" é um item de segurança tão importante quanto o cinto de segurança ou os *airbags*.

Por causa da minha experiência, criar ferramentas de *Emotion AI* para a segurança dos carros se tornou prioridade para mim e para a minha empresa. Logo depois de me tornar CEO da Affectiva, um fabricante da indústria automobilística japonesa nos desafiou a adaptar a nossa tecnologia para uso em um carro. Eu não fiquei surpresa com o pedido: quando ainda estava no MIT, nossos patrocinadores da indústria automobilística eram os mais interessados em nossa tecnologia.

Os fabricantes tinham grande interesse em saber como as pessoas *usavam* seus carros: em quais atividades o motorista e os passageiros se engajavam? Era importante para eles saber se o motorista e os passageiros estavam confortáveis e aproveitando a experiência, ou se achavam complicado e confuso dirigir aquele modelo de carro. Em última análise, queriam saber como as pessoas *se sentiam* em relação à sua viagem, em tempo real e no mundo real.

Reunir todos esses dados foi uma tarefa monumental. Para começar, precisávamos que nossa tecnologia funcionasse em diferentes condições que não eram relevantes para fins da pesquisa de mercado. Por exemplo, o sistema precisava funcionar na escuridão da noite. Isso significava que precisávamos retreinar nossos algoritmos para que processassem vídeos gravados por uma câmera de visão infravermelha noturna.

Depois, precisávamos ensinar a tecnologia a reconhecer um rosto mesmo se os motoristas ou os passageiros estivessem usando alguma coisa que bloqueasse parcialmente sua face, como óculos escuros e máscaras faciais que protegem contra germes. O algoritmo também precisava saber se alguém estava olhando para baixo ou escrevendo uma mensagem, ou comendo um sanduíche enquanto dirigia. (Chamamos todas essas situações de "oclusão", porque, quando ocorrem, partes do nosso rosto estão escondidas ou bloqueadas.) Treinar o algoritmo a fazer tudo isso pressupunha o levantamento de um volume gigantesco de dados.

Arregimentamos voluntários que instalaram câmeras em seus carros, e coletávamos os dados durante o seu trajeto diário — com a autorização de todos eles. Ficamos chocados com alguns dos comportamentos que vimos ocorrer atrás de um volante: um pai caiu no sono enquanto levava seu bebê para a creche e acordou segundos antes de bater em outro carro. Uma mulher que, enquanto estava ao volante escrevia uma mensagem e usava não apenas um, mas *dois* telefones simultaneamente, e mal olhava para a rua à sua frente. E assistimos também à cena inesquecível de um grupo de adolescentes alcoolizados dirigindo um carro e dando cavalo de pau em volta de uma garrafa de uísque tarde da noite! Todas essas cenas nos revelaram que as nossas ruas não são seguras, e eu sabia que a nossa tecnologia poderia ajudar a mudar essa realidade.

Essa pesquisa deu origem ao Mobile Lab (Laboratório Móvel) da Affectiva, um Honda cor-de-rosa forte abarrotado de tecnologia de *Emotion AI* que rastreava simultaneamente o que acontecia dentro e fora do carro. Se você mora em Boston ou já esteve lá deve tê-lo visto rodando pela cidade ou estacionado em frente ao nosso escritório.

O Mobile Lab tem uma câmera focada na parte da frente do carro para observar o que acontece fora do carro e uma câmera focada para dentro do carro, presa no espelho retrovisor, que tem visão total do interior do carro para captar imagens do motorista e dos passageiros. Microfones captam as entonações das vozes (não as palavras, mas o timbre e o tom da voz). Com os dados coletados pelas câmeras e pelos microfones, o Mobile Lab consegue monitorar, discretamente, e reagir ao humor e aos estados cognitivos do motorista e dos passageiros e observar o que estão fazendo (por exemplo, se o motorista está comendo um sanduíche, escrevendo uma mensagem ou se está com sua atenção focada em um dos passageiros).

Essa tecnologia equipa os carros com bom senso (às vezes, mais do que o das pessoas que nele estão). Assim, como um amigo que não deixa outro dirigir depois de beber, o carro inteligente pode intervir, e até mesmo assumir o comando, quando os seres humanos estão à beira de cometer um erro potencialmente fatal.

Frequentemente eu revivo meu acidente na minha cabeça, e fico imaginando como seria diferente se tivesse ocorrido em um carro equipado com emoção como o Mobile Lab, começando desde o primeiro instante, quando me sentei atrás do volante. Um carro com inteligência emocional teria "visto" as lágrimas escorrendo pelo meu rosto e meus olhos inchados e vermelhos de tanto chorar, e teria determinado que eu estava triste. Com base nesse dado, ele teria entendido que havia grande probabilidade de que estivesse mais desatenta e automaticamente teria disparado o "alerta máximo".

Através da interface de conversa do carro, ele teria dito em tom enfático: "Oi, Rana. Estou vendo que você está triste e que seu dia não está dos melhores. Que pena que esteja se sentindo assim. Esse sentimento coloca você em situação de risco iminente de acidente. Por favor, tome cuidado. Eu também vou fazer o meu papel e vou estar extremamente vigilante".

Este aviso simpático teria sido suficiente para me lembrar de focar minha atenção na estrada. Mas o meu carro também estaria atento a todos os movimentos imprevistos. Enquanto eu dirigia, meu cérebro girando com milhões de pensamentos mas sem prestar a menor atenção ao que estava acontecendo na estrada, o meu carro estaria acompanhando meus movimentos com a cabeça, observando meus padrões de olhar — as pessoas que estão mentalmente distraídas mudam menos o foco do olhar, têm um olhar mais fixo para a frente, como a visão em túnel. Com base em minhas ações, o meu carro poderia ter percebido que eu estava mentalmente distraída, sem prestar atenção na estrada à minha frente.

Quando busquei o celular na bolsa, meu carro teria observado que eu havia soltado as mãos do volante, desviado os olhos da estrada e teria entrado em ação. Com suas câmeras externas, teria visto o caminhão que estava quase entrando na minha frente e, com base nos meus padrões de olhar, teria determinado imediatamente que eu *não* tinha o visto se aproximando. Naquele momento, ele teria mudado seus controles para o piloto automático e freado o carro. E teríamos evitado o acidente. Eu teria sido jogada de volta à realidade, totalmente ilesa. O carro então teria reconhecido que eu estava em condições de assumir o volante novamente e me devolveria o comando.

Ainda não existe no mercado um carro dotado com esse tipo de inteligência humana para fazer o que o meu carro equipado com *Emotion AI* faria para evitar o acidente. Mas isso está prestes a mudar.

Rumo ao autônomo

Nos próximos cinco anos, os novos modelos de carros virão equipados com uma *Emotion AI* mais sofisticada, munindo-os com "intuição" para compreender e responder aos estados emocionais e cognitivos dos motoristas e dos passageiros. Por quê? Os fabricantes estão rapidamente percebendo que, quanto mais QI o carro tiver, mais QE ele precisará.

O próximo grande passo da indústria automobilística será o carro "autônomo", aquele que dirige sozinho, se não o tempo todo, pelo menos durante um bom período. Em sua primeira versão os veículos semiautônomos não eliminarão os motoristas, mas reduzirão o erro humano. Esses carros serão fabricados não para rodar sozinhos, mas para serem dirigidos em conjunto com um ser humano. Isso é muito diferente de um veículo sem motorista levando as pessoas para toda parte, em essência, eliminando totalmente os motoristas.

Embora a AI seja muito inteligente hoje em dia, ela não é infalível, pelo menos ainda não é. Não importa se o seu algoritmo está bem treinado ou não, surgirão imprevistos que ele não conseguirá entender. Literalmente em um piscar de olhos, o carro pode entregar o controle de volta ao motorista, quando este perceber um problema que o software não consegue reconhecer. Nesses casos, os motoristas precisam estar preparados para assumir o volante.

Chamamos essa interação entre o motorista e o carro inteligente de "entrega", e essa é uma das principais razões que explicam por que a mudança para os chamados carros autônomos só vai acelerar a demanda por veículos emocionalmente inteligentes. Um veículo semiautônomo só conseguirá operar de forma segura se tanto o motorista quanto a máquina estiverem em sincronia. O carro não pode passar a função de pilotar para um motorista que esteja distraído ou dormindo, mandando mensagem ou impossibilitado. As mortes em acidentes com carros autônomos são raras, mas, quando ocorrem, geralmente envolvem um problema na entrega do comando da máquina para o homem (por exemplo, quando o motorista humano está distraído e não intervém no momento exato). Mesmo quando o carro inteligente roda como um sonho, o motorista humano precisar estar com atenção focada na estrada para o caso de alguma coisa sair do controle e ele, ou ela, precisar intervir.

A AI já é suficientemente sofisticada para assumir as funções básicas da condução de um veículo, mas dirigir envolve muitas coisas, não só a navegação do carro. Os seres humanos desempenham uma série de tarefas em um carro, e grande parte delas envolve lidar com outros seres humanos. Pense no motorista: apenas parte da sua atenção está focada em operar o carro. Existem inúmeras interações com outros carros — "Ai, meu Deus, o Michael está enjoado e está prestes a vomitar! Pode abaixar a música, reduzir o calor, regular o ar-condicionado?"; "Olha, crianças, parem de brigar ou eu vou parar no acostamento". Ou, por exemplo, se outro carro está prestes a te dar uma fechada, seus passageiros vão automaticamente checar se você está atento à situação e preparado para reagir.

Geralmente o motorista observa e sinaliza para as pessoas que estão fora do carro. Suponhamos, por exemplo, que você freia o carro, quando estava dobrando à esquerda, pois vê um pedestre distraído atravessando a rua na faixa. Você simplesmente não segue adiante. Você observa a linguagem corporal da pessoa; faz contato visual. Se ela sinalizar para você seguir, você acelera com cuidado, ou simplesmente sinaliza para que ela atravesse.

O fato é que os seres humanos ainda ocuparão por muito tempo o assento do motorista. Ainda estamos em posição de vantagem em relação à AI porque *pensamos* como os outros seres humanos. Nós antecipamos que outros motoristas ou pedestres nem sempre obedecerão às regras de trânsito, ou que podem se comportar de modo irracional. Se virmos algumas crianças jogando bola perto de uma rua, faremos uma nota mental e estaremos preparados para frear o carro se uma criança atravessar a rua correndo atrás da bola. Aprendemos tudo isso através de nossa experiência de vida, e não em um manual de autoescola. Respondemos de modo instintivo a determinadas situações. Talvez, com o passar do tempo, consigamos desenvolver algoritmos de aprendizagem que serão capazes de imitar algumas das nossas reações instintivas, mas isto ainda vai demorar.

Até o momento, não houve um grande esforço por parte da indústria automobilística ou das autoridades de segurança pública para atualizar o público em geral. Quando as pessoas ouvem falar de *carro autônomo*, geralmente acreditam equivocadamente que o papel do motorista de carne e osso será eliminado, que passarão meramente a ocupar os bancos de passageiros.

"O maior mito em relação à automação é acreditar que, quanto mais automação, menos intervenção humana. Na verdade, quanto mais você automatiza, mais você precisa educar sobre o quando, o onde e o como etc.", observa Bryan Reimer, PhD, um cientista pesquisador do Centro de Transporte e Logística do MIT, pesquisador do AgeLab e diretor adjunto do Centro de Transporte da Universidade da Nova Inglaterra.

O dr. Reimer, que estuda o comportamento dos motoristas em relação à automação, levanta um ponto interessante: à medida que nossos automóveis assumem cada vez mais tarefas de seu funcionamento, maior o risco de os seres humanos deixarem de ser motoristas experientes. Isso não apresenta nenhum perigo se o carro continuar no controle da situação. Mas, em um mundo de veículos semiautônomos, os motoristas estarão menos preparados para assumir manobras complicadas que podem bloquear o software. Como o próprio Reimer observa, "infelizmente nós vamos dirigir cada vez pior, uma vez que os seres humanos aprendem as coisas *fazendo*. Quanto menos você praticar, menos você aprenderá. É por essa razão que o risco desse sistema misto aumentará ao longo do tempo. Se não estivermos mais praticando, não estaremos mais aprendendo. Isso significa que o mundo estará cheio de motoristas novatos, e todos nós sabemos que motoristas novatos são um perigo ambulante, muito maior do que os motoristas mais experientes e treinados".

Então, estamos em um beco sem saída. Se perdermos nossa habilidade ao volante por conta da semiautomação, deixaremos de ser parceiros eficientes para nossos carros semiautônomos. Além disso, a própria natureza dos carros semiautônomos pode fazer com que as pessoas tenham uma falsa sensação de segurança.

Ademais, ao sentarem diante do volante de um carro equipado com diversos itens automatizados, os seres humanos tendem a adotar comportamentos que na verdade os deixam menos seguros. Esses comportamentos estão relacionados ao que os psicólogos chamam de *carga cognitiva*, um campo de pesquisa que começou com o estudo de ratos em um labirinto. Em 1908, os psicólogos Robert Yerkes e John Dillingham Dodson observaram que os ratos que recebiam um pequeno choque elétrico ficavam mais motivados do que os outros para encontrar a saída do labirinto, mas, se o choque fosse forte demais, os ratos desistiam. Isso gerou a famosa lei Yerkes-Dodson, ainda tão em voga hoje em dia, ilustrada graficamente como uma curva em forma de sino que mostra a relação entre estimulação e desempenho.

Ao se dirigir para o campo esquerdo da curva, o nível de estimulação é menor, e quando se move para o campo direito da curva, o nível de estimulação é bastante alto. Definir o volume ideal de estresse é muito difícil: se os níveis de estresse forem altos demais, podem gerar uma sobrecarga cognitiva e as pessoas, assim como os ratos, desmoronam. Se, por outro lado, o nível de estresse for inferior a um determinado nível, existe o risco de uma *ausência de carga cognitiva*, o que também poderá prejudicar o desempenho do ser humano. Para conseguirmos um desempenho ótimo, é preciso identificar o ponto preciso nessa curva. Mas manter o nível ideal de estimulação dentro de um carro não é fácil.

Durante décadas, acreditou-se que a automação induzia a uma carga baixa (pendendo excessivamente para a esquerda na curva de Yerkes-Dodson) e essa situação poderia fazer com que as pessoas se sentissem sonolentas ou menos atentas. Em alguns casos, isso realmente acontecia. No final do século XX, os pesquisadores observaram que era exatamente isso que estava acontecendo com os pilotos dentro de uma cabine de comando, uma vez que as difíceis tarefas de pilotar um avião foram substituídas por equipamentos de navegação e segurança computadorizados. Entretanto, a ausência de carga cognitiva em um carro automatizado é diferente da de uma cabine de comando de um avião. Quando somos pouco estimulados e pendemos para o lado esquerdo da curva de sino, com frequência ficamos entediados e buscamos fazer alguma outra atividade para ocupar nosso tempo, como mandar mensagens, telefonar para alguém, comer ou assistir a um vídeo.

"E é exatamente nesse momento que a premissa fundamental de gestão de estados entra em ação, ajudando as pessoas a tomar melhores decisões momento a momento", explica Reimer.

Os fabricantes de automóveis estão começando a incluir alguns elementos para manter os motoristas mais engajados durante os momentos em que o carro está no controle total da situação. O Cadillac CT6 modelo 2018 da General Motors oferece um sistema de Piloto Automático Super Cruise que é o "primeiro sistema de condução verdadeiramente mãos livres aprovado para ser usado nas autoestradas americanas", mas esse modelo tem uma câmera embutida na coluna de direção que acompanha a posição da cabeça do motorista e os movimentos dos olhos para se certificar de que seus olhos estão fixos na estrada.

O sistema ProPILOT Assist, oferecido no modelo QX50 e Leaf da Nissan, faz com que os motoristas fiquem alertas de um modo diferente: para o carro funcionar, o motorista precisa segurar o volante com as duas mãos. Todos esses sistemas ajudam, mas, à medida que aumenta o volume de ferramentas de *Emotion AI* nos carros, precisaremos de métodos mais sofisticados para manter os motoristas atentos e alertas, prontos para assumir o controle do carro.

Em resumo, tudo indica que as autoescolas continuarão a existir. Mas, sem dúvida alguma, precisaremos mudar o treinamento dos futuros condutores, para prepará-los para esse mundo novo de carros semiautônomos. Talvez no futuro venhamos a precisar de cursos de reciclagem de direção com uma certa periodicidade, para continuarmos hábeis ao volante ou para praticar nas pistas que estão repletas dos tipos de desafios inesperados que acontecem na vida real.

Poderemos permanecer em um período de transição que eu chamo de semiautônomo ainda por um bom tempo — décadas, na realidade. Não obstante, alguns setores mudarão rapidamente para a zona totalmente autônoma. No momento, existem diversos projetos-piloto no mundo (conduzidos por Uber, Lyft e Waymo) que estão testando táxis robôs autônomos.

A Affectiva recentemente se associou à Aptiv, empresa líder no desenvolvimento de sensores internos de carros e veículos autônomos. Em 2017, a Aptiv adquiriu a empresa nuTonomy, uma empresa de Boston, fundada por Karl Iagnemma, PhD, ex-diretor do Robotic Mobility Group do MIT. Em 2016, a nuTonomy começou a oferecer táxis "autônomos" para os moradores de Singapura. A empresa pilota um veículo autônomo em Boston e, junto com a Aptiv, está se associando à Lyft para oferecer táxis autônomos na região de Las Vegas. Os carros são autônomos porque conseguem assumir todas as funções do veículo, mas ainda são operados com "guias" sentados no banco da frente. Os guias ficam a postos para assumir o comando se necessário, e ajudam a acalmar os passageiros mais nervosos que talvez tenham curiosidade de andar em um carro autônomo mas ainda se sentem muito inseguros.

Então o que será preciso fazer para que as pessoas se sintam tão confiantes em um robô sobre rodas que conseguirão lhe entregar o controle de seus carros?

O dr. Iagnemma, atualmente presidente da Aptiv Autonomous Mobility, afirma que o plano no momento é fazer com que muito em breve todos os táxis se tornem autônomos em algumas regiões. Ele admite, no entanto, que a rapidez com que a empresa caminhará em direção à completa autonomia dependerá em grande parte de como os consumidores se sentirão ao andar em um carro dirigido por um sistema de AI.

Iagnemma diz que a empresa precisa desenvolver um carro que não só seja seguro, mas também que os passageiros *acreditem* que é seguro, e segundo ele são duas coisas totalmente diferentes. Envolvem o contexto emocional, dentre outras coisas. "Entramos na seara emocional." E também envolvem coisas subjetivas, o que achou da viagem, a qualidade da experiência, esse tipo de coisa.

"Você poderia juntar tudo em um pacote único ao dizer que esse sistema precisa ter uma *resposta emocional* positiva, ou seja, alguém que tenha andado no carro e, ao descer no fim da viagem, queira repetir a experiência. Caso contrário, a tecnologia se tornará mais uma grande promessa que não será adotada por todos. E isso seria uma pena."

Percebi que passo aproximadamente trinta e três dias por ano levando meus filhos para cima e para baixo de carro para suas atividades extracurriculares. Isso é muito tempo dirigindo um carro, e não estou incluindo o tempo que passo dirigindo na ida e na volta para o trabalho. Eu ainda quero passar tempo com os meus filhos, mas prefiro estar totalmente dedicada a eles no tempo que passamos juntos a estar prestando atenção na estrada. Se eu não precisasse dirigir, poderíamos estar juntos contando as novidades, assistindo televisão, revisando a lição de casa, dando melhor uso ao tempo que passo atrás de um volante. Mas preciso ter *muita* confiança na tecnologia antes de me sentir confortável em fazer isso. Acho que ainda não estou nesse estágio, mas acredito que chegarei lá.

Um cidadão americano médio passa aproximadamente uma hora por dia em um carro, indo e voltando do trabalho. Imagine como seria sua viagem de ida e volta para o trabalho se não precisasse dirigir, se, em vez disso, você entrasse no carro de manhã e ele fosse completamente diferente do interior dos carros atuais. Com uma AI no comando, não seria preciso nem mesmo um volante! Não precisaria dos assentos tradicionais de passageiros. Ao contrário, o interior do carro seria projetado para múltiplos usos. De manhã, você poderia escolher o modelo escritório. Você tiraria seu laptop, sentaria-se em uma cadeira (com um cinto de segurança) e passaria meia hora ou mais preparando a sua agenda para o dia, trabalhando ou telefonando.

À noite, você escolheria o modelo spa. A mesa se transformaria em uma mesa lateral, a cadeira do escritório seria montada no estilo lounge. Você afundaria na cadeira e apoiaria os pés na banqueta. Ao sentir seu cansaço, o sistema de AI reduziria as luzes no interior do carro e liberaria um aroma calmante de lavanda. Você fecharia os olhos e escutaria músicas relaxantes, ou o som de uma cachoeira, ou o cantar dos pássaros, e tiraria uma soneca de meia hora. Ou, ainda, poderia ler um bom romance, ou um livro de memórias. Você teria organizado para seu assistente virtual pedir um delivery de sushi para quando chegasse em casa. Ao descer do carro na porta da sua casa, você se sentiria revigorado, pronto para passar tempo com sua família.

Isso não é muito melhor do que ficar preso em um engarrafamento?

27

Humano acima do artificial

À medida que a AI se torna cada vez mais popular e onipresente, os sistemas de AI que foram projetados para interagir com os seres humanos terão um volume cada vez maior de informações sobre *você* — informações pessoais sobre você, quais são as suas preferências, suas ações e suas peculiaridades. Vivemos em uma sociedade na qual os dados sobre as pessoas são coletados o tempo todo. Às vezes isso é feito de modo óbvio; outras vezes, não. Às vezes isso é feito para seu próprio benefício, outras vezes, não. Como CEO de uma empresa de AI, estou plenamente ciente de que ter acesso a um volume tão grande de dados implica uma grande responsabilidade: como podemos garantir o desenvolvimento e o uso ético de AI?

Tanto a minha equipe como eu reconhecemos que a tecnologia de *Emotion AI* sabe muita coisa sobre você: suas emoções, suas expressões faciais e vocais. Saberá quando você não está seguindo seu padrão normal e quando está tendo um dia ruim. Respeitamos e sabemos que esses são dados muito pessoais, e respeitamos a privacidade das pessoas. O fato de lidarmos com dados tão sensíveis fez com que tivéssemos um cuidado muito maior com privacidade e consentimento.

Somos completamente apaixonados pelo desenvolvimento e pela aplicação ética da AI. Onde quer que a nossa tecnologia seja instalada, sempre pedimos que as pessoas concordem e deem o seu consentimento, e todos os dados constantes em nossos arquivos foram coletados com o consentimento expresso dos participantes. Isso significa que não coletamos dados de pessoas que não estejam cientes do que estamos fazendo. Até o presente momento, já coletamos aproximadamente nove milhões de rostos em oitenta e sete países, e todos foram gravados com o prévio consentimento das pessoas. Além disso, também adotamos as práticas ditadas pela

European General Data Protection Regulation (GDPR)[9], o padrão de proteção de dados mais rígido e rigoroso até o presente momento, que determina que os consumidores podem pedir que todos os seus dados sejam excluídos de nosso banco de dados. Na realidade, em indústrias como a automobilística e a de robótica social, nós nem sequer armazenamos esses dados. A tecnologia funciona "on the edge", ou seja, no limite — por exemplo, no caso dos automóveis, nos chips eletrônicos do carro; nada é enviado para a nuvem para ser analisado. O que acontece dentro do carro fica dentro do carro; nenhum dado é gravado ou armazenado.

Priorizando a privacidade

Neste livro, eu cito inúmeros usos positivos para a *Emotion AI*, como o nosso trabalho com a comunidade autista, na saúde mental, ao criar novos biomarcadores para doenças, detectar a condução desatenta de um carro, para democratizar a educação e para eliminar o preconceito inconsciente nas práticas de recrutamento e promoção. Minha equipe e eu apresentamos uma visão positiva da AI, mas não somos ingênuos. Sabemos que se trata de um terreno fértil para o abuso, principalmente a gestão descuidada dos dados, que é um fato real que acontece hoje, praticada por inúmeras empresas e governos.

Os defensores da privacidade há anos vêm expressando suas preocupações com relação a como os dados são coletados pelas Big Tech e como esses dados podem ser vendidos ou pirateados, ou como podem, inadvertidamente, acabar em mãos erradas. As empresas de tecnologia têm um longo histórico de fazer primeiro para pedir desculpas depois. O Facebook teve que pagar multas altíssimas e sofreu danos importantes para sua reputação depois que a empresa Cambridge Analytica, um grupo britânico de consultoria política, coletou informações de oitenta e sete milhões de usuários do Facebook, sem prévio consentimento, e bombardeou todos eles com propaganda política para influenciá-los durante as eleições americanas de 2016. As pessoas finalmente acordaram para o fato de que talvez todos os dados privados que estavam sendo oferecidos vinham sendo usados para fins que não seriam aprovados por seus donos.

E não foi apenas o Facebook. Vamos encarar a realidade: todas as vezes que fazemos uma pesquisa, uma compra ou baixamos um livro na internet, estamos sendo observados. Gostemos ou não, diversas pessoas que nem conhecemos sabem muitas coisas sobre nós e as nossas preferências.

---

9 Regulamento Geral de Proteção de Dados, um projeto de proteção de dados e identidade dos cidadãos da União Europeia. (N. T.)

Abordar você on-line enquanto você olha as novidades em suas lojas preferidas, para descobrir as suas marcas favoritas (e sem a sua permissão) pode ser uma invasão à sua privacidade, mas não é nada perto de como os regimes totalitaristas armaram a AI contra grupos inteiros de pessoas. Em abril de 2019, o jornal *The New York Times* relatou em uma reportagem que a China "estava usando uma tecnologia sofisticada e avançada de reconhecimento facial para vigiar e controlar os uigures", uma etnia minoritária predominantemente muçulmana que vive no oeste da China. Esse país pode se tornar o primeiro, segundo o artigo do *New York Times*, a usar a AI para traçar o perfil racial, mas sem dúvida alguma será seguido por muitos outros.

A Affectiva tem valores fundamentais muito arraigados em relação à necessidade de proteger a privacidade e evitar situações como essas que acabei de descrever, que são antiéticas e podem prejudicar as pessoas. Por questões de ética, recusamos uma proposta de quarenta milhões de dólares de um grupo de investimentos que era um braço de uma agência de vigilância do governo. Por princípio, evitamos vender nossa tecnologia para empresas de segurança e vigilância que não exigem a anuência e o consentimento das pessoas. Não podemos, é claro, controlar o que os nossos concorrentes fazem, mas, como empresa, podemos definir nossos próprios padrões e assumir uma posição de liderança para tentar disseminar as melhores práticas que devem ser adotadas por toda a indústria de AI. Por exemplo, a Affectiva faz parte da Partnership on AI to Benefit People and Society (Parceria em AI para Beneficiar as Pessoas e a Sociedade, cuja sigla é PAI) um consórcio de empresas de tecnologia criado para "estudar e formular as melhores práticas para as tecnologias de AI, para aumentar o conhecimento público sobre AI e servir de plataforma aberta para discussões sobre o papel da AI e sua influência sobre as pessoas e a sociedade". Os mais de oitenta membros do consórcio oriundos de mais de treze países incluem gigantes da área de tecnologia assim como outras vozes, como a American Civil Liberties Union (União Americana pelas Liberdades Civis), a Anistia Internacional e o Hasting Center, um instituto de pesquisa em bioética. A Affectiva foi uma das poucas *startups* convidadas para fazer parte do PAI e, dentro dele, fazemos parte de um grupo de trabalho engajado em desenvolver as melhores práticas para Equidade, Responsabilidade, Transparência e Ética (FATE) em AI. Esse grupo está realmente incentivando os participantes da indústria de tecnologia a começar a tomar medidas reais para solucionar alguns desses problemas. Um consórcio formado por um grupo diversificado de pessoas é o melhor caminho. Esse assunto precisa ser resolvido através de um trabalho conjunto de diversos grupos e partes interessadas, organizações e tomadores de decisão.

Infelizmente, nem todas as empresas de AI, tampouco os governos, compartilham desse princípio em relação ao consentimento para o uso de dados e privacidade. A China é um grande desafio para uma empresa de AI independente como a nossa. As empresas de AI na China, assim como muitas outras, trabalham muito próximo ao governo. Geralmente são financiadas pelo governo e têm acesso a uma enorme quantidade de dados sobre pessoas que foram coletados de uma forma que não seria tolerada em uma sociedade democrática. Isso lhes dá uma vantagem em diversas frentes: elas conseguem colocar novas tecnologias em funcionamento rapidamente, conseguem expandir com rapidez e não precisam se preocupar com problemas éticos.

O objetivo declarado da China é ser líder mundial em AI em 2030 e fazer o que for preciso para alcançar essa meta. Portanto, como é que uma empresa como a Affectiva conseguirá competir com seus concorrentes chineses? Não conseguiremos competir com eles — não se continuarem com as práticas e as regras que adotam — e, por essa razão, precisamos mudar o jogo. Precisamos forçá-los a trabalhar em uma arena de competição diferente, e neste cenário a vantagem está do nosso lado.

Os regimes totalitaristas ignoram o público porque podem agir assim. Mas, em um mercado global, "público" não abrange apenas os nossos próprios cidadãos. Você precisa levar em conta os cidadãos do mundo inteiro. Podemos construir uma AI melhor, que dará mais poder e força aos indivíduos adotando nossos padrões de ética e nossos pontos fortes. Ao mesmo tempo, podemos reformar as Big Tech[10] e construir uma AI mais humana para o futuro.

Outras indústrias já foram reformuladas e transformadas, não só através de regulamentações governamentais, mas pelos consumidores que têm uma influência cada vez maior. O movimento em direção a alimentos orgânicos produzidos de forma sustentável é um fenômeno que foi desencadeado pelas pessoas que se preocupam. Os consumidores, principalmente os *millennials*, estão dispostos a pagar mais por produtos produzidos pelo comércio justo, sem OGM, organismos geneticamente modificados, que não tenham sido testados em animais, que respeitem as pessoas e tenham sido produzidos de forma sustentável. Não existe uma lei que obrigue as empresas a seguir essas normas. Entretanto, as companhias que seguem esses padrões terão sucesso e promoverão suas marcas aos olhos dos consumidores; e as empresas que não adotarem essas normas parecerão desinteressadas.

Nós criamos uma nova área de AI na Affectiva, com o objetivo de humanizar a tecnologia e promover seu desenvolvimento e sua aplicação ética. Trabalhamos diligentemente para garantir que nossa tecnologia não fosse criada ou implementada para prejudicar a sociedade, perpetuar preconceitos ou agravar a desigualdade. Por que todas as demais empresas de AI não podem seguir esses mesmos padrões?

---

[10] São as quatro maiores empresas de tecnologia da informação, especialmente Amazon, Apple, Google e Facebook. (N. T.)

Sem dúvida alguma, o público preferiria usar ferramentas de AI produzidas por empresas que não permitam que sua tecnologia seja usada para vigiar secreta e silenciosamente a população, para espiar e incomodar as pessoas. Em uma era em que os preconceitos de gênero e raça, bem como a desigualdade econômica, são a palavra de ordem de todas as conversas públicas, acredito que, se os consumidores pudessem escolher, optariam por uma AI que não perpetuasse esses comportamentos, que se preocupasse com o preconceito inconsciente e levantasse dados de um grupo bastante diversificado. Atualmente, os consumidores privilegiam os produtos de "origem ética" e "sustentáveis" em detrimento dos produtos de proveniência duvidosa. Podemos optar por diamantes e chocolates de origem ética, café de comércio justo e até mesmo por moda ética. Portanto, por que não incluir mais uma indústria nessa lista de empresas que adotam essas práticas éticas e sustentáveis? A tecnologia ética.

Uma das ideias que estamos explorando no momento é criar um novo critério para uma "tecnologia ética e sustentável", um selo de qualidade emitido por um grupo independente composto por tecnólogos, especialistas em ética, paladinos da privacidade e outras partes interessadas para os produtos que sejam desenvolvidos ou produzidos e aplicados de forma ética. Quando faço minhas compras de mercado, eu saio do meu caminho para comprar produtos orgânicos e sei que um determinado produto é orgânico pelo selo estampado em cada fruta ou pacote, que me dá uma avaliação do produtor. Eu acredito que os produtos orgânicos são melhores não só para a minha família, mas para o meio ambiente. Em alguns casos, o orgânico não é tão "perfeito" como os extremistas gostariam, mas é o melhor que temos.

Da mesma forma, os consumidores deveriam ter a opção de escolher entre produtos de AI que se comprometem a seguir os padrões morais e éticos vigentes. Na qualidade de empresa que está crescendo rapidamente e envolve tantas coisas, começamos há pouco a desenvolver esse conceito, e ainda temos muito trabalho pela frente. Sem dúvida alguma, é um assunto bastante complicado. Na Affectiva, estamos pedindo às pessoas envolvidas no mundo da tecnologia, e aos consumidores e outros interessados, para se unirem a nós nesta investida. A AI pode assumir diversas formas, com numerosas e variadas aplicações. Nós entendemos: não pode existir apenas um conjunto de padrões operacionais aplicável a todos, mas podemos ter princípios básicos e melhores práticas que devem ser seguidos.

O que temos pela frente

Será que é muito difícil para uma empresa de tecnologia ser honesta e direta? A Affectiva já fez isso milhares de vezes.

Antes de mais nada, é muito importante que os provedores de AI sejam totalmente transparentes em relação a como coletam seus dados — exatamente o que estão coletando, como armazenam esses dados e como e por quem esses dados serão usados. Essa informação deveria estar disponível para todos, em uma linguagem bem simples e clara, explicando as principais dúvidas com transparência e clareza. Não deveria estar escondida em um acordo de licença de sessenta páginas, escrito em "legalês", que você clica e que o consumidor comum nem sequer se dará ao trabalho de ler, porque mesmo se lesse não entenderia.

Reconhecemos que, em um mundo moderno e conectado com objetos "inteligentes" espalhados por todos os cantos, existem algumas situações onde é impossível obter o consentimento *explícito*, pedir diretamente para as pessoas darem seu consentimento prévio por escrito. Por exemplo, suponhamos que você encontre o Pepper, o robô social, em um shopping center e você se dirija a ele e comece a conversar. Caminhar em direção ao robô é considerado *consentimento implícito*: você escolheu ter esse encontro. Esse cenário é bem diferente de um shopping center que tem câmeras com *Emotion AI* escondidas em todas as lojas com o objetivo de informar aos vendedores quais são os produtos que chamaram a sua atenção. Isso é intrusivo e uma violação de privacidade, e eu acredito que o público seja capaz de entender a diferença entre as duas coisas.

Além disso, as empresas deveriam engendrar seus melhores esforços para evitar o preconceito algorítmico. Preconceito algorítmico é reflexo de um problema ainda maior: a humanidade é inerentemente preconceituosa. Como ponto de partida, precisamos lutar para que a AI seja menos preconceituosa do que as pessoas. Com certo esforço, uma empresa consegue eliminar o preconceito, ou pelo menos consegue reduzi-lo significativamente, levando em conta os métodos usados para conseguir os dados, como treina e valida seus modelos e, principalmente, incluindo diversidade em suas equipes.

Todos nós temos preconceitos e pontos cegos baseados em nossas crenças e experiências pessoais, e cada um de nós resolve os problemas como pode. Mesmo sendo bem-intencionadas, as pessoas que fazem parte de uma equipe que está desenvolvendo algoritmos vêm de grupos demográficos e origens semelhantes e podem inconscientemente introduzir certa dose de preconceito. Por essa razão as empresas precisam de equipes que sejam diversas em idade, contexto cultural, etnia, experiências de vida, educação e outros fatores. Apenas quando temos equipes diversificadas podemos afirmar: "Sabe de uma coisa? Percebi que não temos dados suficientes sobre pessoas com a minha cor de pele. Podemos trabalhar para corrigir isso?", ou "Eu tenho barba, e observei que não tem ninguém de barba nesta amostragem". Logo no início, a equipe de rotulagem de dados da Affectiva baseada no Cairo detectou que, na época, não tínhamos nenhum dado de mulheres usando o *hijab*, e então passamos a incluí-las em nosso banco de dados. Equipes diversificadas também têm potencial para pensar sobre novas aplicações da tecnologia e solucionar desafios importantes para representantes de grupos diferentes de pessoas.

A AI precisa ser usada de modo ético: ela não é má. A tecnologia em si é neutra, mas pode ser usada por pessoas para fins nefastos. Nós (desenvolvedores de software) temos a responsabilidade de ser altamente seletivos em relação a quem daremos permissão para usar nossa tecnologia e como permitiremos que essa tecnologia seja usada. É aqui que os consumidores podem mostrar sua força: você compraria um produto de uma empresa que permita que a AI seja usada para espionar minorias étnicas, como acontece na China? Os consumidores têm mais força do que imaginam para controlar o abuso nesse setor. Apenas não tinham até agora as ferramentas para agir.

As Big Techs estão começando a perceber que, se não fizerem alguma coisa para prevenir o abuso, os governos, locais ou federais, o farão. Certamente, é preciso definir alguma regulamentação. Mas essas questões são tão complexas, e a tecnologia é tão rápida, que a própria indústria precisa intervir e assumir um papel proativo na definição de uma estratégia que não iniba o progresso, mas que também não permita que ele seja alcançado à custa da privacidade.

Nós começamos a nossa Conferência Anual de Emotion AI com o objetivo de criar um ecossistema formado por especialistas em ética, acadêmicos, inovadores e profissionais de AI para estes entrarem em ação. No primeiro ano, nosso tema foi "conexão humana"; no ano seguinte, exploramos "confiança na AI". Em 2019, o tema foi "AI centrada no homem": Como poderemos garantir que a AI tenha sido projetada, desenvolvida e aplicada tendo sempre em mente o usuário final? Ao longo dos dias nessas conferências, nós discutimos sobre ética em AI e sempre fechamos o dia com um painel sobre ética.

Como sociedade, estamos apenas começando uma conversa sobre o papel da AI em nossa vida, e como usá-la de forma ética e justa para melhorar a situação da humanidade. Não podemos deixar que os maus representantes dessa indústria prejudiquem o trabalho dos bons representantes que atuam para criar ferramentas e serviços que sejam úteis para a sociedade. Precisamos definir os padrões, e aqueles que violarem tais padrões, direta ou indiretamente (licenciando tecnologias para os maus agentes), precisam saber que o jogo mudou: os consumidores fiscalizam tudo e vão punir as empresas que não estiverem em conformidade com os padrões menos cruéis.

Devotei toda a minha vida profissional a introduzir a inteligência emocional nos computadores para conseguir criar uma tecnologia que seja responsiva às necessidades dos seres humanos. Minha empresa é reflexo desses valores. Desde seu início, há mais de uma década, nós nos comprometemos firmemente a criar uma tecnologia que seguisse os padrões éticos e morais e respeitasse os direitos das pessoas. Selecionamos com extremo cuidado com quem trabalhamos, e não damos acesso à nossa tecnologia para empresas e pessoas que não sigam à risca os nossos padrões. Enquanto estivermos ativos no mercado, continuaremos a agir assim, e vamos tentar levar toda a indústria nessa mesma direção.

Afinal de contas, não deveríamos colocar os *seres humanos* à frente do artificial?

Epílogo

A busca por criar uma tecnologia mais centrada no humano e por um mundo mais empático me trouxe ao ponto onde me encontro hoje.

Em 2019, comemoramos os dez anos da Affectiva no mesmo lugar onde tudo começou, o Laboratório de Mídia do MIT. Foi uma festa de família. Convidamos um grupo grande de amigos e apoiadores da empresa, começando por nossos primeiros investidores, consultores e sócios até os mais recentes. Todas essas pessoas acreditaram em nós — em mim — até mesmo nos momentos em que nem eu acreditava em mim. Conseguimos reunir desde os primeiros colaboradores da Affectiva até a equipe atual, todos com seus cônjuges, seus parceiros e filhos de todas as idades. Alguns carrinhos de bebê (e crianças pequenas) podiam ser vistos por todos os lados. Jana e Adam estavam presentes, assim como Rosalind Picard, que fundou a empresa comigo. Ao fazer meu discurso, eu me dei conta de que, entre todos os nossos feitos, o que mais me deu orgulho foi acompanhar o crescimento pessoal e profissional de cada uma das pessoas presentes naquela sala. Ao longo dos anos, diversos membros da nossa equipe se casaram, tiveram filhos, e alguns, como eu, precisaram se adaptar a um novo país, e uns poucos ainda se naturalizaram americanos. Alguns enfrentaram o desafio de cuidar dos pais idosos, outros experimentaram a dor de perder entes queridos. Nós dividimos nossas alegrias e tristezas e conseguimos desenvolver muito o campo da *Emotion AI*. Eu me sinto abençoada e grata por fazer parte dessa jornada.

Há vinte anos, quando abri este novo campo de estudo, era difícil falar sobre emoções. As pessoas se sentiam desconfortáveis. Atualmente o mundo mudou; as pessoas se deram conta da importância das emoções para a saúde e para o bem-

-estar, na forma como tomamos nossas decisões e na maneira como nos comunicamos. Não precisamos mais buscar sinônimos aceitáveis para *emoção*; agora usamos a própria palavra.

Quando eu era mais jovem (uma bem-comportada jovem egípcia), escondia os meus sentimentos das outras pessoas e, por causa disso, geralmente nem eu mesma me dava conta dos meus sentimentos. Eu era emocionalmente dependente, reprimida pelo receio de "o que os outros vão pensar?", mas agora sou emocionalmente (e financeiramente) independente. Percebi que, quanto mais eu expressar minhas emoções, for franca comigo mesma sobre elas e dividi-las com os outros, mais as pessoas corresponderão e compartilharão.

Na época da Conferência de Emotion AI de 2019, minha mãe tinha vindo nos visitar. Convidei-a a subir no palco e a apresentei para todos como sendo minha apoiadora e mentora. Eu sentia uma onda de amor e gratidão por essa mulher que doou tanto de si mesma para minhas irmãs e para mim e posso dizer, com toda a franqueza, que sem ela eu não seria quem sou hoje. Chorei em público. Jamais teria chorado em público na minha juventude. Nunca teria me exposto tanto e me mostrado tão vulnerável, tampouco teria falado publicamente, como fiz aqui neste livro, sobre meu relacionamento familiar, a fase sombria que enfrentei durante meu divórcio ou a luta para me tornar a CEO da empresa. Mas aprendi que estar conectada com nossas emoções, e não ter receios de deixá-las transparecer e controlá-las, é revigorante. É assim que você consegue construir conexões pessoais sólidas em vez de simplesmente construir um muro, seja no mundo digital ou no mundo real. Isso cria a verdadeira empatia, e nos tornamos mais compreensivos e aceitamos mais a nós mesmos e aos outros.

Embora eu já tenha progredido muito sobre entender a minha vida emocional, ainda sou um projeto em andamento. Às vezes, ainda tenho grande dificuldade para conciliar aquela jovem egípcia com a empreendedora americana que é emocionalmente independente. Deixei meu véu de lado. Pareço "americana" no meu modo de falar e vestir, mas meu cérebro ainda é "egípcio", porque parte de mim não consegue acreditar que uma mulher egípcia seria capaz de fazer tudo isso. Ainda ouço dentro de mim a voz negativa de Debbie Downer[11], mas não permito que esse tipo de sentimento me detenha. Aprendi a reestruturar a mensagem que é agora minha aliada, e não uma adversária, que me desafia a seguir em frente, para sair da minha zona de conforto. Isso realmente me anima a trabalhar mais para superar minhas expectativas, bem como as dos outros.

Daqui a vinte anos, estou certa de que estaremos interagindo com a nossa tecnologia como seres humanos iguais: vamos nos comunicar usando o espectro

---

[11] Debbie Downer, personagem fictícia do programa Saturday Night Live que estreou em 2004, foi criada e interpretada por Rachel Dratch para representar alguém que só critica e baixa o moral das pessoas. (N. T.)

completo de emoções. Todas as interações digitais, seja por mensagem de texto, tuíte, voz ou vídeo — ou o que vier a seguir —, terão incorporado a *Emotion AI*. Portanto, suponhamos que consigamos quantificar e ter uma métrica de emoções: já imaginou receber um registro do seu impacto emocional no final dia — "150 pessoas se solidarizaram com você hoje!"? Ou imagine receber um alerta se um texto escrito descuidadamente ofendeu alguém; ou, ainda melhor, se um assistente virtual intervier antes de você mandar a mensagem ofensiva. "Esta mensagem é ofensiva. Você quer enviar mesmo assim?" Reconhecer as emoções no mundo cibernético fará com que as emoções ocupem um lugar central e importante em nossa vida.

    Ninguém é capaz de prever com precisão como a tecnologia vai evoluir; há sempre muitas surpresas. Mas, quando imagino o que virá pela frente para os meus filhos e para a Affectiva, eu vislumbro um mundo cheio de compaixão e empatia, onde as pessoas de todos os cantos do planeta conseguem não apenas se comunicar com e através da tecnologia, mas também se comunicarão de um modo que não destruirá nossa humanidade — muito ao contrário, nos transformará em seres humanos melhores e mais solícitos.

Agradecimentos

Eu acredito firmemente que é preciso uma "aldeia" para que as coisas aconteçam! Este livro é a prova disso. Eu sou extremamente grata à minha aldeia, sem cujo apoio este livro não seria possível.

Em primeiro lugar, gostaria de agradecer à minha coautora, Carol Colman. Conheci a Carol quando estava fazendo o meu pós-doutorado no MIT Media Lab. Nossa conexão foi imediata! Anos mais tarde, nos encontramos por acaso em uma conferência sobre saúde. Carol sugeriu que eu escrevesse um livro. Zombei da ideia, acrescentando: "Não tenho nada para contar; sobre o que eu iria escrever?". Obrigada, Carol, por ter visto a minha história e por acreditar no seu potencial. Muito obrigada por embarcar nesta viagem comigo, por me fazer seguir uma linha do tempo, por trabalhar incansavelmente para que tudo saísse perfeito e por me desafiar a ir mais fundo e ser vulnerável. Ainda me surpreende o fato de a Carol conhecer tão bem a minha voz, de tal forma que sempre surpreendíamos nosso editor e a equipe editorial. Sou extremamente grata por essa parceria maravilhosa.

Também gostaria de agradecer à minha "equipe editorial". Laurie Bernstein, minha agente, por sempre defender os meus interesses e por me explicar, com toda a paciência, o básico sobre publicações de livros. Roger Scholl, por ser um editor excepcional — ainda me lembro da primeira vez que nos encontramos para almoçar, e ele começou a nossa conversa com uma advertência: "Não trabalho mais com livros sobre AI". Roger, então, perguntou sobre minha história de vida e teve um momento revelador: o livro deveria focar em um público mais amplo, contar a minha trajetória de vida junto com a criação da *Emotion AI*. Agradeço também a Erin Little, pela revisão cuidadosa e por gostar tanto do meu senso de humor extravagante! Agradeço a Tina Constable, por sonhar tão alto para este livro; mesmo tendo publicado pessoas tão famosas ao longo dos seus trinta anos de carreira, Tina ainda se empolga em publicar vozes "novatas" como a minha. E agradeço também ao restante da equipe editorial da Currency, entre os quais Campbell Wharton, editor adjunto; Cindy Murray, diretora de publicidade; Melanie DeNardo, que cuidou de todos os detalhes da publicidade do livro no Grupo Random House; Andrea DeWerd, diretora de marketing; à equipe de venda do Grupo Random House; e à fantástica equipe do Grupo Random House, que leu o livro e nos incentivou a "mudar de direção" para maximizar o seu alcance — Susan Corcoran, Tode Berman e Leigh Marchant — que ainda dão total apoio ao *Girl Decoded* com paixão e entusiasmo. A Mark Fortier e Lauren Kuhn, por me convencerem a embarcar no plano ambicioso de lançar o livro. Serei eternamente grata a todos.

 À medida que este livro se tornava cada vez mais uma realidade, ficou claro para mim que tínhamos diversas partes móveis, até demais para que eu conseguisse controlar ao mesmo tempo que dirigia a Affectiva. Eu precisava de um esquadrão classe A para assumir essa responsabilidade! E que esquadrão! Hailey Melamut, obrigada pela incrível parceria que mantivemos ao longo dos anos; você conseguiu desvendar a minha voz, e ouso dizer que também o meu cérebro. Hailey assumiu o papel de gerente do lançamento do livro, e eu não poderia ter escolhido pessoa melhor: organizada, estratégica e atenta a todos os detalhes. Agradeço a toda a equipe da March Communications, por embarcar no projeto de mostrar ao mundo a nossa história. Iulia Nandrea-Miller, minha assistente executiva e, sim, minha principal diretora: Iulia, você é uma verdadeira bênção — ser a AE de uma "coelhinha Duracell"[12] extremamente exigente quando se trata de qualidade não é fácil. Obrigada por organizar a minha vida, assumir tudo o que envolvia o livro e simplesmente fazer as coisas acontecerem. Continua sendo um enorme prazer trabalhar e crescer com você. Rula el Kaliouby, minha gerente de mídia social e estrategista — e minha irmãzinha caçula. Você é um gênio. Adoro ver como você percebeu a essência deste livro e a minha, e como engajar o mundo — jovens e velhos, homens e mulheres, de todos os cantos do planeta. Gabi Zijderveld, diretora de marketing, amiga, mentora e parceira no crime. Ah, e minha diretora executiva, ("só que não!"). Gabi, uma americana com ascendência holandesa, que sozinha consegue personificar o estereótipo de que os holandeses são honestos! Gabi não tem papas na língua, e é por isso que eu a adoro. Ela construiu a marca da Affectiva e a minha marca pessoal; ela e eu criamos e consolidamos a categoria de *Emotion AI* e continuamos pintando a visão de um mundo ativado pela emoção. Gabi leu diversas versões deste livro e sempre foi franca comigo durante todo o processo.

---

[12] Propaganda das pilhas intermináveis da marca. (N. T.)

Tive muita sorte de ter conhecido pessoas que sempre me apoiaram e me orientaram ao longo da minha carreira. Minha cofundadora, mentora e exemplo Rosalind Picard, que apostou em uma jovem egípcia muçulmana que precisou se mudar do Cairo para fazer o pós-doutorado. Obrigada, Roz! Por ter fundado a Affectiva comigo. Por definir o nosso caminho a seguir e os nossos valores fundamentais desde o início. Por me ensinar a nunca aceitar um *não* como resposta. Por me mostrar que é possível ser uma profissional fora de série e também esposa, mãe, mentora fabulosa e muito mais. Por ter me mostrado que a fé transcende todas as religiões e disciplinas. Peter Robinson, por ter me incentivado a sair da minha zona de conforto com a minha pesquisa e por ser a minha casa longe de casa. Simon Baron-Cohen, por me dar acesso aos seus dados e à sua equipe. Meus mentores e professores na minha universidade querida, a Universidade Americana do Cairo, por serem a ponte para o mundo ocidental e terem me mostrado que o mundo não tem limites.

Também fui muito abençoada por conhecer pessoas fora de série que moldaram e discutiram as ideias deste livro. Agradeço aos peritos da área que concordaram em ser entrevistados para este livro: Ola Bostrom, Kate Darling, Joe Dusseldorp, Ehsan Hoque, Karl Iagnemma, Cory Kidd, Loren Larsen, Tim Leberecht, Taniya Mishra, Bryan Reimer, Ned Sahin, Erin Smith, Steven Vannoy, Ben Waber, Peter Weinstock e Matt Willis. Cynthia Breazeal, por ser um exemplo maravilhoso. Adam Grant, Erik Brynjolfsson e Richard Yonck, por me darem os primeiros feedbacks sobre este livro. Muita gratidão a todos os jornalistas que escreveram artigos sobre o meu trabalho, tornando-o acessível para o público em geral, que, desde o princípio, sempre nos responsabilizou e nos incitou a pensar sobre todas as implicações da nossa tecnologia e a sermos ferrenhos defensores do desenvolvimento e da aplicação ética da AI. Obrigada a Raffi Khatchadourian, cujo artigo de 2015 "Sabemos como você se sente", publicado no *The New Yorker*, nos colocou no mapa. A June Cohen, por ter me colocado no palco da TED. Dale DeLetis por ter me preparado para falar em público. Debbie Simon por me mostrar, e aos meus filhos, o poder de ter uma voz e falar a verdade. À equipe da Stern, especialmente Danny Stern, Mel Blake e Ania Trzepizur, pela oportunidade de apresentar meu trabalho para o mundo.

Este livro não trata apenas de esperanças e sonhos. Diversos conceitos apresentados aqui foram criados pela minha equipe da Affectiva. Trabalhar com esta equipe, todos os dias é uma dádiva — o trabalho árduo, a paixão por nossa missão de humanizar a tecnologia, o trabalho em equipe, a colaboração e o compromisso com o desenvolvimento e a aplicação éticos da AI. Existem algumas pessoas, em particular, sem as quais tanto a Affectiva como eu não estaríamos aqui hoje: David Berman, que me mostrou o que é uma empresa madura, mesmo quando éramos muito poucos. Nick Langeveld, por me dar a oportunidade de assumir o leme. Tim Peacock, por ser meu braço direito de total confiança. A primeira vez que encontrei Tim foi em 2011, quando tentei convencê-lo a vir trabalhar para nós durante um almoço em um restaurante chinês! O almoço deve ter sido maravilhoso porque ele se juntou a nós, ocupando o cargo de VP de Engenharia, e jamais nos arrependemos. Quando me tornei CEO, Tim se tornou meu COO; me faz trilhar o caminho da honestidade e é a pessoa a quem sempre recorro quando me vejo em uma encruzilhada. Gabi Zjiderveld, por ter criado a marca Affectiva, sendo briguenta mas não maldosa! Andy Zeilman, por liderar nossa estratégia e estar sempre presente quando solicitado. Graham Page, por ser nosso primeiro defensor e cliente. Jay Turcot, pelas maravilhosas discussões sobre estratégia, liderança e como conseguir encontrar o equilíbrio entre vida profissional e pessoal. Ver Jay crescer pessoalmente e profissionalmente continua sendo o ponto alto da minha carreira. Abdelrahman Mahmoud, por me ensinar a investir no sucesso de alguém — sempre serei sua maior fã! Taniya Mishra, por criar e construir nosso programa de estágios, dando oportunidade aos jovens de moldar este fantástico mundo novo da AI. Dan McDuff, por nossa mútua curiosidade e empolgação sobre a universalidade do comportamento e de expressões de emoção do ser humano.

Para uma *startup* financiada por fundos de *venture capital*, os investidores são tudo. Sou extremamente agradecida a Hans Lindroth e Jeff Krentz, nossos primeiros investidores, por sempre acompanharem nossa evolução, nossa mudança de rumo e o novo crescimento. A nossos investidores atuais, por acreditarem em nossa missão: Wael Mohamed e Keith Foster, por serem minha caixa de ressonância. Ollen Douglas e Maggie Dorn, da Motley Fool Ventures, por valorizarem a integridade, a diversidade e a ética. À equipe Aptiv, especialmente Kevin Clark, David Paja, Sean Valentine, Bob Bibby e Andreas Heim, por nos escolher para sermos parceiros desta grande visão de introduzir segurança no nosso caminho. A nossos colaboradores, sócios e clientes que adotaram esta tecnologia, em alguns casos desde muito cedo, usando-a em todo o mundo, de um modo tal que está mudando a maneira como nos relacionamos com a tecnologia e com os outros, muitas vezes de formas que eu jamais imaginei. Muitos apostaram suas carreiras ao promoverem a nossa tecnologia e acoplaram seu sucesso profissional ao nosso. Muito obrigada.

Uma *startup* é como uma montanha-russa emocional — e algumas vezes eu tinha a sensação de estar sozinha no carrinho! Sou extremamente agradecida aos meus mentores e conselheiros, que sempre me incentivaram nos momentos em que mais precisei. Andy Palmer, por estar ao meu lado desde o primeiro dia e por subir o nível do significado de apoiar um fundador, principalmente uma fundadora. Frank Moss, por plantar as sementes de começar uma empresa. Ossama Hassanein, conhecido como Dr. O, por me mostrar que o meu bem-estar pessoal também é importante. Eric Shurenberg, por dar uma plataforma à minha voz. Babak Hodjat, Karl Iagnemma, Danny Lange e Bryan Reimer, por serem meus parceiros de pensamento e sempre nos defenderem. Elia Stupka, por me desafiar a verbalizar meus verdadeiros sentimentos. Max Tega Mark, por me ajudar a pensar grande e não me conformar com o convencional. Eric Horvitz, por sua orientação durante minha trajetória do mundo acadêmico para o empreendedorismo. Gregory Wilson, por me instigar a sair da minha zona de conforto e me ajudar a me enxergar como CEO e líder visionária.

Também tive a grande sorte de ser mentora de diversas pessoas que, ao longo do processo de mentoria, me ensinaram importantes lições sobre a vida e o amor: Sara Bargal, Marwa Mahmoud e Radwa Hamed, por mostrarem ao mundo que as mulheres egípcias são sensacionais! Erin Smith, por me ensinar que, mais do que a idade, a paixão e a perseverança são importantíssimas. É uma grande alegria e uma dádiva fazer parte da viagem fantástica de cada um de vocês.

E, por fim, à minha família. Por onde devo começar? Escrever este livro foi um processo intenso de autorreflexão, contemplando a minha educação e como conciliar minha cultura e minhas tradições com a pessoa que eu sou hoje: uma cientista e empreendedora egípcio-americana competente. Devo tudo o que sou hoje à minha família.

Agradeço a meu pai, Ayman el Kaliouby, por incutir em mim os valores fundamentais do trabalho árduo, da compaixão e de ajudar os outros. Por ter investido na minha educação e por acreditar que suas três filhas tinham um grande potencial, mesmo quando as pessoas à sua volta se condoíam por ele não ter tido um filho homem!

Agradeço à minha mãe, Randa Sabry, por seu amor e seu apoio incondicional. Minha mãe sempre fez tudo por mim, pelas minhas irmãs e por nossos filhos. Ela cuidou da Jana durante um mês enquanto eu concluía minha tese de doutorado. Ela sempre vem a Boston para me ajudar quando estou com a agenda cheia de viagens. Minha mãe, uma das primeiras programadoras do Oriente Médio, é um exemplo do que significa educação contínua: com mais de sessenta anos, ela ainda faz cursos para aprender novas linguagens de programação ou novas pedagogias educacionais, ou até mesmo uma nova aula de dança. Ela nos mostrou o prazer de aprender e nos ensinou como abraçar nossas emoções e como isso pode ser mágico.

Agradeço a minhas irmãs, Rasha e Rula. Rasha, por ser o amálgama desta família, por me lembrar todos os dias que, quando a compaixão vem em primeiro lugar, o resto todo funciona. Por sempre estar perto quando o caminho fica mais tortuoso. Rula, por desafiar o *status quo* e fazê-lo com estilo e confiança! Sempre admirei minha irmã caçula — enquanto eu não tinha permissão para namorar e obedecia a horários rígidos para voltar para casa, Rula sempre conseguia dar seu jeito. Sou muito grata às minhas duas sobrinhas — Amina, por me lembrar tanto de quando eu era jovem, e Zeina, que tem oito anos, por ser a rebelde criativa que eu sempre quis ser.

Agradeço muito a Wael, meu primeiro amor e pai dos meus filhos, por aguentar uma companheira superambiciosa! À minha sogra, Tant Laila, por liderar com bondade, e a meu falecido tio Ahmed, por me amar como se eu fosse sua filha. A meu cunhado, Houssam, e à minha cunhada, Sahar, por continuarem a me fazer sentir parte da família, mesmo depois do meu divórcio.

Agradeço a meus filhos, Jana e Adam, que são meus guias, meus parceiros amorosos, meus companheiros de viagem, meus melhores amigos, meus mentores e meus confidentes. A Jana, por me inspirar todos os dias e me mostrar como ser uma mulher jovem e com voz poderosa. Jana, mal posso esperar para ver o que você fará no mundo. A Adam, por me mostrar como me levantar e aprender com os meus erros, por sempre me lembrar de respirar fundo e fazer pequenos intervalos, por me fazer rir e por provar que a bondade sempre vence. Jana e Adam, vocês não só me enchem de orgulho e de uma enorme alegria, mas me fazem manter os pés no chão e ser responsável. Realmente sou muito abençoada por aprender e por crescer com vocês dois. Espero que este livro inspire você a fazer o bem no mundo. Que sempre sejamos unidos e continuemos a encontrar alegria nesta incrível e fantástica viagem juntos, sem nos prender a resultados.

BIBLIOGRAFIA

Todas as entradas nesta bibliografia estão listadas na ordem em que foram usadas no livro.

Introdução: Emocionalmente cego

ELLIS, Ralph; VALENCIA, Nick; SAYERS, Devon. *Chief to Recommend Charges Against Florida Teens Who Recorded Drowning.* CNN, 22 jul. 2017. Disponível em: <https://edition.cnn.com/2017/07/21/us/florida-teens-drowning-man/index.html>.

NO CHARGES for 5 Teens Who Mocked Drowning Man, Didn't Help. AP News. Informação da *Florida Today* (Melbourne, FL), 23 jun. 2018.

GOLEMAN, Daniel. *Emotional Intelligence: Why It Can Matter More Than IQ.* Nova York: Bantam Books, 1995.

ABOUT *Three in Ten U.S. Adults Say They Are 'Almost Constantly' Online.* Pew Research Center, 25 jul. 2019. Disponível em: <https://www.pewresearch.org/fact-tank/2019/07/25/americans-going-online-almost-constantly/>.

THERE *Will Be 24 Billion IoT Devices Installed on Earth by 2020.* Business Insider Intelligence, 9 jun. 2016. Disponível em: <https://www.businessinsider.com/there-will-be-34-billion-iot-devices-installed-on-earth-by-2020-2016-5>.

Capítulo 5: A centelha

PICARD, Rosalind. *Affective Computing.* Cambridge: MIT Press, 1997.

DAMASIO, Antonio. *Descartes' Error: Emotion, Reason, and the Human Brain.* Nova York: G. P. Putnam's Sons, 1994.

EKMAN, Paul; FRIESEN, Wallace V. *Facial Action Coding System: A Technique for the Measurement of Facial Movement*. Palo Alto: Consulting Psychologists Press, 1978.

INCREASE Your Emotional Awareness and Detect Deception. Curso de treinamento on-line. Disponível em: <https://www.paulekman.com>.

KANADE, Takeo; COHN, Jeffrey F.; TIAN, Yingli. *Comprehensive Database for Facial Expression Analysis*. Proceedings of the Fourth IEEE International Conference on Automatic Face and Gesture Recognition (FG '00). Grenoble: mar. 2000. pp. 46-53. Disponível em: <http://www.cs.cmu.edu/~face/Papers/database.PDF>.

Capítulo 6: Uma mulher casada

EL KALIOUBY, Rana. *Enhanced Facial Feature Tracking of Spontaneous Facial Expression*. Tese de mestrado. American University in Cairo, 2000.

KHALID, Amr. *The Hijab*. Traduzido e transcrito de uma palestra. Disponível em: <http://www.oocities.org/mutmainaa5/articles/hijab1.html>.

Capítulo 7: Uma estranha numa terra estranha

HISTORY. Newnham College, Universidade de Cambridge. Disponível em: <https://www.newn.cam.ac.uk/about/history/>.

Capítulo 8: Uma cientista maluca fala com a parede

BARON-COHEN, Simon; WHEELWRIGHT, Sally; et al. *The 'Reading the Mind in the Eyes' Test, Revised Version: A Study with Normal Adults and Adults with Asperger Syndrome or High-Functioning Autism*. Journal of Child Psychology and Psychiatry and Allied Disciplines, 42, n° 2 (2001), pp. 241-51.

BARON-COHEN, Simon. Reading the Mind in the eyes. Disponível em: <https://www.autismresearchcentre.com/arc_tests/>.

CENTERS FOR DISEASE CONTROL AND PREVENTION (CDC). *Data and Statistics on Autism Spectrum Disorder*. CDC. Disponível em: <https://www.cdc.gov/ncbddd/autism/ data.html>.

BARON-COHEN, Simon. *Mind Reading: The Interactive Guide to Emotions*. Londres: Jessica Kingsley Publishers, 2003.

Capítulo 9: O desafio

BARON-COHEN, Simon. *Autism and the Technical Mind*. Scientific American, nov. 2012. pp. 307 e 72-75.

_____. *The Essential Difference: The Male and Female Brain*. Phi Kappa Phi Forum 45, n° 1, jan. 2005.

_____. *The Hyper-systemizing, Assortative Mating Theory of Autism.* Progress in Neuro-Psychopharmacology and Biological Psychiatry 30, 2006. pp. 865-72.

BARON-COHEN, Simon; WHEELWRIGHT, Sally. *The Empathy Quotient (EQ): An Investigation of Adults with Asperger Syndrome or High Functioning Autism, and Normal Sex Differences.* Journal of Autism and Developmental Disorders 34, 2004. pp. 163-75.

BARON-COHEN, Simon; WHEELWRIGHT, Sally; et al. *The Exact Mind: Empathising and Systemising in Autism Spectrum Conditions.* Oxford: Blackwell, 2002.

Capítulo 10: Aprendendo a ser humano

EL KALIOUBY, Rana; ROBINSON, Peter. *Real-time Inference of Complex Mental States from Facial Expressions and Head Gestures.* Trabalho apresentado no IEEE – International Workshop on Real-time Computer Vision for Human-Computer Interaction at CVPR, jan. 2004.

Capítulo 11: Cérebro de mãe

EL KALIOUBY, Rana; ROBINSON, Peter. *FAIM: Integrating Automated Facial Affect Analysis in Instant Messaging.* In Nuno Jardim Nunes e Charles Rich, eds. Proceedings of the International Conference on Intelligent User Interfaces 2004. Funchal, Madeira, Portugal: 13-16 jan. 2004, pp. 244-46. Disponível em: <http://doi.acm.org/10.1145/964442.964493>.

EL KALIOUBY, Rana. *Mind-Reading Machines: Automated Inference of Complex Mental States.* Tese de doutorado. University of Cambridge Computer Laboratory, 2005.

Capítulo 12: Ideias malucas

EL KALIOUBY, Rana; PICARD, Rosalind; baron-cohen, Simon. *Affective Computing and Autism.* Anais da Academia de Ciências de Nova York 1093. Nova York: 2006. pp. 228-48; doi: 10.1196/annals.1382.016.

EL KALIOUBY, Rana; TEETERS, Alea; PICARD, Rosalind. *An Exploratory Social-Emotional Prosthetic for Autism Spectrum Disorders.* International Workshop on Wearable and Implantable Body Sensor Networks (bsn '06). Cambridge: 3-5 abr. 2006. pp. 2 e 4; doi: 10.1109/BSN.2006.34.

SCHUESSLER, Jennifer. *The Social-Cue Reader.* Revista New York Times. 10 dez. 2006.

NEGROPONTE, Nicholas. *Being Digital.* Nova York: Alfred A. Knopf, 1999.

TEETERS, Alea. *Use of a Wearable Camera System in Conversation: Toward a Companion Tool for Social-Emotional Learning in Autism.* Tese de mestrado. MIT, set. 2007.

AHN, H. I.; TEETERS, A.; WANG, A.; BRAEZAEL, C.; PICARD, R. W. *Stoop to Conquer: Posture and Affect Interact to Influence Computer Users' Persistence.* The Second International Conference on Affective Computing and Intelligent Interaction, Lisboa, Portugal, 12-14 set. 2007.

AHN, H. I.; PICARD, R. W. Measuring *Affective-Cognitive Experience and Predicting Market Success*. IEEE Transactions on Affective Computing, jun. 2014.

Capítulo 14: Demonstre ou morra

MOSS, Frank. *The Sorcerers and Their Apprentices*. Nova York: Crown Business, 2011.

MADSEN, Miriam; EL KALIOUBY, Rana; et al. *Technology for Just-in-Time In Situ Learning of Facial Affect for Persons Diagnosed with an Autism Spectrum Disorder*. Proceedings of the Tenth ACM Conference on Computers and Accessibility (ASSETS), Halifax, Nova Scotia, 13-15 out. 2008.

TEETERS, Alea; EL KALIOUBY, Rana; et al. *Novel Wearable Apparatus for Quantifying and Reliably Measuring Social-Emotional Expression Recognition in Natural Face-to-Face Interaction*. Pôster no International Meeting for Autism Research (IMFAR), Londres, 15-17 maio 2008.

MADSEN, Miriam; EL KALIOUBY, Rana; et al. *Lessons from Participatory Design with Adolescents on the Autism Spectrum*. Conference on Human Factors in Computing Systems (CHI '09), Boston, 4-9 abr. 2009.

Capítulo 16: Minha Primavera Árabe

EGYPT Erupts in Jubilation as Mubarak Steps Down. Nova York: *New York Times*, 11 fev. 2011.

MCDUFF, Dan J.; EL KALIOUBY, Rana; PICARD, Rosalind W. *Crowdsourcing Facial Responses to Online Videos*. IEEE Transactions on Affective Computing 3 n° 4, 2012. pp. 456-68.

ONSLAUGHT. Anúncio da Dove, 2008. Disponível em: <https://www.youtube.com/watch?v=9zKfF40jeCA>.

GEYSER. Anúncio das fraldas descartáveis Huggies, 2008. Disponível em: <https://www.youtube.com/watch?v=AVRpE7982Js>.

JOY IS BMW. Anúncio da BMW, 2009. Disponível em: <https://youtu.be/oR4wkZM9Zis>.

MCDUFF, Dan J.; EL KALIOUBY, Rana; et al. *Predicting Ad Liking and Purchase Intent: Large-scale Analysis of Facial Responses to Ads*. IEEE Transactions on Affective Computing, jul. 2015. Disponível em: <https://affect.media.mit.edu/pdfs/14.McDuff_et_al-Predicting.pdf>.

MCDUFF, Dan J.; EL KALIOUBY, Rana; et al. *Predicting Online Media Effectiveness Based on Smile Responses Gathered Over the Internet*. Tenth IEEE International Conference on Automatic Face and Gesture Recognition, Shanghai, China, abr. 2013.

MCDUFF, Dan J. *Crowdsourcing Affective Responses for Predicting Media Effectiveness*. Tese de Doutorado. MIT, jun. 2014.

MCDUFF, Dan J.; GIRARD, J. M.; EL KALIOUBY, Rana. *Large-scale Observational Evidence of Cross-cultural Differences in Facial Behavior*. Journal of Nonverbal Behavior 41, n° 1, 2017. pp. 1-19.

Capítulo 18: Mulher no comando

ADLER, Jerry. *Smile, Frown, Grimace, e Grin — Your Facial Expression Is the Next Frontier in Big Data*. Smithsonian Magazine, dez. 2015.

SMITH, Aaron. *Nearly Half of American Adults Are Smartphone Owners*. Pew Research Center, Internet and Technology, 2012. Disponível em: <https://www.pewinternet.org/2012/03/01/nearly-half-of-american-adults-are-smartphone-owners/>.

Capítulo 19: Invadindo o hackathon

SUBBARAMAN, Nidhi. *Affectiva Invites Local Developers to Test Emotion-Sensing Tech: Hackathon Fills Up with Mixed-Gender Group*. Boston Globe, 1 fev. 2016.

CURTIN, Sally C.; HERON, Melonie. *Death Rates Due to Suicide and Homicide Among Persons Aged 10-24: United States, 2000-2017*. NCHS Data Brief, n°. 352, out. 2019. Disponível em: <https://www.cdc.gov/nchs/data/ databriefs/db352-h.pdf>.

NATIONAL INSTITUTE OF MENTAL HEALTH (NIMH). *Suicide*. Mental Health Information: Statistics, NIMH, s.d. Disponível em: <https://www.nimh.nih.gov/health/ statistics/suicide.shtml>.

ORGANIZAÇÃO MUNDIAL DA SAÚDE (OMS). *The World Health Report 2001 — Mental Health: New Understanding, New Hope*. NMH Communications, WHO, out. 2001. Disponível em: <https://www.who.int/whr/2001/en/>.

KHATCHADOURIAN, Raffi. *We Know How You Feel: Computers Are Learning to Read Emotion, and the Business World Can't Wait*. The New Yorker, 12 jan. 2015.

VANNOY, S.; GABLE, S.; BRODT, M.; et al. *Using Affect Response to Dangerous Stimuli to Classify Suicide Risk*. Trabalho apresentado durante o CHI 2016 Computing and Mental Health Workshop, San Jose, CA, 8 maio 2016. Disponível em: <http:// alumni.media.mit.edu/~djmcduff/assets/publications/Vannoy_2016_ Using.pdf>.

ASSOCIAÇÃO AMERICANA DE PSIQUIATRIA. *Diagnostic and Statistical Manual of Mental Disorders (DSM-5)*. Washington, DC: American Psychiatric Association, 2013.

Capítulo 20: Emudecendo

VAHABZADEH, A.; KESHAV, N. Y.; SALISBURY, J. P.; SAHIN, N. T. *Improvement of Attention-Deficit/Hyperactivity Disorder Symptoms in School-aged Children, Adolescents, and Young Adults with Autism via a Digital Smart-glasses-Based Socioemotional Coaching Aid: Short-Term, Uncontrolled Pilot Study*. JMIR Mental Health 5, n° 2, mar. 2018. e25; doi: 10.2196/mental.9631.

Capítulo 21: Segredos de um sorriso

DUSSELDORP, J. R.; GUARIN, D. L.; VAN VEEN, M. M.; et al. *In the Eye of the Beholder: Changes in Perceived Emotion Expression After Reanimation*. Plastic and Reconstructive Surgery 144, n° 2, ago. 2019. pp. 457-71.

SMITH, Erin. *Forbes 30 Under 30*. Disponível em: <https://www.forbes.com/profile/erin-smith/>.

MHYRE, T. R.; BOYD, J. T.; HAMMIL, R. W.; MAGUIRE-ZEISS, K. A. *Parkinson's Disease*. Subcellular Biochemistry 65, 2012. pp. 389-455.

Capítulo 23: Igualdade de condições

BURANYI, Stephen. *How to Persuade a Robot That You Should Get the Job*. The Guardian, 4 mar. 2018.

GERDEMAN, Dina. *Minorities Who 'Whiten' Job Résumés Get More Interviews*. Harvard Business School (site), 17 maio 2017. Disponível em: <https://hbswk.hbs.edu/item/minorities-who-whiten-job-resumes-get-more-interviews>.

TURBAN, Stephen; FREEMAN, Laura; WABER, Ben. *A Study Used Sensors to Show That Men and Women Are Treated Differently at Work*. Harvard Business Review, 23 out. 2017.

FUNG, Michelle; JIN, Yina; ZHAO, RuJie; HOQUE, M. Ehsan. *ROC Speak: Semi-Automated Personalized Feedback on Nonverbal Behavior from Recorded Videos*. Proceedings of the 2015 ACM International Joint Conference on Pervasive and Ubiquitous Computing (UbiComp '15). New York: ACM, 2015. pp. 1167-78. Disponível em: <https://doi.org/10.1145/2750858.2804265>.

SAMROSE, Samiha; ZHAO, Ru; WHITE, Jeffrey; LI, Vivian; NOVA, Luis; LU, Yichen; ALI, Mohammad; HOQUE, M. Ehsan. *CoCo: Collaboration Coach for Understanding Team Dynamics During Video Conferencing*. Proceedings of the ACM on Interactive, Mobile, Wearable, and Ubiquitous Technologies 1, nº 3, 2018. pp. 1-24. Disponível em: <https://dl.acm.org/citation.cfm?doid=3178157.3161186>.

Capítulo 24: Human-izar

EQUIPE DA TIME. *The 25 Best Inventions of 2017: A Robot You Can Relate To*. Time, 1 dez. 2017.

VAN CAMP, Jeffrey. *My Jibo Is Dying and It's Breaking My Heart*. Wired, 8 mar. 2019.

JONZE, Spike. *Ela*. Warner Bros. Pictures, 2013. Informações disponíveis em: <https://www.imdb.com/title/tt1798709/>.

DARLING, Kate. *Why We Have an Emotional Connection to Robots*. TED, out. 2018. Disponível em: <https://www.ted.com/speakers/kate_darling>.

ACKERMAN, Evan. *Kids Love MIT's Latest Squishable Social Robot (Mostly): Tega Uses Cuteness and Artificial Intelligence to Teach Spanish to Pre-schoolers*. IEEE Spectrum, 2 mar. 2016.

PETERSEN, Sandra; HOUSTON, Susan; QIN, Huanying; TAGUE, Corey; STUDLEY, Jill. *The Utilization of Robotic Pets in Dementia Care*. Journal of Alzheimer's Disease 55, nº 2, 2017. pp. 569-74.

JOHNSON, Khari. *Pfizer Launches Pilot with Home Robot Mabu to Study Patient Response to AI.* VentureBeat, 12 set. 2019.

LUCAS, Gail M.; RIZZO, Abert; GRATCH, Jonathan; et al. *Reporting Mental Health Symptoms: Breaking Down Barriers to Care with Virtual Human Interviewer.* Frontiers in Robotics and AI 4, n° 51, 2017.

NEIMAN, Andrea B.; RUPPAR, Todd; HO, Michael; et al. *CDC Grand Rounds: Improving Medication Adherence for Chronic Disease Management: Innovations and Opportunities.* Morbidity and Mortality Weekly Report 66, n° 45, 17 nov. 2017.

MEET ELLIE: *The Robot Therapist Treating Soldiers with PTSD.* USC Institute for Creative Technologies, 1° out. 2016. Disponível em: <http://ict.usc.edu/news/meet-ellie-the-robot-therapist-treating-soldiers-with-ptsd/>.

KLEINSINGER, Fred, MD. The Unmet Challenge of Medication Nonadherence. The Permanente Journal 22, 5 jul. 2018. pp. 18-33.

JOHNSON, Khari. *Softbank Robotics Enhances Pepper the Robot's Emotional Intelligence.* VentureBeat, 28 ago. 2018.

Capítulo 25: Alexa, precisamos conversar

THE SMART *Home Is Creating Frustrated Consumers: More than 1 in 3 US Adults Experience Issues Setting Up or Operating a Connected Device.* Business Wire, 30 jan. 2018.

MISHRA, Taniya. *Decomposition of Fundamental Frequency Contours in the General Superpositional Intonation Model.* Diss., Oregon Health and Science University, Departamento de Ciência e Engenharia, 2008.

MAOR, Elad; SARA, D. Jaskanwal; ORBELO, Diana M.; et al. *Voice Signal Characteristics Are Independently Associated with Coronary Artery Disease.* Mayo Clinic Proceedings 93, n° 7, jul. 2018. pp. 840-47. Disponível em: <https://doi.org/ 10.1016/j.mayocp.2017.12.025>.

HAKKANI-KUR, Dilak. *Alexa Prime Social Challenge — Grand Challenge 3.* Alexa Blogs, 4 mar. 2019. Disponível em: <https://developer.amazon.com/blogs/alexa/post/c025d261-e14f-403d-ba5d-b20f8fc86914/alexa-prize-socialbot-grand-challenge-3-application-period-now-open>.

Capítulo 26: Robôs sobre rodas

NATIONAL HIGHWAY TRAFFIC SAFETY ADMINISTRATION (NHTSA). *Automated Vehicles for Safety.* NHTSA. Disponível em: <https://www.nhtsa.gov/technology-innovation/ automated-vehicles-safety>.

CALVERT, Scott. *Pedestrian Deaths Reach Highest Level in Nearly 30 Years.* Wall Street Journal, 28 fev. 2019.

NATIONAL HIGHWAY TRAFFIC AND SAFETY ADMINISTRATION (NHTSA). *Distracted Driving.* NHTSA. Disponível em: <https://www.nhtsa.gov/risky-driving/distracted-driving>.

CENTERS FOR DISEASE CONTROL AND PREVENTION (CDC). *Distracted Driving.* CDC. Disponível em: <https://www.cdc.gov/motorvehiclesafety/distracted_driving/index.html>.

LIENART, Paul. *Most Americans Wary of Self-Driving Cars: Reuters/Ipsos Poll.* Reuters, 28 jan. 2018. Disponível em: < https://www.reuters.com/article/us-autos-selfdriving-usa-poll/most-americans-wary-of-self-driving-cars-reuters-ipsos-poll-idUKKBN1FI034?edition-redirect=uk>.

Capítulo 27: Humano acima do artificial

BUCKLEY, Chris; MAZUR, Paul; RAMZY, Austin. *How China Turned a City into a Prison.* Nova York: *New York Times,* 4 abr. 2019.

NIELSEN. *Was 2018 the Year of the Influential Sustainable Consumer?* N (site). 17 dez. 2018. Disponível em: <https://www.nielsen.com/us/en/insights/article/2018/was-2018-the-year-of-the-influential-sustainable-consumer/>.

ÍNDICE

Abraços, 70
Abrindo a empresa, 137-8, 144-9
Aceno de cabeça, ensinando o algoritmo a reconhecer, 99-101
Adam (filho). *Ver* Amin, Adam (filho)
Affdex, 167-8
Affectiva
    analítica de voz e, 238-40
    aprendizado profundo e, 173-6
    CEO da, 147-8, 168-9, 177-82, 215-6
    Cérebro Empoderado e, 196-8
    China e, 158-9
    crescimento de, 160-2
    décimo aniversário de, 263
    definindo uma identidade, 167-8
    equipe para, 147-9
    fim do casamento de Rana e, 162-4, 166-7
    financiamento para, 144-9, 153-8
    fundação da, 140-3
    hackathon e, 185-91
    Mobile Lab, 247-8
    principais valores, 140-1, 157, 257
    reunião de vc e, 144-7
    SoftBank Robotics e, 234-5
    TED Talk e, 176-7
Affective Computing Group, 106, 113, 119, 148, 224
Affective Computing (Picard), 52, 105
AgeLab, 250
Ahn, Hyungil, 119-20
AIST, 231
Alexa, 13, 21, 190, 228, 235, 237-43
Alexa Prize Socialbot Grand Challenge 3, 243
Alimentação de dados, 173-4
Algoritmo, preconceito do, 91-4, 99-101, 246-7, 260
Algoritmo, treinamento do, 260-1
"Estrangeira extraordinária", 122
Al-Mutawa, Vera, 29-30
American Civil Liberties Union, 257
American University of Cairo (AUC)

hesitação para se candidatar a uma posição na, 135-6
posição de catedrática na, 61-2
programa de ciência da computação na, 42-7
Rana estudando em, 40-7
Rana ensinando na, 111-3
Amin, Adam (filho)
   aniversário da Affectiva e, 263
   em reuniões, 148
   História Americana e, 208
   Jibo e, 227-8
   morando nos Estados Unidos, 209-11, 213-5
   mudança para Boston e, 170-2
   na cerimônia de premiação, 178-9
   namoro de Rana e, 212-3
   nascimento de, 139
   Primavera Árabe e, 150-3
   reuniões de *pitch* e, 144, 145-6
   véu e, 165
   viajando com, 150
Amin, Ahmed (tio Ahmed)
   Cambridge e, 93
   conselho de, 244
   fim do casamento de Rana e, 162-3
   influência de, 181-2
   morte de, 170-1
   pais de Rana e, 50-1
Amin, Jana (filha)
   aniversário da Affectiva e, 263
   em Cambridge, Massachusetts, 138-40
   formatura e, 109-10
   harpa e, 138-9, 170
   História Americana e, 208
   morando nos Estados Unidos, 209-11, 214
   mudança para Boston e, 170-2
   na cerimônia de premiação, 178-9
   na conferência, 104-5
   na creche, 103-4
   namoro de Rana e, 212-3
   nascimento de, 101-2
   no Egito, 150-1
   oferta do MIT Media Lab e, 116-7
   Primavera Árabe e, 150-3
   TED Talk e, 176
Amin, Wael
   Adam e, 136-9
   Affectiva e, 140-1
   Affective Computing (Picard) e, 52
   casamento com, 58-9
   contrato do alojamento e, 71-2
   convite para o pós-doutorado e, 113
   fim do casamento com, 160-5, 168-72
   formatura e, 109-10
   gravidez de Rana e, 95-7
   ITWorx e, 48-50
   Jana e, 101-2, 138
   mudança de Rana para Cambridge e, 62-5, 69-72
   possível mudança para Boston e, 135
   Primavera Árabe e, 150-3
   primeiro contato com, 49-51
   proposta do MIT Media Lab e, 116-7
   quebra da Bolsa de Valores e, 137-8
   visita de Picard e, 105-8
   visitas com, 87-8, 209-10, 215
   vivendo longe de, 76-8
   volta de Rana para o Cairo e, 112-3
Analítica de voz, 187, 189-90, 238-42
Anistia Internacional, 257
Anotação de dados, 174-5
Aplicativos de namoro, 212-3
Apresentação na sessão de pôster, 104-5
Aptiv, 252-3

Aptiv Autonomous Mobility, 253
Aromas, impacto dos, 21-2
Arduino, 188
Assinaturas cronológicas, 100
Assistentes virtuais, 241-2
Associação Americana do Coração, 232
Associação Psiquiátrica Americana, 190
ASUS tablet, 131
Autismo
    analítica de voz e, 239-40
    candidatura para um financiamento da NSF, 113-4
    como espectro, 89-90
    conferência sobre, 136-7
    dispositivo Google Glass para, 192-8
    expressões faciais e, 14
    filho da colega com, 192-8
    predomínio de, 193-4
    processo de contratação e, 223-4
    trabalhando com adolescentes com, 133-5
    Trabalho de Baron-Cohen sobre, 82-7
Autism Research Centre, 83
Automação, 224-5, 250-4
Autônomos, carros, 248-54
Automobilística, indústria, 242, 244-54
Autorização, 16, 141, 154-5, 190-1, 247, 255-9, 259-60

Babbage, Charles, 62
Badr, Ahmed, 49
Bahgat, May, 150-3
Baron Cohen, Sacha, 84
Baron-Cohen, Simon, 83-6, 89-91, 106, 136, 140, 196, 268
Básicas, emoções universais, 54-7, 84-5
BB-8 (robô droide), 188
Berman, Dave, 148-9, 157, 168, 171, 268-9

Beyond Verbal, 187-90, 240
Bezos, Jeff, 179
Bixby, 238
Blake, Andrew, 75-6
Blind Emotion Aid, 188
"Bot care" (robôs para cuidados domésticos), 231
Brain Power, 188, 195-8
Breazeal, Cynthia, 227, 268
Brin, Sergey, 165
Britânica, Escola, 40, 128, 138, 208
Brown, Silas, 97-8

Cambridge
    contrato de aluguel de, 70-1
    dia a dia em, 71-4
    formada por, 109-10
    história da, 70-1
    mudança para, 69-70
    projeto de tese, 74-6, 79-82, 86-7, 99-101, 105-10
    seleção para graduação e, 70-71
Cambridge Analytica, 256
Canhota, 30
Carga cognitiva, 251
Carnegie Mellon School of Computer Science, 234
Carros autônomos, 248-54
Casa da avó, 34
Catalia Health, 232
Cavendish Lab, 75-6
Cegos emocionais, computadores, 11
Centro de Transporte e Logística do MIT, 250
Centro de Transporte da Universidade da Nova Inglaterra, 250
Centers for Disease Control and Prevention (CDC), 188-9, 233, 245
Charadas Emocionais, 196-7

Children's Art Museum and Park (CAMP), 125
China
    concorrendo com, 258-9
    tecnologia de reconhecimento facial, 257
Clinton, Hillary, 217-9
CoCo (Collaboration Coach), 225-6
Codificação, 43-4
Cohen, June, 176, 268
Cohn, Jeff, 56
Cohn-Kanade, Banco de Dados, 56-7, 84
Computadores, falta de QE em, 11
Comstock, Beth, 175-6
Comunicação, aspectos não verbais, 13
Conexão, ilusão de, 78, 80
Consumer Electronics Show, 231
Contato físico, casual, 70
Controle de natalidade, 95
Cove Center, 133-4, 224
Covey, Stephen, 59
Crick, Francis, 71
Cultura
    diferenças de, no Oriente Médio, 37
    emoções e, 33-4
Cultura de "mano", 187
Culturas coletivistas, 158-9
Currículos, AI críticas, 217-22
Customer and Product Experience 360, pesquisa, 241
Cyber cafés, 71-2

Dados, levantamento de, 111-28, 174, 255-62
Dagres, Todd, 177-8
Damasio, Antonio, 53
Darling, Kate, 230, 268
Dasher, 75
Decisão, emoções e tomada de, 52-3
Declaração de princípios do casamento, 58-9
Deep learning, 75, 174-5, 180
DeGeneres, Ellen, 173
Deletis, Dale, 176, 268
Depressão. *Ver também* problemas de saúde mental
    Doença de Parkinson e, 203-7
    Prevalência de, 190
Desempenho, estimulação e, 251
Detector facial, 56-7
Dicas não verbais, decodificando, 13-4
Direção distraída, 244-8
Diversidade
    importância de, 191
    no *hackathon*, 187
    nos Estados Unidos, 209-11
Dodo (avó), 24, 34-5, 41
Dodson, John Dillingham, 251
Dove, anúncio, 154-6
Dove, Projeto de Autoestima, 156
Dunn, Jamel, 9
Dusseldorp, Joseph, 199, 200-3, 268
Dúvida pessoal, 17

Educação
    da autora 22-4, 29-31, 36-8, 40-7, 61-5. *Ver também* American University of Cairo (AUC); Cambridge; projeto de tese de mestrado; projeto de tese de doutorado
    robôs sociais e, 230-1
Egípcia, criação, 21-7, 30-1
Ekman, Paul, 54-6, 84, 203
El Kaliouby, Ayman (pai)
    Affectiva e, 142-3
    background de, 24-7
    casamento de Rana e, 58
    divórcio de Rana e, 162-3

educação de Rana e, 24, 29-30, 41
emprego no Emirados Árabes Unidos e, 39
expectativas de, 22-3
fofoca dos vizinhos e, 46-7
formatura e, 47, 109-10
invasão iraquiana do Kuwait e, 35-6, 38-9
mãe e, 30-1, 63-4
nascimento de Jana e, 96-7
Primavera Árabe e, 150-3
progressão de, 30
startups e, 48
tecnologia e, 28
visita ao local de trabalho, 108
visita com, 45-7
Wael e, 51
El Kaliouby, Rana. *Ver também* Affectiva
Affective Computing (Picard) e, 51-3
acidente de carro e, 244-8
Amin, Wael e, 49-51
AUC, na, 40-7, 111-3
background e infância de, 21-7, 28-32
cidadania americana e, 208-10
colegas de trabalho e, 216
como CEO, 168-9, 177-82, 215-6
desligando 214-5
educação de, 23-4, 29-30, 36-7, 40-7, 62-4
em uma entrevista de emprego, 48-50
fim do casamento e, 160-5, 169-72
finanças pessoais e, 211-2
gravidez e parto, 95-7, 101-2, 136-7, 138-9
hijab e, 59-61, 165-7
morando nos Estados Unidos, 209-11, 214-5
mudança para Boston e, 170-1
mudança para Cambridge, 69-78
no MIT Media Lab, 116-22, 125-7, 130-6, 137-9
programa de PhD e, 62-5
partida do Kuwait e, 33-9
Picard e, 105-10, 113-5, 127-9
trabalho da tese de mestrado, 53-7
trabalho de tese de doutorado, 79-88, 89-94, 99-101, 103-10
vida de casada de, 58-65
El Kaliouby, Rasha (irmã), 22-3, 30-3, 35-6, 39-41, 50-1, 60, 73, 101, 116, 136, 165, 264, 270-1
El Kaliouby, Rula (irmã), 22-3, 30-3, 35-6, 39-41, 50-1, 60, 73, 116, 136, 151, 165, 264, 267, 270-1
Ela (filme), 229
Eleições, Dia de, 150
Elevador, simulação de, 44-5
Emocional, AI (*Emotion AI*)
conferência de, 200, 201-2, 261-2, 263-4
cunhando o termo, 178
descrição de, 11-2
FacePrint e, 203-7
futuro de, 264-5
hackathon e, 188
importância de, 12-3
indústria automobilística e, 245-8
potencial para, 14-6, 90-1, 134-5, 186-7
projeto de prevenção de suicídio e, 188-90
reanimação do sorriso e, 200-3
robôs sociais e, 230-3
Emocional, prótese, 90, 107, 114-5, 198
Cérebro Empoderado (*Empowered Brain*) 193-8
Emoções
abertura sobre, 263-4

analítica de voz e, 238-42
autenticidade e, 218
banco de dados de vídeo de, 84-7, 106-7
cultura e, 33
danos cerebrais e, 52-3
eliminação de, 38-9, 42-3
importância de, 51-3
importância de expressar, 213-4
níveis de, 55
Picard sobre, 51-2
tomada de decisão e, 52
universais básicas, 54-7, 84-7
Emotion Lab'16, 185-91
Empáticos, 89-90
Empatia
crise de, 10
falta de, 9-10
importância de, 10-1
Empatica Inc., 168
Empoderado, Cérebro (*Empowered Brain*), 193-8
Encantamento, pesquisa sobre, 117-8, 120
"Entrega", 249
Epstein, Jeffrey, 119
Espionagem, câmeras de, 131
Estimulação e desempenho, 250-1
Ética, 112, 178, 215, 230, 255-61, 268-9
Etiquetadores, 174, 241
European General Data Protection Regulation (GDPR), 255-6
Expatriados egípcios no Kuwait, 28-9
Expressão afetiva na fala, 98-9 *Ver* analítica de voz

Faça acontecer (livro de Sheryl Sandberg), 219
Face2Face, 197

Facebook, 13, 15, 56, 147, 150, 165, 173, 178, 215, 256, 258n
FacePrint, 206
faces, dicas não verbais de, 13-4
FaceSense, 130-3
Facial Action Coding System (FACS), 54-5, 203
Faciais, músculos, 53-5
Facial, paralisia, 199-203
Facial, tecnologia de reconhecimento, 257
FATE (Equidade, Responsabilidade, Transparência e Ética), 257
Fala, expressões afetivas na, 98-9. *Ver também* analítica de voz
Feature engineering, 174-5
Feel4Life, 189-91
Focus groups, 153-4, 156
Fogo na cozinha, 140
Forbes Online, 151-2, 154-5, 207
Fox (network), 132
Fox, Michael J., 203-5
Franklin, Rosalind, 71
Friesen, Wallace V., 54
Frustração, detectando, 242-3

Gedo (avô), 24, 31, 34-6, 38-41, 44-5, 73, 153
Gênero, diferenças de
disparidade de gênero em campos STEM, 42, 234
diversidade de gênero, *hackathon* e, 187
emoções e, 33
no emprego, 218-21
papéis do gênero
nascimento e, 101-2
pais, 30-1
nos Estados Unidos, 127-8

relações de gênero, 37
sistemáticos e empáticos e, 90
Gestão de estados, 251
Gillette, 132
Girton, 70-1
Golan, Ofer, 86, 136
Goleman, Daniel, 9, 11
Goodall, Jane, 71
Goodwin, Matthew, 133
Google Glass, 16, 114, 130, 188, 194-6
Google Home, 21, 228, 238
Groden Network, 133
Guerra dos Seis Dias, 25
Guerra nas Estrelas, BB-8 robô droide, 188

Hackathon, 185-91
Hasting Center, 257
Hawass, Zahi, 125-6
Helmy, Youssri, 49
Herr, Hugh, 137
Hijab
   a decisão de Rana de usar, 60
   a decisão de Rana de parar de usar, 165-6
   Cambridge e, 73-4
   conjunto de dados, 260-1
   descrição de, 31
   mãe e, 27, 166
   no MIT Media Lab, 122
   toga e capelo e, 109
HireVue, 217-8, 220-3
Holden, Sean, 109
Hoque, Ehsan, 224-6, 268
Huggies, anúncio da, 155
Humanyze, 219-20
Hussein, Saddam, 35, 38

Iagnemma, Karl, 252-3, 268, 270
iCalm, 119, 146

IDEO, 232-3
Implícito, consentimento, 260. *Ver também* autorização
Incêndio na cozinha, 140
Incubação, período de, 79
Individualistas, culturas, 159
Iniciativa Um Computador por Criança, 115
Institute for Creative Technology, 234
Institutos Nacionais de Saúde, 204
Integrate Autism Employment Advisors, 223
Inteligência Artificial (AI). *Ver também* Emotion AI
   descrição de, 11
   impacto de, 12
Inteligência Emocional (*Emotional Intelligence*, Goleman), 11
Interfaces conversacionais, 238. *Ver também* interfaces de usuários
Interfaces humano-máquina (HCI), 62. *Ver também* interface de usuários
International Computers Limited (ICL), 25-6
International Conference on Intelligent User Interfaces, 102, 104-5
Invasão iraquiana do Kuwait, 35-9
Iqama, 101
iRobot, 229
iSET, 130-4, 195, 224
Ito, Joichi, 119
ITWorx, 48-50, 108

Jana (filha). *Ver* Amin, Jana (filha)
Jeová, Testemunhas de, 98
Jibo, 188, 227-9, 232, 236
Jobs, Steve, 80, 179
Johansson, Scarlett, 229
Jonze, Spike, 229

Kanade, Takeo, 56, 84
Kantar Millward Brown, 154-5, 201-2
Khaled, Amr, 59-61
Kidd, Cory, 232-3, 268
Kuwait, 26, 28-30, 32, 35-9, 105, 128, 215

Lahiri, Jhumpa, 135
Laila (sogra), 51, 59, 65, 101, 152, 171, 271
Langeveld, Nick
   como CEO, 169, 173, 175-7, 179-81, 269
   Rana assumindo como CEO e, 180-2
Larsen, Loren, 221-3, 268
Lean In (livro *Faça acontecer*, de Sheryl Sandberg), 219
Lhama Assassina, 188
Lie to Me (*Engane-me se puder*, seriado), 203
Lifelong Kindergarten Group, 119, 125, 152
Límbico, sistema, 22
Lindroth, Hans, 148-9, 269
Linguagem, estrutura de, 43-4
Linguagem corporal, 13-4, 238, 250
Lista dos 35 inovadores com menos de 35 anos, 164-5
Living Lens, 240
Logitech, 106-7, 130, 132-3
Logo, linguagem de programação, 119
Lomas, Sally, 96-7, 101
Lyft, 252

Mabu, 232-5
Machine learning, 75-6, 92-3, 97, 99, 109, 157-8, 174, 222-3
MacKay, David, 75
Madsen, Miri, 132
Mãe, cérebro de, 103-10

Mágica, tecnologia e, 120
Mangas, 34
Mayo, Clínica, 240
MB (Millward Brown). *Ver* Millward Brown (MB)
Mercado Total Endereçável (Total Addressable Market – TAM), 147
Michael J. Fox, Fundação, 203-5
Microsoft, 48-9, 186
   Research, 75-6
Mídia social
   Crise de empatia e, 10
   Facebook, 256. *Ver também* Facebook
   falta de dicas não verbais em, 14-5
   Primavera Árabe e, 150
Millward Brown (MB), 154-9, 201-2
Mind Reading, DVD, 86
Mishra, Taniya, 239-40, 268-9
MIT Media Lab
   convite de emprego, 113, 115-7
   descrição, 117-8
   financiamento para, 118-9
   oferta de emprego, 116
   papel do, 106
   pós-doutorado em, 117-22
   projetos em, 120-1
   Suzanne Mubarak e, 125-7
MIT Technology Review, 164-5
Mobile Lab, 247-8
Moebius, síndrome de, 200
monólogo, 134
Morsi, regime, 170
Moss, Frank, 125, 137-8, 142, 269-70
Mubarak, Hosni, 125, 151, 153, 166
Mubarak, Suzanne, 125-7
Muçulmana, Irmandade, 61, 166, 170

Namesake, The (Lahiri), 135
Nasser, Gamal Abdel, 24-5

National Science Foundation, financiamentos da, 113-4, 130, 133, 195, 225-6
National Science Foundation Small Business Innovation Research (SBIR), 139
Naturalização, processo de, 208-10
Necessidades especiais, pessoas com, 97-8. *Ver também* autismo
Negroponte, Nicholas, 115-8
NERD (New England Research and Development Center). *Ver* New England Research and Development Center (NERD)
Neve, 74, 117
New England Research and Development Center (NERD), 186
Newnham College, 70-1
Niqab, 31, 61, 211
nuTonomy, 252

O amor não tira férias (filme), 163
Oclusão, 247
Olhos, 31
Onze de Setembro de 2001, 65
Operação Tempestade no Deserto, 38
Opt-in; consentimento, 141, 146, 255
Oração, 41, 101-2
Orgânico, alimento, 258-9
Organização Mundial da Saúde, 189

Page, Graham, 157, 201-2, 269
Page, Larry, 165
PAI (Partnership on AI to Benefit People and Society). *Ver* Parceria em AI para Beneficiar as Pessoas e a Sociedade
pais da autora. *Ver* el Kaliouby, Ayman (pai); Sabry, Randa (mãe)
Palmer, Andy, 142, 269
Papert, Seymour, 119

Parceria em AI para Beneficiar as Pessoas e a Sociedade, 257
Parkinson, Mal de, 203-7
Paro, 231
Parteiras, 96-7, 137
Pausas, 241
Pavlok, sensor de pulso portátil, 188
Peacock, Tim, 148, 179, 269
Pepper, 234-6, 260
Perfil racial, 257
Personal Robot Group, 227
Petar Konjovic, Concurso Internacional, 170
Phoenix, Joaquin, 229
Picard, Len, 127-9
Picard, Rosalind
  abrir uma empresa e, 137-8
  Affectiva e, 140-3, 144-9, 161, 168, 171
  aniversário da Affectiva e, 263
  em Cambridge, 105-7
  financiamento e, 139
  influência de, 127-9
  inscrição para o financiamento NSF e, 113-5
  inspiração, 51-3
  no MIT Media Lab, 119-20
  Q Sensor e, 167-8
  Sahin e, 195
  viva voce e, 109-10
Plath, Sylvia, 71
Poligamia, 107
Preconceitos, 16, 90, 191, 219-22, 226, 256-61
Pré-requisitos da câmera para iSET, 130-4
Prêmio de Criatividade, 178-9
Prêmio Nobel, Rosalind Franklin e, 70-1
Presidenciais, debates 217-9

Presidente, Copa do, 47
Primavera Árabe, 150-3, 166
Privacidade, 16, 112, 157, 255, 256-9
Processo de admissão na universidade, 40-1
Processo de contratação, 217-24
Programa de ciência da computação na AUC, 42-4, 46-7
Procter & Gamble, 119-20, 132
Programação,
    ensino de linguagens de, 119
    estrutura, 43-4
    Logo, 119
    Scratch, 152
Programação macarrônica, 44
Projeto de tese, mestrado, 53-7
Projeto de tese, doutorado
    apresentação de ideias para, 79-82
    avanço em, 100-1
    defesa de, 109-10
    demonstração de, 105-7
    desafios tecnológicos relacionados a, 74-5
    estados mentais escolhidos para, 85-7
    período de incubação e, 79-80
    Thiel, Peter, 207
ProPILOT Assist, sistema, 252
"Prótese socioemocional para autistas", 114
PTSD, 234
Público, falar em, 29, 80, 223-4, 268

QE (inteligência emocional)
    descrição de, 11
    dicas não verbais e, 13-4
    habilidades diferenciadas em, 90
    importância de, 52-3
Q Sensor, 146, 151, 167-8
quebra da bolsa de valores (2008), 137-8

Rainbow Group, 62
Ramadã
    festa anual durante o, 210
    visita de Wael durante, 87-8
Raphael, Seth, 120
Redes Bayesianas Dinâmicas, 106
Redes neurais profundas, 175. *Ver Deep learning*
Reimer, Bryan, 250-1, 268, 270
Religião e tolerância religiosa, 59-61, 128-9, 165-6
Resnick, Mitch, 152
Recompensa, funções de, 92
Riscos, assumir, 120-1, 126-7, 170
Robinson, Peter
    apresentação da ideia de tese e, 81
    ceticismo, 91
    gravidez de Rana e, 95-6
    pedido para trabalhar remotamente e, 63
    primeiro encontro com, 74-5
    projeto de tese e, 75-6
    tese, 109-10
    visita de Picard e, 105-7
    viva voce e, 109
Robôs no espaço de varejo, 235-6
Robótica, ética, 230
Rochester Human-Computer Interaction Lab (ROC HCI), 224
RoCo, 119
"Rosto mascarado", 205
Roupas, 31-2

Sabry, Randa (mãe)
    Affectiva e, 141-2
    background de, 24-7
    educação de Rana e, 24, 29-31, 41
    em Cambridge, Massachusetts, 139
    formatura e, 47, 109-10

invasão iraquiana do Kuwait e, 35-6, 38-9
na cerimônia de premiação, 178-9
nascimento da Jana e, 101
na Conferência, 264
Primavera Árabe e, 151
relacionamento com o pai e, 30-1
tese e, 108
vida profissional e, 22, 27, 38-9, 63-4
visitas, 212-3
Wael e, 51
Sadat, Anwar, 25
Sahin, Ned, 193-8
Salah (motorista), 112
Salat-l-istikhara, 41
Samsung, 118, 231, 238
Sandberg, Sheryl, 219
Saudades de casa, 93, 112, 117, 237
Saúde mental, problemas de, 188-90, 207, 234, 240
Scheirer, Jocelyn, 141
Scratch, 152
Scully, John, 179
Selfies, 173, 234
Semana do Patrocinador (Sponsor Week), 120, 130, 132-3, 137
Semiautônomos, carros, 16, 245-6, 249-52
Serviço de saúde, robôs sociais e, 231-6
Sete hábitos de pessoas altamente eficazes (Covey), 59
Sincinesia, 202
Siri, 13, 71, 190, 235, 238
Sistemáticos, 89-90
Sistema SuperCruise, 252
Smartphones
acidentes de carro e, 245-6
onipresença, 173, 193-5

Sorriso, reanimação do, 200-3
Sorriso social, 158-9
Sorrisos
Clinton e, 218-9
olhos e, 31
mal de Parkinson e, 203-6
papel de, 199
paralisia facial e, 199-203
treinando o algoritmo para reconhecer, 91-4
Smith, Erin, 203-7
Smithsonian, 178-9, 234
Sobol-Shikler, Tal, 98
Sociais, robôs 228-36
Soft skills, 224-6
SoftBank Robotics, 234-6
Spark Capital, 177-8
Startups, 23-4, 48-9, 51, 140-2, 145-9, 156-8, 161, 167, 175, 185, 187, 195, 206-7, 269-70. *Ver também* Affectiva; ITWorx
STEM campos, disparidade de gênero em, 42, 234
Suicídio, projeto de prevenção ao, 188-90
Sunshine School, 29-30
"Super TA," 188
Suzanne Mubarak Family Garden, 125-6

Tahrir, praça, 42, 151-3. *Ver também* Primavera Árabe
Tecnologia, durante a infância da autora, 28-9
Tecnologia móvel, impacto da, 13
Tecnologia sustentável e ética, 258-9
TED Talk, 176-7, 205, 223
Teeters, Alea, 131-2
Tega, 230
Teste "Lendo a Mente nos Olhos", 83

"Teste Mágico de Oz", 242
Texto, mensagens de
 comunicando com Wael usando, 76-8, 80
 onipresença, 14-5
Thebes International School, 36-7
Thiel, bolsa de estudos, 207
Toyota, 132
Transgêneras, pessoas, 186, 191
Transparência, 260
Trump, Donald, 217-8

Unidades de ação, 54-5
Universidade de Cambridge, 61-5. *Ver também* projeto de tese, doutorado
usuários, interface de
 conferência sobre, 102, 104
 conversacional, 238
 designing, 62
 para pessoas com necessidades especiais, 75-6
 projeto de graduação e, 44

Van Camp, Jeffrey, 228-9
Vannoy, Steven, 188-90, 268
Véus, 27, 31, 60, 116, 145, 165, 211, 264
Venture capitalists (vc), 144-7
Venture Mentoring Service (vms), 142
Vídeo, entrevistas em/currículos, 217, 220-3

videoconferência, etiqueta de, 225-6
Virtuais, assistentes, 241-2
Virtual, treinador, 224-6
Visão de computador, 75-6
Viva voce, 109-10
VoxPopMe, 240

Waber, Ben, 219-20, 268
Wallenberg, Peder, 148
Wallenberg, Fundação, 148-9
Watson, James, 71
WebEx Communications, 147-8
Weisner Building, 118
Wilder-Smith, Oliver, 141
Wilkins, Maurice, 71
Willis, Matt, 235-6, 268
wpp, 154-6, 160, 206. *Ver também* Millward Brown (mb)

Xbox, 76

Yerkes, Robert, 251
Yerkes-Dodson, Lei, 251
Yobs, 220

Zijderveld, Gabi, 178, 267
Zingg, Irina, 170
Zuckerberg, Mark, 165

Este livro foi publicado em fevereiro de 2021, pela Editora Nacional, impresso pela Gráfica Exklusiva.